영적 전쟁의 일곱 영

A Warrior's Guide To THE SEVEN SPIRITS OF GOD
PART 1: BASIC TRAINING
by James A. Durham

Copyright © 2011 by James A. Durham

Korean Translation Copyright © 2011 by Pure Nard, Seoul, Republic of Korea
This Korean edition was published by arrangement with James A. Durham.

이 책의 한국어판 저작권은 저자와의 독점계약으로 순전한 나드에 있습니다.
저작권법에 의해 한국 내에서 보호받는 저작물이므로 무단 전재와 무단 복제를 금합니다.

영적 전쟁의 일곱 영
전쟁용사의훈련교범(기초편)

초판 발행 | 2011년 10월 20일
4쇄 발행 | 2025년 7월 23일

지 은 이 | 제임스 A. 더함
옮 긴 이 | 심헌식

펴 낸 이 | 허철
책임편집 | 송수자
디 자 인 | 오순영
총   괄 | 허현숙
인 쇄 소 | (주)프리온

펴 낸 곳 | 도서출판 순전한 나드
등록번호 | 제2025-000033
주   소 | 경기도 부천시 원미구 길주로347, 305호(중동)
도서문의 | 032)327-6702
홈페이지 | www.purenard.co.kr

ISBN 978-89-6237-102-4 03230

전쟁 용사의 훈련 교범 |기초편|

영적 전쟁의 일곱 영

제임스 A. 더함

A Warrior's Guide To
THE SEVEN SPIRITS OF GOD

/ 목차 /

서문 … *6*
감사의 글 … *10*

서론 전쟁 준비 완료 … *13*
1과 예언(대언)의 영 … *45*
2과 진리의 영 … *93*
3과 성결의 영 … *131*
4과 생명의 영 … *171*
5과 아들(양자)의 영 … *207*
6과 은혜의 영 … *245*
7과 영광의 영 … *285*

요약 … *325*
부록 A: 전쟁의 9대 원칙 … *331*
부록 B: 이혼 선고 … *333*

/ 서문 /

최종 원고를 마무리하기 전날 밤, 나는 무척 생생한 꿈을 꾸었다. 꿈 속에서 우리 교회는 특별 강사를 초청하여 집회를 열었다. 스태프들은 강사의 저녁 식사를 준비하느라 바빴다. 그 밤에 진행될 집회의 주제는 영적 전쟁이었다.

집회가 시작되었지만 스태프들은 말씀을 들을 만한 여유가 없었다. 집회 중 일어난 예상치 못한 문제들을 처리해야 했고 그 외에도 여러 가지 잡다한 일에 신경 써야 했기 때문이었다. 연이은 뒤치다꺼리에 모두 지쳤지만 그들의 노고로 많은 문제가 해결되었고 집회는 성공적으로 끝났다. 밤늦게 식사를 마치고 귀가하기 전에 스태프들은 잠시 한자리에 모였다.

스태프 리더가 입을 열었다. "꽤나 힘겨운 영적 전쟁이었습니다. 마귀가 오늘 집회를 얼마나 방해했는지요… 성도들이 영적 훈련을 받지 못하도록 정말 거세게 공격해왔습니다." 모든 사람이 리더의 말에 수긍하는 듯, 그날 밤 자신이 경험했던 어려움들을 나누기 시작했다. 한 사람 한 사람, 이야기가 거듭될수록 그들의 이야기에 담긴 심각성은 그 강도를 더해갔다. 그러나 모든 일정이 순조로이 진행되었기에 스태프는 짧은 강평회를 마친 후에 모두 기쁜 마음으로 귀가할 수 있었다. 원수의 공격이 있었으나 그들은 모두 넉넉히 승리했다.

그런데 원수가 한쪽 구석에 서 있는 모습이 내 시야에 들어왔다. 이상하게도 그 역시 매우 흡족해하는 표정이었다. 교회 안에서 집회가 진행되는 동안 원수는 스태프들의 정신을 쏙 빼놓았다. 동시에 교회 밖에서 자기가 해야 할 일들을 효과적으로 수행했다. 그는 스태프들이 정성껏 준비한 저녁 식사에 겁을 먹지 않았다. 이후 사십오 분 동안 이어졌던 강의 또한 그를 위협하지 못했다. 마귀는 어차피 하룻밤 자고 나면 성도들 대다수가 강의 내용 대부분을 잊을 것이라는 점을 알고 있었다. 게다가 성도들이 살아가는 '하루'가 얼마나 바쁜지… 전날의 은혜를 삶에 적용해볼 수 없을 만큼 숨 막히게 돌아가는 하루 일과가 아니던가? 그 덕에 원수는 초청 강사의 설교를 대수롭지 않게 여길 수 있었다.

강사의 저녁 식사와 집회로 이어지는 두 시간여 동안, 마귀는 자신의 임무를 훌륭하게 소화했다. 사천 명의 태아가 낙태되었다. 몰렉(Molech)의 희생 제물로 바쳐진 것이다(몰렉: 유아 희생 관습을 주도한 이방 신. 성경은 자녀를 불 위로 지나게 하는 [불로 태워 몰렉에게 바치는] 행위를 엄금한다—역자 주). 차를 타고 달리면서 무차별로 기관총을 쏘아대는 불량배들의 손에 여섯 명의 무고한 청년이 목숨을 잃었다. 그 지역의 다른 동네에서는 네 건의 살인 사건이 일어났다. 거리마다 마약을 사고파는 행위가 넘쳐났다. 몇몇 십대는 마약 과용으로 일찍 숨을 거뒀다. 큰 지진에 수많은 사람이 목숨을 잃었고, 그로 인한 피해액은 집계가 불가능할 정도였다. 길거리 폭동에 사상자 수가 늘었고 수많은 건물도 파괴되었다. 이 모든 사건 현장을 둘러보며 원수는 흡족해했다. "꽤나 성공적인 밤이었군!"

영적 전쟁은 우리가 상상하는 것보다 훨씬 큰 스케일로 일어난다. 중요한 점은 전쟁이 이미 시작되었다는 것이다. 적군과 아군 진영의 전선(戰線)이 명확해졌고 곳곳에 요새가 축조되었다. 하지만 전쟁터에 나갈 군인들은 싸울 준비가 되었는가? 싸움 기술과 고도의 분별 능력을 계발하지 못하면, 우리는 이 전쟁에서 아무런 영향력도 발휘할 수 없다. 싸움의 기술이 없으면 자신과 가정, 교회와 지역 사회를 향한 마귀의 공격을 막아낼 수 없다. 싸움 기술은 고사하고 영적 분별력이 없으면 아예 적을 식별해낼 수조차 없다. 이러한 영적 분별력은 하나님의 '기름 부으심' 안에 거하기 위해서도 필요하다. 지금처럼 위험한 시대에 성령님께서 행하시는 일을 살피기 위해서도 영적 분별력이 필요하다.

그동안 우리는 수많은 도시, 주(州), 국가를 원수에게 빼앗겼다. 원수의 집요한 유혹에 넘어가 수많은 사람이 하나님을 향한 마음의 문을 닫아버렸다. 빼앗긴 것을 되찾으려면 우리는 공격을 개진해야 한다. 더 이상 방어 태세를 고집해서는 안 된다. 지금은 원수를 향해 선전포고를 하고 공격할 때다. 치밀한 계획을 세워 적의 요새를 무너뜨리고, 빼앗긴 영토를 되찾아 하나님 나라에 귀속시켜야 한다. 이를 위해 훈련도 받고 지식도 쌓아야 한다. 하나님의 군대를 이끌 만한 용감한 리더, 출전하여 승리를 쟁취해낼 영적 용사들이 일어나야 한다.

이 책은 영적 전쟁을 위한 지침서다. 주님께서 영적 용사들에게 공급해주시는 다양한 가용 자원의 종류와 특성을 알려준다. 이것이 본서의 집필 목적이다. 또한 원수의 정체와 그들이 사용하는 전술도 살펴볼 것이다. 그들의 공격에 어떻게 응전해야 하는지도 배울 것이다. 수비 태세에서 공격 태세로 전환하는 방법과 전략도 이야기할 것이다.

우리는 원수가 점령한 영토로 들어가 싸워야 한다. 그들의 전술을 효과적으로 저지하면서 적군의 화력에 치명타를 날려야 한다. 우리의 목표는 하나님의 백성을 회복시키고 이 땅을 되찾는 것이다. 예수님은 사탄의 일을 무너뜨리시려고 이 땅에 오셨다(요일 3:8 참조). 예수님의 제자 된 우리는, 이제 그분이 행하셨던 일을 이어가야만 한다.

/ 감사의 글 /

역사상 스스로의 능력만으로 무언가를 성취해낸 사람은 아무도 없었다. 우리도 마찬가지다. 우리의 능력으로는 아무런 일도 해낼 수 없다. 하지만 '주님의 일'을 행할 수 있도록, 주님은 우리에게 능력을 주시고 영감을 주신다. 내 경우는 특히 믿음과, 삶, 소명과 부르심에 대해 책을 집필할 때 주님의 능력을 더더욱 의지하게 된다. 그러므로 무엇보다 먼저 이 책을 완성할 수 있도록 내게 능력과 영감을 주신 주님께 감사드린다. 솔직히 말하면, 완성본 저작권의 99%는 주님의 몫이다!

또한 복된 아내, 기름 부음 받은 여인, 글로리아(Gloria)에게 고마운 마음을 전한다. 글로리아는 이 책을 쓸 수 있도록 내게 용기를 북돋워주었으며, 책의 집필까지 도와주었다. 아내의 큰 도움이 없었다면 이 책은 세상에 나오지 못했을 것이다. 집필 기간 동안 늘 응원해주었던 딸 미셸(Michelle)에게도 특별한 감사의 말을 전한다. 책을 쓰면서 불안한 마음이 들 때마다 나는 항상 이 두 여인에게 달려갔다. 그때마다 아내와 딸은 내게 힘내라고 격려해주었다.

시카고 팔복 장로교회의 담임이자 순전한나드 출판사의 대표인 허철 목사님께 감사드린다. 허철 목사님은 내가 이 책을 완성할 수 있도록 시기적절한 말씀으로 격려해주었다. 또 본서의 내용으로 강의할 수 있는 기회와 장소도 제공해주었다. 덕분에 나는 하나님의 나라를 확장하고자 날마다 적진으로 달려가는 용감한 전사들을 가르칠 수 있었다.

집필하는 수개월 동안 내게 아낌없는 격려와 후원을 선사하신 많은 분께 감사드린다. 지면 관계상 그들의 이름을 모두 언급할 수는 없지만 말이다. 그중에서도 우리의 영적 자녀이자 동역자인 매기(Maggie), 미아, 미소, 숙희, 래켈(Raquelle)에게 감사의 말을 전한다. 그리고 한국에 이 훈련 내용을 소개할 수 있도록 첫 번째 기회를 제공해주고, 훈련생을 위한 핸드북의 편집과 출판을 도와준 예수생명교회(Jesus Life Link) 성도들, 피기영 목사님, 조슈아 박에게도 감사드린다.

이 책을 읽게 될 모든 사람에게 감사드린다. 그들은 하나님이 내게 주신 큰 복이자 이 글을 쓰게 된 동기다. 그러므로 독자들에게 감사드린다.

A Warrior's Guide To
THE SEVEN SPIRITS OF GOD

서론

⋮

전쟁 준비 완료

Being Ready for War

A Warrior's Guide To

THE SEVEN SPIRITS OF GOD

PART 1: BASIC TRAINING

서론

/

전쟁 준비 완료

　　민수기 1장을 펴보라. 하나님은 모세에게 인구조사를 명령하셨다. 물론 약속의 땅을 방문할 '여행객'의 숫자를 집계하라는 명령은 아니었다. 즉시 동원될 수 있고, 언제든지 출전할 수 있는 '상비군'의 규모를 집계해보라는 명령이었다.

　　이스라엘 자손이 애굽 땅에서 나온 후 둘째 해 둘째 달 첫째 날에 여호와께서 시내 광야 회막에서 모세에게 말씀하여 이르시되 너희는 이스라엘 자손의 모든 회중 각 남자의 수를 그들의 종족과 조상의 가문에 따라 그 명수대로 계수할지니 이스라엘 중 이십 세 이상으로 싸움에 나갈 만한 모든 자를 너와 아론은 그 진영(군대)별로 계수하되
　　민 1:1-3

　　그래서 하나님께서 명령하신 인구조사의 목적에 따라 전쟁에 나갈 수

있는 사람들만 계수되었다. 먼저 남성이어야 했고 스무 살 이상의 성인이어야 했다. 하지만 레위 지파는 모집 대상에서 제외되었다. 아무리 전시라 해도 그들의 우선순위는 주님을 예배(봉사)하는 일이었기 때문이었다. 그들에게는 징집되어 출전하는 것보다 성막을 보호하는 임무가 우선이었다. 또 그중 제사장 가문 출신은 '제사의 직무'를 수행해야 했다. 어쨌든 민수기 1장 전반에 걸쳐 출전 자격 조건에 대한 언급이 열두 번씩이나 등장한다. "싸움에 나갈 만한 모든 자!"

위의 구절에서 하나님은 처음으로 이스라엘 백성을 '군대'라 명명하셨다(개역한글에는 '군대'로, 개역개정에는 '진영'으로 번역되었다-역자 주). 이 점 역시 주목할 만하다. 광야를 떠돌아다니던 '전직 노예'에서 '하나님의 군대'로 신분이 상승되었다. 하나님께서 그들을 '군대'라고 명하시자, 그들은 실제로 '군대'가 되었다. 하나님의 말씀이 재창조(re-creation)의 기적을 일으킨 것이다! 신분격상은 물론, 하나님의 뜻을 수행할 만한 능력도 주어졌다.

이스라엘 백성을 '군대'로 명하시고 또 그렇게 선포하신 후에 하나님은 이들을 훈련하기 시작하셨다. 물론 전쟁을 위한 훈련이었다. 오늘날 어떤 성도들은 이러한 전쟁 이미지가 성경에 나오는 것을 탐탁지 않게 생각한다. 또 하나님을 군 최고사령관으로 묘사하는 것에 거부감까지 느낀다. 하지만 광야를 지났던 이스라엘 백성의 이해(understanding)는 달랐다. 그들은 자신이 처한 상황 속에서 하나님의 필요성을 절감했다. '전쟁에 능하신 분', '자신을 위해 대적과 싸워주실 분', '잘 훈련되고 숙달된 군사력으로 보호해주실 분'의 필요성을 인식하고 있었던 것이다.

홍해를 건너고 파라오의 군대가 진멸되는 것을 목격한 후 모세와 이스라엘 백성은 다음과 같이 노래를 불렀다.

> 이 때에 모세와 이스라엘 자손이 이 노래로 여호와께 노래하니 일렀으되 내가 여호와를 찬송하리니 그는 높고 영화로우심이요 말과 그 탄 자를 바다에 던지셨음이로다 여호와는 나의 힘이요 노래시며 나의 구원이시로다 그는 나의 하나님이시니 내가 그를 찬송할 것이요 내 아버지의 하나님이시니 내가 그를 높이리로다 여호와는 용사시니 여호와는 그의 이름이시로다 출 15:1-3

만일 주님께서 오늘 우리에게 징집 대상자의 계수를 명령하신다면 과연 징병 리스트에 자신의 이름을 올릴 만한 사람이 몇이나 될까? 우리 중에 전쟁을 수행할 만큼 신체를 잘 단련해놓은 사람은 얼마나 될까? 적군에게 대항할 각오를 충분히 하고, 정신적 · 영적으로 무장된 사람은? 주님의 명령에 순종하고자 모든 것을 포기할 준비가 된 사람은? 당신은 출전해도 손색없을 정도의 강한 정신력을 갖고 있는가? 안타깝게도 우리의 원수는 준비 태세를 갖춘 상태다. 그리고 이미 선전포고를 했다. 이러한 상황에서 위에 나열된 일련의 질문들을 스스로에게 던진다면? 자신의 영과 혼(정신)과 육을 단련해야 할 필요성을 절감하는가? 당신은 준비되어 있는가?

우리 대부분은 전쟁보다는 평화를 사랑한다. 당연하다. 아니, 평화를 사랑하는 마음은 옳고 의로운 태도다. 그래서 모두가 견지해야 마땅하다. 장담하건대, 전쟁을 좋아하는 사람은 문제가 있다. 사실 전쟁의 위험과 고통을 겪어본 사람만큼 평화를 갈망하는 사람도 없을 것이다. 전쟁으로 인해 희생되는 생명, 소모되는 돈과 파괴되는 자원을 따져본다면, 전쟁의 대가는 너무나 크다. 게다가 전쟁은 매우 고통스럽다. 전쟁을 경험한 세대는 저마다 마음에 치명적인 상처를 안고 있게 마련이다. 전쟁이 시작되면, 사랑하는 사람을 잃을 수 있고 자신의 목숨도 잃을 수 있다. 그래서 전쟁은 무섭다.

물론 대다수의 사람은 전쟁을 혐오하지만 전쟁은 결코 사라지지 않는다. 그 이유는 권력에 굶주린 사람들의 출현이 끊이지 않기 때문이다. 그들은 자신의 뜻을 관철시키고, 자신의 지위와 권위를 다지기 위해 물불을 가리지 않는다. 인류 역사를 살펴보면 자신의 소유를 늘리고 통치 영역을 확장하기 원하는 원수들이 항상 존재해왔음을 알 수 있다. 앞으로도 달라질 것은 없다.

이러한 현상은 자연계뿐 아니라 영계에서도 동일하다. 단 하나의 목표를 품고 굳은 결의를 다지며, 끝없이 싸움을 걸어오는 원수가 있다. 예수님은 이 원수의 정체와 그가 지향하는 목표에 대해 다음과 같이 말씀하셨다. "도둑이 오는 것은 도둑질하고 죽이고 멸망시키려는 것뿐이요"(요 10:10 참조). 베드로는 예수님의 이 말씀을 강조하며 어떻게 사탄을 대적해야 하는지 힘주어 설명했다. "근신하라 깨어라 너희 대적 마귀가 우는 사자 같이 두루 다니며 삼킬 자를 찾나니"(벧전 5:8).

결론부터 말하자면, 전쟁과 관련하여 우리에게는 선택권이 없다. 원수가 당신을 향해 선전포고했다면, 당신의 의사와 상관없이 당신은 이미 '전쟁 중'이다. 전쟁에 대한 당신의 감정 따위는 중요치 않다. 당신의 생각? 아무 상관없다. 당신의 선호? 전쟁을 선호하든 혐오하든 '전시'라는 사실에는 아무런 영향을 미치지 못한다. 중요한 것은 현재 당신이 전장(戰場) 한복판에 서 있다는 것이다. 이것이 현실이다!

그렇다면 우리는 무엇을 해야 하는가? 이쯤에서 좋은 소식을 전하겠다. 하나님은 우리를 빈손으로 출전시키지 않으셨다—강력한 원수 앞에서, 힘없고 무력한 패배자로 전락하지 않도록 하나님은 우리에게 전쟁 가용 자원을 공급해주셨다. 이미 우리를 위해 '도움'(지원 병력)을 파견하신 것이다.

내가 또 보니 보좌와 네 생물과 장로들 사이에 한 어린 양이 서 있는

데 일찍이 죽임을 당한 것 같더라 그에게 일곱 뿔과 일곱 눈이 있으니 이 눈들은 온 땅에 보내심을 받은 하나님의 일곱 영이더라 계 5:6

하나님은 자신의 일곱 영을 보내셨다. 하나님의 뜻에 따라 그들은 우리와 함께, 또 우리를 위해 싸울 것이다. 다시 한 번 위의 구절을 읽으라. 이번에는 '일곱'(7)이라는 숫자를 주목하기 바란다. 일곱 뿔, 일곱 눈, 하나님의 일곱 영. 성경에 등장하는 숫자 7은 중요한 의미를 지닌다. 예언 혹은 말씀에서 7은 '온전함', '충만함'을 상징한다. 위의 구절에 언급된 일곱 영은 전쟁 중인 우리에게 필요한 모든 것을 공급할 것이다. 일곱 영은 완전한 영이다. 또한 오늘날의 교회에 필요한 하나님의 모든 능력을 대변한다.

전쟁이 현실이라면(지금이 전시라면), 우리가 해야 할 일은 무엇인가?

지금은 전시다. 그렇다면 우리가 해야 할 일은 무엇인가? 먼저 자신의 현주소, 즉 지위와 책임에 대해 알아야 한다. 우리는 지휘관이 아니다. 그러므로 결과에 대한 책임을 떠맡을 필요가 없다. 우리는 '전쟁에 능하신 분' 곧 살아 계신 하나님의 종들일 뿐이다.

물론 하나님은 혼자 힘으로도 원수를 '넉넉히' 이기실 수 있다. 하지만 승리의 기쁨을 나누시고자 우리를 싸움터로 초청하신다. 전쟁이 승리로 귀결될 때, 우리는 하나님 나라의 평화를 딛고 견고히 설 수 있다. 이것이 하나님께서 우리를 싸움터로 초청하시는 목적이다.

승리를 얻기 위해 우리가 가장 먼저 해야 할 일은 성경을 펴고 말씀에서 도움을 얻는 일이다.

> 내가 산을 향하여 눈을 들리라 나의 도움이 어디서 올까 나의 도움은 천지를 지으신 여호와에게서로다 여호와께서 너를 실족하지 아니하게 하시며 너를 지키시는 이가 졸지 아니하시리로다 이스라엘을 지키시는 이는 졸지도 아니하시고 주무시지도 아니하시리로다 여호와는 너를 지키시는 이시라 여호와께서 네 오른쪽에서 네 그늘이 되시나니 낮의 해가 너를 상하게 하지 아니하며 밤의 달도 너를 해치지 아니하리로다 여호와께서 너를 지켜 모든 환난을 면하게 하시며 또 네 영혼을 지키시리로다 여호와께서 너의 출입을 지금부터 영원까지 지키시리로다 시 121:1-8

"우리는 결코 혼자가 아니다." 전쟁 중에도 이 확실한 사실 하나를 붙들 수만 있다면 우리는 항상 담대한 태도를 유지할 수 있다. 하나님께서 우리와 함께하신다. 주님이 보내주신 놀라운 도움 덕에 우리는 승리할 것이다. 하나님은 온 세상에 '일곱 영'을 보내셔서 우리를 돕게 하셨다. 하나님의 일곱 영은 요한계시록에 등장하는 일곱 교회와 연관되어 있다. 이 점을 이해하는 것이 중요하다.

> 요한은 아시아에 있는 일곱 교회에 편지하노니 이제도 계시고 전에도 계셨고 장차 오실 이와 그의 보좌 앞에 있는 일곱 영과 계 1:4

'하나님께서 보내신 일곱 영'과 '하나님의 보좌 앞에 있는 일곱 영'은 동일한 존재다. 나는 예수님께서 언급하신 일곱 교회가 교회사의 흐름 속에 있는 일곱 시대를 대표한다고 믿는다. 물론 각각의 일곱 교회는 1세기 당시의 많은 어려움과 고통을 경험했던 실존 교회였다. 하지만 그들이 직면한 여러 가지 도전과 어려움을 찬찬히 살펴보라. 그와 같은 문제와 난관들은 전 세대에 걸쳐 모든 교회에서도 공통적으로 발견된다.

과거 요한이 살던 시대의 일곱 교회에 일어났던 모든 일이 오늘날 우리 시대의 교회에서도 동일하게 일어나고 있다.

예수님께서 일곱 개의 메시지를 전달했을 당시, 각 편지의 수신자였던 일곱 교회는 이미 치열한 전쟁을 치르는 중이었다. 예수님은 영적 전쟁이 한창인 교회에 힘을 실어주시기 위해 또 그 교회들로 하여금 더 잘 대비할 수 있도록 격려하시기 위해 편지를 보내신 것이다. 다시 한 번 강조하지만 이 일곱 개의 메시지는 당시의 일곱 교회가 처했던 상황에만 국한되지 않고 오늘날 진행되는 영적 전쟁과도 잘 맞아떨어진다. 그러므로 서신에 담긴 예수님의 격려와 교훈의 메시지는 오늘을 살아가는 우리에게도 유효하다.

편지에는 수많은 상징과 영적 이미지가 등장한다. 편지에 등장하는 상징과 이미지는 일곱 교회를 향한 주님의 메시지를 온전히 전달하기 위해 동원되었다. 예수님은 '천사', '영', '별', '촛대', '불꽃 같은 눈' 등의 존재와 여러 가지 사물, 그리고 다양한 이미지를 사용하여 그분의 뜻을 교회에 전달하셨다. 예수님은 교회를 강건케 하고, 단련하고, 양육하고, 복 주시기 위해 이 모든 장치를 동원하셨다.

> 에베소 교회의 사자에게 편지하라 오른손에 있는 일곱 별을 붙잡고 일곱 금 촛대 사이를 거니시는 이가 이르시되 계 2:1

주님의 메시지에는 각각의 교회가 처한 구체적인 상황이 언급되어 있다. 그렇다고 해서 그것을 각 교회에 대한 개별 메시지만으로 생각할 수는 없다. 왜냐하면 메시지의 말미마다 "귀 있는 자는 성령이 교회들에게 하시는 말씀을 들을지어다"라는 명령이 첨부되었기 때문이다('교회'라는 단수가 아닌 '교회들'이라는 복수다). 즉, 일곱 개의 서로 다른 메시지이지만 그 전달하는 내용은 해당 교회에만 국한되는 것이 아니라는 뜻이다. 주님의 말씀은 모든 교회(교회들에게)를 향한 메시지였다. 일곱 교회가 위치한 장소 및 시간적 배경과는 상관없이, 각각의 메시지는 모든 지역, 모든 세대의 교회를 향한 말씀이었다. 기억하라. 예수님은 오늘날의 교회를 향해서도 동일하게 말씀하신다. 장차 임할 환난과 전쟁에 대비하도록 우리를 부르신다.

나는 일곱 별의 이미지를 좋아한다. 일곱 교회의 사자들을 총괄하시는 예수님의 모습은 전군 최고사령관, 칠성 장군의 늠름함이다. 그분의 모습을 상상해볼 때, 내 마음은 한없이 기쁘다.

요한계시록에 언급된 일곱 영은 하나님의 놀라운 능력을 대변한다. 그 능력이 예수님에게서 흘러나와 우리를 통해 역사할 것이다.

> 보좌로부터 번개와 음성과 우렛소리가 나고 보좌 앞에 켠 등불 일곱이 있으니 이는 하나님의 일곱 영이라 계 4:5

정말 좋은 소식이 있다. 하나님께서 우리를 돕기 위해 이 놀랍고 강력한 영을 보내주셨다는 것이다. 요한에게 보여주신 그 영들은 단지 반짝거리는 불빛이 아니었다. 일곱 영은 하나님의 능력과 영광의 화염으로 가득하다! 이 일곱 영이 임하면 우리가 처한 상황 속에 하나님의 놀라운 능력을 발산할 것이다. 우리는 혼자가 아니다! 하나님께서 우리와 함께하신다. 하나님은 이 일곱 영을 통해 자신의 강한 능력을 전하신다.

이 일곱 영의 정체

그동안 교회는 일곱 영에 대해 침묵했다. 마치 정체가 공개되지 않은, 거대한 미스터리(비밀)인 양 생각해왔다. "하나님의 일곱 영이 누구인지 우리는 알 수 없습니다. 그 정체는 물론 그것이 상징하는 바도 알 수 없습니다."-이러한 설교를 수없이 듣지 않았는가?

나는 두 곳의 신학대학원을 다녔지만 어느 곳에서도 이 주제를 다루지 않았다. 그중 한 곳에서는 사역의 첫 십오 년 동안은 이에 대하여 공부하지도, 설교하지도 말라는 당부까지 받았다. 이 주제에 대해 오해나 곡해의 위험에서 보호하려는 의도에서 잘못된 설교를 전하지 못하도록 주의를 주기 위해서였다지만 바람직해 보이지는 않았다. 하지만 그때나 지금이나 그 신학교에 대한 내 생각은 변함이 없다. '아직 이 학교는 요한계시록의 내용을 제대로 가르칠 만큼 충분히 준비되지 못했어. 그래서 이런 말을 하는 거야!'

만일 '계시'라는 단어의 뜻을 제대로 이해했다면 그처럼 소극적이지는 않았을 것이다. 신약성경이 말하는 '계시'는 '과거에는 감춰졌지만 지금은 온전히 드러난 것들'을 의미한다. 그러므로 성경에 '계시'된 내용들은 결코 '미스터리'로 남을 수 없다. 미스터리가 아니기에 우리는 계시된 내용을 충분히 이해할 수 있다. 계시는 묵시가 아니다! 계시의 신약적 정의에 의해 이제 우리는 하나님의 일곱 영에 대해 알 수 있게 되었다. 그러므로 진짜 의문점은 "하나님의 일곱 영의 미스터리를 어떻게 풀 수 있는가?"가 아니라 "그런데도 왜 우리는 계시된 내용을 알지 못하는가?"이다.

성경에는 여러 다른 종류의 '영'들이 소개되어 있다. 몇몇 영의 이름은 매우 유머러스한데, 이를테면 로마서 11장 8절의 '혼미한 심령'(a spirit of stupor)이 그것이다. 이 구절을 읽을 때마다 나는 '어리석음의 영'이 사람들에게 미치는 영향에 대해 농담하곤 했던 제시 듀플란티스(Jesse Duplantis) 목사가 생각난다.

또한 성경은 '어지러움의 영'(a spirit of dizziness)에 대해서도 언급했다. 그 영의 영향력을 두 가지로 생각해볼 수 있는데, 실제 어지럼증(육체적)을 유발하는 경우, 그리고 지적 혼란을 가져다주는 경우라 하겠다. 이외에도 세상의 영(a spirit of the world), 판단(비난)의 영(a spirit of judgement), 질병의 영(a spirit of infirmity) 등이 있다.

컴퓨터를 이용해 성경 전체에서 '~의 영'(spirit of)이라는 문구가 몇 번 등장하는지 조사해본 적이 있다. 뉴 킹제임스 역본에는 최소 122회나 등장한다. 그중 '믿음의 영', '연합의 영'과 같이 하나님께서 보내신 영들도 있었지만 원수가 보낸 악한 영들도 꽤 있었다.

성경에 나오는 수많은 영 중 몇몇의 이름은 대문자 S로 시작된다. 즉, '성령'(Spirit)으로 번역된 것이다. 정확하게 성령을 지칭할 때는 대문자 S가 사용되었다. 또 어떤 특정한 영이 하나님의 역할을 담당할 때는 번역자가 대문자 S를 사용하여 Spirit으로 번역했다. 이 점을 염두에 두고 나는 다음과 같이 생각했다. "'~의 영'으로 표현된 이 수많은 영 중 대문자 S로 시작되는 영이 정확히 일곱 종류라면 얼마나 재밌을까?" 컴퓨터를 이용하여 조사한 결과, 정확히 일곱 종류의 'Spirit'을 찾아냈다. 그 목록은 아래와 같다.

1. 지혜와 계시(예언)의 영 The Spirit of wisdom and revelation
2. 진리의 영 The Spirit of truth
3. 성결(거룩함)의 영 The Spirit of holiness
4. 생명의 영 The Spirit of life
5. 양자의 영 The Spirit of adoption(sonship)
6. 은혜의 영 The Spirit of grace
7. 영광의 영 The Spirit of glory

나는 위에 열거된 일곱 영이 바로 우리 주 예수님께서 온 세상에 보내신 '하나님의 일곱 영'이라고 확신하게 되었다. 이들 강력한 일곱 영은 우리의 오랜 원수, 사탄과의 싸움에 필요한 모든 능력, 지혜, 은혜, 영광, 의(義)를 제공해줄 것이다.

그런데 나는 성경에서, 그리고 사십삼 년 이상의 사역 경험을 통해 다음과 같은 사실을 알게 되었다. 이 일곱 영이 우리의 삶과 교회에서 역사하기 시작하면, 그 즉시 사탄은 적대감을 표한다. 사탄은 교회 안에서 성령의 역사를 멈추거나 감추는(적어도) 방식으로 싸움을 건다. 이것이 바로 사탄의 전략이다.

사탄에게도 나름의 시스템이 있다. 그는 자신의 수하에 '정사'로 불리는 불결한 일곱 영을 대동하여 강력하게 역사한다. 이들이 정사로 불리는 이유는 나름 높은 위치에 있기 때문이다. 각각의 정사마다 종노릇하는 마귀가 따른다는 뜻이다.

> 하늘에 또 다른 이적이 보이니 보라 한 큰 붉은 용이 있어 머리가 일곱이요 뿔이 열이라 그 여러 머리에 일곱 왕관이 있는데 계 12:3

나는 붉은 용은 사탄, 일곱 왕관을 쓴 일곱 머리는 이 땅에서 활동하는 정사들이라고 생각한다. 사도 바울은 우리의 싸움이 혈과 육에 대한 씨름이 아니라 정사와 권세에 대항하는 싸움임을 이야기했다(엡 6장 참조). 이 일곱 정사와 그 수하의 마귀들 및 더러운 영(귀신)들은 인류 역사 속에서 사람들과 동역하며 사탄의 뜻을 수행해왔다. 물론 이러한 영들의 영향을 받았던 옛사람들은 이미 죽고 없다. 하지만 마귀는 죽지 않았다. 마지막 날까지 그들은 활개 칠 것이다. 때가 이르면 마귀는 적그리스도 및 거짓 선지자와 규합할 것이다. 그리고 최후 심판 이후 불못에 던져질 때에도 이들은 여전히 살아 있을 것이다(계 19:20에 의하면 적그리스도와 거짓 선지자는 산 채로 불못에 던져진다. 사탄 및 그 수하의 마귀들 역시 산 채로 불못에 던져진다-역자 주). 그러므로 정사와 권세 및 그 수하의 마귀들이 살아 있음은 당연하다. 지금도 사람들과 더불어 악을 행하고 있다. 그들은 속임수에 능하다. 그들의 거짓말에 속지 않으려면, 깨어 무장해야 한다.

교회를 대적하는 사탄의 전술은 크게 두 가지로 요약된다. 언제나 사탄은 둘 중 하나 혹은 그 두 가지 전술 모두를 혼합하여 교회를 넘어뜨리려 했다. 첫 번째 전술은 '가짜(모조) 영들'을 보내는 것이다. 첫눈에 그들은 참된 영처럼 보인다. 심지어 거룩한 영처럼 느껴지기까지 한다. 그러나 이 가짜 영들과 친숙해지는 순간, 당신의 삶과 경영하는 일들이 꼬이기 시작할 것이다. 예상치 못했던 문제들이 발생할 것이다. 이들은 앞에서 살펴본 사탄의 목적을 완수하기 위해 파송된 영들이다: 당신에게서 복과 기름 부음을 빼앗는 것, 당신의 소망과 꿈(어쩌면 당신의 목숨까지도)을 짓밟는 것, 주님을 위해 당신이 수행하고 있는 일과 당신의 영향력을 무너뜨리는 것 등이다.

주님께서 보내신 영은(하나님의 성령) 긍정적인 변화를 일으키신다! 회복시키신다! 상쾌함을 선사하신다! '영광으로 영광에'(from glory to glory) 이르도록 당신을 인도하신다. 당신의 삶과 환경 속에 주님의 보호와 큰 복을 내리신다. 하지만 가짜 영이라면 그 반대의 일을 수행할 것이다. 당신의 삶과 사역 가운데에 하나님의 역사가 일어나지 못하게끔 철저히 가로막고 방해하려 들 것이다. 당신은 점점 악순환의 소용돌이로 빠져들다 결국 '완전한 실패'를 맛보게 될 것이다. 그러므로 깨어 근신하라. 무엇보다 먼저 분별의 영을 간구하라. 그래야만 오늘, 이 땅에서 일어나고 있는 영적 전쟁을 제대로 치를 수 있다.

사탄의 두 번째 전술은 전면전이다. 전면전을 개시하는 목적은 우리의 관심을 하나님과 성령님에게서 분산시키는 데 있다. 예를 들어, 사탄이 공격을 가했다고 하자. 그러면 당신은 당신의 삶과 교회에 역사하고 계시는 생명의 영보다는 당신 주변에 일어나는 문제들에 대해 더 큰 관심을 쏟게 될 것이다. 어쩌면 마음의 상처와 그것을 다루는 일에 혈안이 될지도 모른다. 당신의 모든 관심이 문제들에만 집중되기 때문에, 참 아이러니하게도, 문제의 해결책이신 주님께는 마음이 가지 않는다. 주님이 공급해주실 자원과 복은 신경조차 쓸 겨를이 없다. 나는 내 주변에서 이러한 일들이 일어나는 것을 자주 목격했다. 아마 독자들도 마찬가지일 것이라고 생각한다. 원수는 그리스도의 일을 '대적'(anti) 혹은 반대(against)한다. 이 점을 기억하는 것이 참으로 중요하다. 사도 요한이 자신의 서신에서 원수의 일들을 어떻게 묘사했는지 살펴보자.

> 예수를 시인하지 아니하는 영마다 하나님께 속한 것이 아니니 이것이 곧 적그리스도의 영이니라 오리라 한 말을 너희가 들었거니와 지금 벌써 세상에 있느니라 요일 4:3

여기서 잠시, 위의 구절 중 '적그리스도의 영'(spirit of antichrist)이라는 문구를 주목해보자. 문구에 사용된 '적그리스도'는 소문자 a로 시작하는 antichrist이다. 대문자 A로 시작하는 Antichrist가 아니다. 그러므로 이는 '그리스도를 대적하는 영'을 지칭할 뿐이지 '적그리스도' 자체를 의미하는 것은 아니다. 적그리스도(Antichrist)는 아직 이 세상에 출현하지 않았다. 하지만 적그리스도의 영(그리스도를 대적하는 영)은 이미 온갖 더러운 일을 수행하며 활동하고 있다. 그리스도는 이와 같은 사탄의 일을 멸하기 위해 이 땅에 오셨다.

> 죄를 짓는 자는 마귀에게 속하나니 마귀는 처음부터 범죄함이라 하나님의 아들이 나타나신 것은 마귀의 일을 멸하려 하심이라 요일 3:8

사탄은 우리의 삶 속에서 역사하시는 하나님의 능력을 혐오한다. 그는 예수님께서 하신 일을 멸하려고 부단히 노력한다. 사탄의 목적에 대해 예수님께서는 무엇이라고 말씀하셨는가? "도둑이 오는 것은 도둑질하고 죽이고 멸망시키려는 것뿐이요"(요 10:10). 하나님의 일곱 영이 당신의 삶과 교회 안에 하나님의 일을 이루려 할 때마다, 사탄은 그 일들을 방해할 것이다.

사탄의 전략 중 가장 성공적인 전략은 무엇인가? 안타깝게도 가장 치명적인 전략이 가장 성공적인 전략이 되었는데, 그것은 다름 아닌 교회 내부를 공격하는 전략이다. 사탄은 교회나 공동체의 내부 구성원을 부추겨 더러운 일을 수행하게 만든다. 내부로부터의 공격만큼 파괴적이고 또 성공적인 전략이 어디 있겠는가?

우리는 인류 전쟁사를 통해 몇 가지 중요한 교훈을 배울 수 있는데, 전장에서 뛰어난 리더십을 발휘한 지휘관들 대부분이 '아홉 가지 전쟁 수칙'이라 불리는 원칙을 따랐다('부록 A'를 보라. 카를 폰 클라우슈비츠[Carl Von Clausewitz]: 아홉 가지 전쟁 수칙). 아홉 가지 전쟁 수칙을 살펴보았다면, 그중 하나가 '보안'(Security)임을 알 수 있다. 그런데 보안 수칙의 최고 핵심은 적의 침투를 허용하지 않는 것이다. 왜 적군의 내부 침투를 막는 것이 중요한지는 굳이 설명하지 않아도 잘 알 것이다.

교전은 총알이 날아오는 방향을 인식한 후 그 방향으로 대응 사격을 가하는 행위다. 총알이 날아오는 방향을 인식하지 못하면 군인들은 서로 등과 등을 맞대고 전방위(全方位)로 무차별 사격을 가한다(특수부대원들의 공격 방법이다). 그런데 적군이 아군 진영에 침투했다면 어떤 일이 벌어지겠는가? 적을 향해 사격할 때 아군끼리 총상을 입히는 일이 발생할 수도 있다. 그러므로 적이 내부에 침입하면 예상 밖의 전력 손실을 감수할 수밖에 없다.

성경에는 이에 대한 예가 많이 등장한다.

a. 유다-예수님의 공생애 마지막 유월절 만찬 석상이었다. 예수님은 그날의 저녁을 가리켜 '유월절의 완성'을 기념하는 만찬이라고 말씀하셨다. 그때 사탄의 영이 유다의 마음으로 들어갔다. 이후 유다는 예수님과 나머지 제자들을 대적하기 시작했다. 주의하라! 이 사건이 일어난 것은 예수님과 제자들이 가장 뜻깊은 시간을 보낼 때였다. 마찬가지로 우리가 주님을 위해 무언가 중요한 일을 하고자 할 때, 이와 동일한 일이 발생할 수 있다.

b. 베드로-이 사건 후, 몇 시간이 채 지나지 않아 베드로에게 일어난 일을 보라. 예수님께서는 그 밤이 다 가기 전에 베드로가 자신을 세 번 부인할 것이라고 경고하셨다. 그때 베드로는 말했다. "절대로 그런 일은 일어나지 않을 겁니다. 죽더라도 저는 주님을 배반하지 않을 겁니다." 그는 주님께서 자신에게 전하신 경고의 말씀을 도무지 믿을 수가 없었다. 자신이 사탄의 계획에 의해 '희생양'이 될 것이라고는 전혀 알지 못했다. 하지만 우리가 아는 바, 사탄이 아군 진영에 들어갔다. 사탄은 베드로를 통해 아군 진영에 큰 피해를 입혔다.

하나님의 일곱 영 중, 하나 또는 그 이상의 영들이 교회 안에서 역사하시기 시작할 때, 사탄은 훼방 모드로 전환할 것이다. 우리는 이 사실을 명심해야 한다.

주변 사람들이 죄로 넘어지는 것을 볼 때, 당신은 어떻게 반응하는가? 종종 그들을 정죄하거나 수치심을 느끼게끔 만들지 않는가? 우리는 베드로나 유다를 보며 힐난하기 일쑤다. "아니, 어떻게 그런 짓을 할 수 있지? 예수님과 동료들에게…" 하지만 우리가 다른 사람을 비난하는 순간, 사탄이 아군의 진영에 잠입한다. 이후 사탄은 한두 사람의 교인을 택하여 교회 전체를 공격하는 도구로 사용한다. 내부에서부터 공격을 가하는 것이다. 지금도 사탄은 전체 교회를 대적하려고 회중 중에 쓸 만한 그릇, 적절한 도구를 물색하고 있다. 교회의 결정에 의문을 표하며 반대할 사람, 다른 성도를 험담하거나 나쁜 소문을 퍼뜨릴 만한 사람 등은 사탄의 입맛에 제격이다. 왜냐하면 험담자의 속삭임은 악성 루머가 되기 쉽고, 이러한 종류의 소문은 회전 속도도 굉장히 빠르기 때문이다. 회중 가운데에 소문이 도는 순간 수많은 사람의 생명이 파괴된다. 막대한 손실이 발생한다.

이와 같은 일들이 내부에서 발생한다면(가정이든 교회든) 우리는 의아해할 것이다. "우리는 성도가 아닌가? 게다가 이미 예수님에게서 경고를 받지 않았는가? 그런데 어떻게 이런 일이 자행되도록 가만히 있을 수 있단 말인가?" 하지만 인류 역사상 이 위험에 대해 면역성을 보인 사람은 아무도 없었다. 우리는 이 점을 기억해야 한다. 주님께서 그 밤에 "네가 나를 부인하리라"며 경고하셨지만, 수제자였던 베드로는 그 말씀을 믿지 않았다. 아니, 믿을 수가 없었다. 마찬가지로 우리 역시 "내게는 이러한 일이 발생하지 않을 거야"라고 생각한다. 하지만 바로 그 순간 우리 역시 동일한 위험에 처하게 될 것이다. 스스로 준비하지 않으면, 원수는 성공적으로 우리를 농락할 것이다. 우리는 위험에 빠져 허우적댈 것이다. 그때마다 깜짝 놀라고 또 충격을 받을 것이다. 교회는 이러한 과정을 수없이 반복해왔다.

사탄은 교회 내부에 누군가를 심어놓아 온 회중을 오염시키고 분열을 조장한다. 오염되고 분열된 회중은 교회를 대적한다. 그 결과 교회의 힘은 사라져버린다. 오늘날 교회들이 제 힘을 발휘하지 못하는 이유가 바로 여기에 있다. 교회는 능력의 성장 대신 내부의 분열과 능력의 좌초만 맛볼 뿐이다.

요한계시록에 등장하는 일곱 교회 안에도 사탄이 역사했다. 다시 한

번 강조하지만 과거에 일곱 교회가 처했던 상황은 오늘날의 교회 상황과도 맞물린다. 그러므로 이 일곱 교회는 사탄이 오늘날의 교회 안에서 어떤 일을 할 수 있는지를 여실히 보여주는 좋은 예라 하겠다. 주님에게 칭찬만 들은 교회는 둘뿐이다. 나머지 다섯 교회는 칭찬과 더불어 책망을 받거나, 혹은 책망만 받았다. 게다가 칭찬만 들었던 교회 안에도 사탄의 역사가 강하게 일었다. 심지어 책망을 받은 교회 중에는 사탄의 역사를 묵인하고 공공연히 참아준 곳도 있었다. 일곱 교회의 예는 우리에게 다음과 같은 점을 가르쳐준다: 사탄의 계획은 치밀하다. 교회가 깨어 있지 못할 때, 사탄은 성도들을 속이고 자신의 계획을 성공적으로 이루어간다.

사탄은 계속 성공해왔다. 우리는 연거푸 속아왔다. 어떻게 이런 일이 가능한가? 그가 우리의 눈을 가려 실상을 보지 못하게 만들기 때문이다. 이것이 사탄의 가장 큰 속임수다. 사람들은 "설마, 그게 사실일라고?" 하면서 눈앞에 벌어진 일에도 의문을 제기한다. 사탄은 이런 식으로 사람들을 속여왔다. "실제로 일어난 일은 아니겠지? 설령 그 일이 사실일지라도 우리와는 상관없겠지!"

만일 당신이 영의 세계와 마귀의 실존에 대해 이야기한다면 주변 사람들이 어떤 반응을 보이겠는가? 아마 당신에게 정신과 치료를 권하거나 입원할 것을 종용할지도 모른다. 사탄의 가장 큰 거짓말은 "나는 존재하지 않는다"이다. 그는 영향력의 자리에 있는 엘리트들부터 공략하여 그들의 입을 통해 자신이 존재하지 않음을 대중에게 설파한다. 이처럼 자신의 존재를 '허상화'하는 일에 사탄은 큰 성공을 거두었다. 만일 귀신에 사로잡히거나 마귀의 영향력 아래에 있는 사람들조차 악령의 실존을 믿지 않는다면, 그야말로 마귀의 전성시대다. 아무도 그들에게 신경 쓰지 않을 것이고 마귀와 싸우거나 축사(逐邪)를 해줄 만한 사람도 찾지 못할 것이다!

성경에 의하면 전체 천사 중 3분의 1이 사탄과 함께 타락하여 마귀가 되었다고 한다. 생각해보라. 사탄은 천사의 무리 중 3분의 1을 꾀어 하나님을 대적하게 만들었다. 그 숫자가 얼마나 되는지 생각해본 적이 있는가? 요한은 하늘에서 '만만'(10,000 X 10,000, 무수히 많은 수)의 천사를 보았다. 타락하지 않은 3분의 2가 그 정도라면 이 땅으로 쫓겨난 3분의 1 역시 굉장히 큰 무리일 것이다. 문제는 무수히 많은 타락천사가 우리를 대적하고 있다는 점이다. 그렇다. 지금 우리는 전쟁 중이다! 원하든지 원치 않든지 상관없이 우리는 영적 전쟁터의 한복판에 서 있다.

그렇다면 이 전쟁을 어떻게 준비해야 하는가?

전쟁사를 공부하면 영적 전쟁 준비에 큰 도움이 될 것이다. 전쟁을 치렀던 군인들에게 실제 경험을 듣는 것도 좋은 방법이다. 인류가 경험했던 각각의 전쟁을 살펴보면, 매번 동일하게 사용된 전술과 전략들이 있음을 알 수 있다. 우리는 그 전술과 전략을 공부하여 현재의 영적 전쟁에 적용해야 한다. 특수부대와 SWAT(특수 기동대, Special Weapons and Tactics) 팀은 작전의 수행을 위해 특수 무기 사용법과 다양한 전술을 익힌다. 우리도 그들과 동일한 훈련을 받아야 한다-이를 위해 먼저 그리스도의 몸 된 교회 안에 특수부대를 세워야 한다. 그리고 주님께서 우리에게 주신 특수 무기의 사용법을 배워야 한다.

> 우리가 육신으로 행하나 육신에 따라 싸우지 아니하노니 우리의 싸우는 무기는 육신에 속한 것이 아니요 오직 어떤 견고한 진도 무너뜨리는 하나님의 능력이라 모든 이론을 무너뜨리며 하나님 아는 것을 대적하여 높아진 것을 다 무너뜨리고 모든 생각을 사로잡아 그리스도에게 복종하게 하니 너희의 복종이 온전하게 될 때에 모든 복종하지 않는 것을 벌하려고 준비하는 중에 있노라 **고후 10:3-6**

위에서 언급한 무기는 무엇인가? 이에 대해 스가랴 선지자가 대답해 줄 것이다. 그가 보았던 '순금 등잔대의 환상'에서 그 실마리를 찾을 수 있다.

> 내게 말하던 천사가 다시 와서 나를 깨우니 마치 자는 사람이 잠에서 깨어난 것 같더라 그가 내게 묻되 네가 무엇을 보느냐 내가 대답하되 내가 보니 순금 등잔대가 있는데 그 위에는 기름 그릇이 있고 또 그 기름 그릇 위에 일곱 등잔이 있으며 그 기름 그릇 위에 있는 등잔을 위해서 일곱 관이 있고 그 등잔대 곁에 두 감람나무가 있는데 하나는 그 기름 그릇 오른쪽에 있고 하나는 그 왼쪽에 있나이다 하고 내게 말하는 천사에게 물어 이르되 내 주여 이것들이 무엇이니이까 하니 내게 말하는 천사가 대답하여 이르되 네가 이것들이 무엇인지 알지 못하느냐 하므로 내가 대답하되 내 주여 내가 알지 못하나이다 하니 그가 내게 대답하여 이르되 여호와께서 스룹바벨에게 하신 말씀이 이러하니라 만군의 여호와께서 말씀하시되 이는 힘으로 되지 아니하며 능력으로 되지 아니하고 오직 나의 영으로 되느니라 슥 4:1-6

여기서 '일곱'이라는 수가 또다시 등장한다. 일곱 등잔대가 있다. 일곱 관이 있다. 천사는 이것이 '하나님의 영'임을 이야기해주었다. 그렇다. 또다시 하나님의 일곱 영이다. 즉, 하나님의 일곱 영이 우리의 특수 무기인 것이다.

당신은 하나님의 특수부대에 지원할 준비가 되었는가? 특수 무기를 보급받고 새로운 전술을 배울 준비가 되었는가? 연패의 끈을 끊고 연승의 문에 들어갈 준비가 되었는가? 상자 밖으로 나와(적이 예상치 못한 공격 루트로 진격하여) 적을 놀라게 할 준비가 되었는가? 적의 움직임에 화들짝 놀라는 대신, 적에게 충격과 공포를 선사할 준비가 되었는가? 지금은 방어 자세에서 벗어나 공격 태세를 갖출 때다. 이처럼 치열한 영적 싸움에 출전한다면 경계 태세를 늦추지 말아야 한다. 항상 지혜로워야 한다. "보라 내가 너희를 보냄이 양을 이리 가운데로 보냄과 같도다 그러므로 너희는 뱀 같이 지혜롭고 비둘기 같이 순결하라"(마 10:16). 예수님의 말씀이다.

제대로 영적 전쟁을 준비하려면 무기 다루는 법부터 배워야 한다. 이 책을 집필한 주된 목적은 당신과 당신의 교회에 무기 다루는 법을 알려 주기 위해서다. 무기 사용법을 숙지한 후에야 제대로 경계 태세를 갖출 수 있다. 베드로전서에 담긴 경고의 말씀을 마음에 새기라.

> 사랑하는 자들아 너희를 연단하려고 오는 불 시험을 이상한 일 당하는 것 같이 이상히 여기지 말고 오히려 너희가 그리스도의 고난에 참여하는 것으로 즐거워하라 이는 그의 영광을 나타내실 때에 너희로 즐거워하고 기뻐하게 하려 함이라 너희가 그리스도의 이름으로 치욕을 당하면 복 있는 자로다 영광의 영 곧 하나님의 영이 너희 위에 계심이라 **벧전 4:12-14**

위의 구절은 우리가 받게 될 훈련의 목적과 의미를 명시한다. 여기서 하나님의 중요한 약속(보장)을 발견할 수 있는데, 그 약속의 내용은 다음과 같다: 영광의 영, 곧 하나님의 영이 우리 위에 임하실 때, 원수가 우리를 향해 달려들 것이다! 사탄은 하나님의 영광을 혐오한다. 그는 하나님의 영광을 파괴하려 든다.

위의 구절을 기록할 때 베드로는 자신이 말하고자 하는 내용을 '분명히' 이해하고 있었을 것이다. 말씀을 읽으면서 나는 다음과 같은 생각을 했다: '이 말씀을 기록하면서 어쩌면 베드로는 예수님께서 자신에게 하셨던 말씀을 떠올렸을지도 모른다.' "시몬아 시몬아 보라 사탄이 너희를 밀 까부르듯 하려고 요구하였으나"(눅 22:31).

"시몬아, 시몬아" 하며 베드로를 부르셨을 당시, 예수님의 목소리 톤이 어떠했는지 상상할 수 있겠는가? 사탄이 하나님께 나아가 아뢰었다. "제가 지금 베드로를 밀 까부르듯 하려고 합니다. 허락해주십시오. 하나님께서 아시다시피 베드로에게는 자격이 없습니다. 훌륭한 제자가 될 수 없을 겁니다. 그러니 제가 지금 그를 체로 치고 걸러서 제자 자격을 박탈시키겠습니다. 허락해주십시오." 당신은 이러한 일이 실제로 일어났다고 생각할 수 있겠는가? 정말로 사탄은 하나님 앞에 나아가 베드로를 체로 걸러내겠다고 간했다. 이를 허락해주실 것을 요구했다. 물론 사탄은 그렇게 하지 못했다. 하지만 적어도 '시도'는 했다. 무엇이 사탄을 가로막았는가? 예수님의 기도였다. 예수님께서 베드로를 위해 기도하셨고, 하나님께서 그 기도를 들으셨다.

왜 우리는 원수의 공격에 기겁하는 것일까? 베드로의 상황을 살펴보자. 그는 자신에게 이러한 일이 일어나리라고는 생각조차 못했다. 그는 말했다. "아닙니다. 주님, 절대 그럴 수 없습니다. 제게는 그런 일이 일어날 수 없습니다. 죽기까지 저는 주님 곁을 지키겠습니다!" 그러나 그 밤이 다 가기 전에 베드로는 예수님을 부인했다. 아마 베드로 역시 자신의 행동에 당황했을지도 모른다. 이 뼈아픈 경험을 바탕으로 그는 베드로전서를 적어 내려갔을 것이다.

원수가 우리를 엄습하는 이유는 우리가 경계하지 않기 때문이다. 우리는 또한 원수의 공격 루트와 방법을 알지 못하기에 속절없이 당하고 쉽게 놀란다. 이 같은 점을 모르면, 삶에 닥쳐오는 원수의 공격에 넘어지기 쉽다. 바울이 디모데에게 전한 경고의 말씀을 기억하라.

> …대적에게 비방할 기회를 조금도 주지 말기를 원하노라 이미 사탄에게 돌아간 자들도 있도다 딤전 5:14-15

위의 구절 중 "대적에게 비방할 기회를 조금도 주지 말기를 원하노라"라는 명령을 주목하기 바란다. 당신은 '성도 중에 이미 사탄에게 돌아간 자들도 있다'는 점이 이해되는가?

바울은 대적에게 비방할 기회를 조금도 주지 말아야 한다는 점을 매우 강한 어조로 말했다. 왜냐하면 사탄의 속임수는 매우 천천히, 그리고 아주 조용히 다가오기 때문이다. 사탄의 속임수는 우리의 영안을 가릴 정도로 아주 부드럽다. 보통 사탄은 무해한 것처럼 보이는 몇 가지 질문을 필두로 우리를 공격한다. 사탄이 예수님을 시험했던 장면을 기억하는가? 사탄은 이렇게 운을 뗐다: "네가 참으로 하나님의 아들이라면…" 어떤 의도의 질문이었는가? 사탄은 예수님께서 자신의 부르심에 대해, 아버지 하나님과의 친밀한 관계에 대해, 장차 거머쥘 궁극적인 승리에 대해 확신하지 못하도록 훼방한 것이다. 그는 지금도 이와 동일한 계략을 펼친다.

이처럼 사탄은 약간의 의심을 유발시킬 만한 몇 가지 질문을 던지며 우리에게 다가온다. 그렇게 아주 천천히, 아주 조용히 우리의 확신을 잠식해버린다. 그가 던지는 질문은 다음과 같다.

"정말 네가 하나님의 자녀라고 생각해?"
"정말 그것이 사실이라고 믿는 거니?"
"제발 정신 차려! 진지하게 생각해봐! 그게 사실일 수 있어?"
"하나님이 너를 사랑하신다고? 정말 널 사랑하신다고 믿는 거야?"
"하나님께서 네 과거의 모든 죄와 실수를 용서하셨다고? 정말 그걸 믿어?"

사탄은 언제나 교묘한 질문을 던지며 우리 마음속의 확신을 없앤다. 그 자리에 불신을 심으려고 노력한다. 그의 말을 귀담아 듣기 시작했는가? 그렇다면 당신은 이미 가파른 언덕에서 중심을 잃었다. 이제 곧 걷잡을 수 없이 미끄러져 저 밑바닥까지 내동댕이쳐질 것이다. 바울이 에베소 교회에 보낸 서신을 보라. "마귀에게 틈을 주지 말라"(엡 4:27).

몇 해 전만 해도 미국의 많은 기업이 가정 방문 판매로 영업했다. 혹시 일렉트로룩스 회사(Electrolux: 가전제품 제조 판매사—역자 주)의 판매원들을 기억하고 있는지 모르겠다. 그들의 판매 전략은 '틈' 공략이었다. 일단 문이 조금이라도 열리면, 발부터 밀어 넣어 집주인이 다시 문을 닫지 못하게 만드는 방법을 사용했다. 어떤 판매원은 열린 틈으로 흙덩이를 집어던진 후, "죄송합니다. 제가 들어가서 청소해드리겠습니다"라며 나름의 판매 전략을 시행하기도 했다. 결국 온 미국 시민은 방문 판매원들에게 발 디딜 틈조차 내주지 말아야 한다는 사실을 깨닫게 되었다! 사탄을 대하는 방법도 이와 동일하다. 사탄이 발을 들이밀지 못하도록 문을 굳게 걸어 잠가야 한다. 입구 계단에조차 오르지 못하게 막아서야 한다. 마귀를 대적하라. 그러면 떠날 것이다!

> 그런즉 너희는 하나님께 복종할지어다 마귀를 대적하라 그리하면 너희를 피하리라 약 4:7

우리는 마귀를 대적해야 한다. 사탄은 잔재주를 부려가며 당신을 싸움으로 끌어들이려 한다. 그는 몇 가지 작은 질문을 던지며 싸움을 걸어온다. 그러므로 그와의 논쟁을 피하라. 기억하라. 사탄은 무수히 많은 연습과 훈련을 거쳤기에 이미 그 분야에서는 베테랑이다. 당신이 입 밖으로 발설할 거의 모든 말에 대해 이미 완벽한 답변을 준비해놓은 상태다. 그러므로 논쟁하지 마라. 그가 뛰어난 언변으로 당신을 압제할 것이다. 다만 예수님께서 하셨던 대로, 오직 주님의 방법대로만 하라. 하나님의 말씀에 머물고, 말씀을 인용하여 사탄에게 선포하라. 말씀으로 사탄을 대적하라.

그런데 여기서 한 가지 살펴볼 것이 있다. 사탄을 대적할 때 무엇보다 중요한 것은 우리가 평상시에 하나님의 말씀대로 살아야 한다는 것이다. 사탄이 수많은 성도를 패배시키는 영역 중 하나는 '용서'다. 많은 성도가 남을 용서하지 않아서 사탄에게 당하고 만다. 이와 관련된 바울의 가르침을 들어보자.

> 너희가 무슨 일에든지 누구를 용서하면 나도 그리하고 내가 만일 용서한 일이 있으면 용서한 그것은 너희를 위하여 그리스도 앞에서 한 것이니 이는 우리로 사탄에게 속지 않게 하려 함이라 우리는 그 계책을 알지 못하는 바가 아니로라(나는 이 구절의 "만일 용서한 일이 있으면"을 다음과 같이 해석하는 것을 좋아한다: 종종 우리는 다른 사람의 말과 행동 때문에 상처를 받는다. 그들이 우리에게 상처주려는 의도를 갖고 그러한 말과 행동을 했다고 생각하기 때문인데, 대부분은 상처주려는 의도는 없다. 엄밀히 말하면 이는 상처받은 우리의 잘못이지, 용서해야 할 일이 아니다. 그러므로 정말 용서해야 할 일이 있다면, 용서한 그것은 너희를 위하여…) 고후 2:10-11

위의 구절에 소개된 내용이 바로 사탄에게 발 디딜 틈을 제공하게 되는 미묘한 영역이다. 남을 용서하지 않는 것은 사탄을 향해 문을 여는 행위와 같다. 사탄은 열린 문으로 들어가 당신을 공격하고 압제할 것이다. 이 사실을 기억하라: 당신이 용서하지 않으면, 하나님도 당신을 용서하지 않으신다. 당신이 남을 판단하는 그 기준으로 당신 역시 판단을 받을 것이다. 용서받으려면 먼저 용서해야 한다. 그러므로 예수님께서 하신 대로 행하라: 십자가에 못 박히신 순간에도 주님은 자신을 향해 증오와 모욕을 내뿜는 사람들을 용서하셨다. 자신을 죽음으로 내모는 사람들까지 용서하신 것이다. 우리의 삶은 주님을 닮아야 한다. 그렇지 않으면 사탄에게 틈을 내주게 된다. 사탄에게 문을 열어주고 마음껏 공격을 가하도록 무대를 마련해주는 셈이다.

우리는 하나님의 능력으로 일어서서 성도의 권위를 발휘해야 한다. 주님께서 모든 성도에게 주신 능력과 권위를 나타내며 살아야 한다. 일어서라! 다음의 고백으로 사탄을 대적하라. "나는 하나님께 복종한다. 내가 너를 대적하니 너 마귀는 나를 떠날지어다!" 자신의 영적 아들인 디모데에게 바울이 했던 말을 마음에 새기라. "하나님이 우리에게 주신 것은 두려워하는 마음이 아니요 오직 능력과 사랑과 절제하는 마음이니"(딤후 1:7).

오늘날 교회는 너무나 소심하다. 성도들에게서 담대함을 찾아볼 수 없다. 혹여나 정치적 정당성(Political Correctness-PC로 줄여 말하기도 함. 여성, 흑인, 소수민족, 동성애자, 지체 부자유자 등 사회적 약자에게 상처가 되는 언행을 삼가는 풍조. 미국 등의 서구권에서는 이들의 권리를 타자의 권리보다 더욱 중요시하는 경향까지 나타나 '역차별'의 문제가 야기되기도 한다. 정치적 정당성에 위배되지 않을까 지나칠 정도로 조심하는 사회적 분위기를 꼬집어 PC를 '신흥종교'라고 비판하는 사람도 있다-역자 주)에 위배되는 말을 내뱉게 되면 어쩌나 걱정하면서 수동적인 자세로 일관할 뿐이다. 현대인들은 "어떠한 사람도 상처받아서는 안 된다"라고 생각한다. 모든 사람을 기분 좋게 만드는 것이 이 시대의 우선순위가 되어버렸다. 그 결과 우리는 모두 소심한 마음의 소유자가 되었다. 두려움의 영을 붙들게 되었다. 이는 하나님에게서 온 것인가? 절대 아니다! 하나님은 당신에게 소심한 마음도, 두려움의 영도 주시지 않았다. 오히려 하나님이 주신 것은 능력과 사랑과 절제하는 마음이다. 하나님께 받은 대로, 그대로 행하라.

* 경고: 만일 당신이 능력과 사랑과 절제하는 마음을 따라 행동하기

시작하면, 원수가 당신을 공격할 것이다. 하나님의 말씀을 연구하며 그대로 살아갈 때, 원수가 당신에게 달려들 것이다. 하지만 두려워하지 마라. 주님께서 당신과 동행하시며 원수와의 싸움에 필요한 모든 것을 제공하실 것이기 때문이다.

당신이 이 점을 알고 있든 그렇지 않든, 마귀는 당신과 싸우려고 할 것이다. 당신이 대항하든 그대로 주저앉든 상관없다. 마귀는 당신을 공격할 것이다. 그러니 미리 깨닫고 대비하는 편이 낫지 않은가?

사탄은 주변 사람을 통해 당신을 공격할 것이다. 배우자와 가족이 사탄의 공격 루트로 사용될 수 있다는 뜻이다. 교회를 통해서도 당신에게 공격을 가할 수 있다. 어쨌든 사탄은 '안에서부터' 공격을 시작할 것이다. 그 과정을 세부화한다면 다음과 같다.

1. 문을 열어둔 채로 사는 사람을 찾는다.
2. 의심 섞인 질문에 쉽게 걸려 넘어질 사람을 찾는다.
3. 이러한 사람을 찾으면, 곧 그를 통해 그가 속한 그룹의 내부를 흔들기 시작할 것이다.

다시 한 번 강조하지만, 중요한 것은 사탄이 당신에게 달려든다는 점이다. 하지만 물러서지 마라. 하나님께서 주신 무기, '하나님의 일곱 영'을 사용하라!

이 책은 영적 전쟁에 초점 맞춰져 있다. 우리는 하나님의 특수부대원으로 부름 받았다. 하나님은 우리를 실전에 투입시키기 원하시는데, 당신은 실전 투입 명령에 "아멘"으로 화답할 준비가 되었는가? 만일 준비되었다면 당신이 실전에 투입된 이유를 깨닫기 바란다. 그 이유는 우리의 원수가 실재(實在)하기 때문이다. 전쟁이 일어나야만 실전 투입 명령을 받을 수 있지 않은가? 원수는 실제로 존재한다. 그리고 전쟁을 일으킨다. 물론 당신이 전쟁을 선포한 것은 아니다. 원수가 먼저 선포했다. 당신의 의사와 상관없이 당신은 전쟁의 한복판에 서 있다. 지금 우리는 영적 전쟁 중이다. 당신은 실전 투입 명령을 받고 '마지막 시대의 군대'(End-Time Army)에 편제되었다.

이제 이 책의 내용을 따라 당신은 영적 기초군사훈련소에 입소하게 될 것이다. 훈련이 끝나면 '개별 상급자 훈련'(Advanced Individual Training) 과정을 밟게 된다.

준비되었는가?
영적 기초군사훈련소에 입소할 준비가 되었는가?
"예!"

기초 훈련 과정에서는 어떻게 원수를 다루는지 배울 것이다. 또한 원수가 사용하는 다양한 공격법도 다룬다. 사탄을 대할 때 우리가 기억해야 할 한 가지 중요한 사실이 있는데, 사탄은 창조적인 존재가 아니라는 것이다. 사탄의 공격 방법은 예나 지금이나 다를 것이 없다. 이 과정에 제시된 여러 성경 구절을 연구해보면, 사탄이 과거에 사용했던 것과 동일한 일곱 가지 방법으로 당신을 공격한다는 사실을 깨닫게 될 것이다. 만일 하나님께서 일곱 영 중 하나를 당신의 삶 속, 특정 영역에 보내신다면 사탄 역시 그 영역을 공격 대상으로 삼아 특정한 마귀를 보낼 것이다. 어떤 특정 영역에서 주님의 임재와 기름 부음이 나타난다면, 사탄 역시 그 동일한 영역을 무너뜨리고자 노력할 것이다. 그러므로 준비하라! 그리고 놀라지 마라!

에베소 교회를 향한 바울의 권면은 오늘날의 우리에게도 동일하게 적용된다. "일어서라. 이는 모든 일을 행한 후에 서기 위함이라!"(엡 6:13 참조) 우리의 싸움은 혈과 육에 대항하는 씨름이 아니다. 통치자들과 권세들과 이 어둠의 세상 주관자들과 하늘에 있는 악의 영들을 상대하는 싸움이다. 당신이 원수를 넉넉히 이긴 후 담대히 설 수 있는 유일한 방법은 하나님의 전신 갑주를 입는 것뿐이다. 하나님의 전신 갑주가 일곱 부품으로 구성된다는 점을 아는가? 이 땅에 보내심을 받은 일곱 영이 있다. 당신을 공격할 원수 역시 일곱 부류다. 그리고 일곱 부품으로 구성된 하나님의 전신 갑주가 있다—이 점은 충분히 예언적이지 않은가?

정리하자면, 본 훈련 과정에서 당신은 하나님의 일곱 영에 대해 배우게 될 것이다. 또한 원수가 어떤 방법으로 공격을 가하는지, 그리고 어떻게 해야 그들의 공격을 막을 수 있는지도 함께 배우게 될 것이다.

스스로 준비하라! 훈련이 진행되는 동안 사탄이 공격해올 것을 예상하라—주로 가까운 사람들을 통해 공격해올 것이다. 원수가 당신을 향해 달려갈 것이지만 사탄의 공격을 대비하면, 그 낡고 오랜 함정에 빠지지 않아도 된다. 그의 전략과 공격 루트를 연구한 후, 당신은 다음과 같이 말할 수 있을 것이다: "아하, 알았다! 나는 이제 네가 무슨 수작을 부리는지 알고 있다. 내가 네 덫에 걸려 넘어질 것 같아? 나는 내 아내(남편)와의 싸움에 말려들지 않을 것이다. 성도들과 한자리에 모여 불평을 늘어놓거나 논쟁하는 일에 휘말리지 않을 테다. 의심 혹은 수치심에 빠져들지 않을 테다. 나는 예수님과 함께 서 있다. 예수님께서 내게 능력과 권위를 부어주셨기 때문에 나는 이 모든 것을 넉넉히 이길 것이다!"

하나님께 복종하는 기도, 그리고 출전 준비

하나님 아버지, 우리의 영과 혼과 육을 하나님께 내어드립니다. 우리의 전 존재, 우리의 모든 소원과 꿈, 우리가 가진 모든 것, 갖고자 소망했던 모든 것을 주님께 드립니다. 그리고 원수 마귀를 대적합니다. 주님의 말씀대로, 그리고 예수님의 강한 이름으로 마귀는 떠나며 자신이 뿌려놓은 모든 일을 거두어 갈 것입니다. 우리에게 주신 능력과 권세로 원수를 대적할 때, 하나님 우리를 도와주소서. 예수님이 보내신 그 일곱 영이 모두 우리의 교회와 가정과 삶 속에서 역사하시기를 간구합니다. 담대히 설 수 있도록 용기를 주옵소서. 이 시간 하나님의 전신 갑주를 취합니다. 원수를 대적합니다. 주님의 말씀을 신뢰합니다. 우리가 담대히 설 때, 원수가 떠날 것을 믿습니다. 모든 일을 행한 후, 예수 그리스도를 믿는 믿음 위에 굳건히 설 것을 선포합니다. 하나님 아버지, 그리스도의 몸 된 교회 위에 능력을 주시니 감사합니다. 우리의 삶 속에 능력을 부어주셔서 감사드립니다. 주님께서 주신 모든 능력을 하나님의 나라를 위해 사용하기 원합니다. 주 하나님, 우리는 오직 주님의 소유입니다. 우리가 주님께 복종하기로 선포했을 때, 이미 우리는 모든 소유를 주님께 내어드렸습니다. 그러므로 원수가 가져갈 수 있는 것은 아무것도 남지 않았습니다. 이제 원수에게 선포하노라. "너는 짐을 싸서 네 갈 길로 떠나라. 우리는 하나님의 강하신 능력을 믿으며 굳건히 서 있으니 너는 네 곳으로 떠날지어다. 너는 더 이상 우리에게 어떠한 해도 입힐 수 없노라. 우리는 주님의 특수부대로서 함께 일어나 너를 대적하노라." 하나님의 영광스러운 이름과 주님의 나라를 위해 일어섭니다. 우리가 영광스러운 '이에슈아 하 메시아흐'(메시아이신 예수님 Jesus the Messiah)의 이름으로 기도할 때, 주 하나님 우리와 함께하소서! 아멘, 아멘!

나는 다음과 같은 약속의 말씀으로 이 장을 마무리하기 원한다. "주는 미쁘사 너희를 굳건하게 하시고 악한 자에게서 지키시리라"(살후 3:3).

1과

예언(대언)의 영

The Spirit of Prophecy

A Warrior's Guide To

THE SEVEN SPIRITS OF GOD

PART 1: BASIC TRAINING

1과
/
예언(대언)의 영

최고사령관, 군 통수권자, 유일한 칠성 장군, 왕의 왕, 주의 주이신 예수 그리스도께서 말씀하셨다.

> 또 어떤 임금이 다른 임금과 싸우러 갈 때에 먼저 앉아 일만 명으로써 저 이만 명을 거느리고 오는 자를 대적할 수 있을까 헤아리지 아니하겠느냐 만일 못할 터이면 그가 아직 멀리 있을 때에 사신을 보내어 화친을 청할지니라 눅 14:31-32

영적 기초군사훈련소에 입소한 것을 환영한다!

나는 군종 목회자로 사역했던 적이 있다. 당시 기초군사훈련은 칠 주 동안 진행되었다. 주님께서 이 가이드북의 집필을 명령하시고 영감을 주셨을 때, 원고를 준비하는 동안 나는 적잖이 놀랐다. 하나님의 일곱 영에 대해 배우는 데에는 기초군사훈련 기간과 동일한 만큼의 시간이 소요되기 때문이다. 이 책을 통한 영적 기초군사훈련은 총 일곱 과정으로 구성되며 모든 과정을 완수하는 데에는 약 칠 주가 소요된다. 수많은 군대 관련 사항이 영적인 일들과 흡사한 것은(혹은 영적인 일들이 여러 가지 군 관련 사항과 닮은 것이) 참으로 놀라운 일이 아닌가?

다음의 선포로 이 과를 시작하려 한다: "신사 숙녀 여러분, 우리는 지금 전쟁 중입니다!"

원수가 전쟁을 선포했다. 공습경보가 울린다. 그는 우리에게 무차별 공격을 가할 것이다. 시간이 흐를수록 그의 공격성은 점점 더 맹렬해지리라. 사탄의 목표는 뚜렷하다: '우리 모두를 없애는 것!' –이것이 그가 싸우는 이유다. 전군 통수권자에게 받은 또 다른 메시지를 전한다.

> 도둑이 오는 것은 도둑질하고 죽이고 멸망시키려는 것뿐이요 내가 온 것은 양으로 생명을 얻게 하고 더 풍성히 얻게 하려는 것이라 요 10:10

예수님의 말씀대로라면 원수의 목표는 '도둑질하는 것, 죽이는 것, 멸망시키는 것' 이다. 그러므로 이 전쟁에서 살아남기 원한다면 싸우는 법부터 배우라. 무기 다루는 법을 배우고 숙지하라. 첨단 기술이 집약된 강력한 무기를 능수능란하게 다룰 줄 알아야 하는 것은 물론, 어떻게 관리해야 하는지도 알아야 한다. 일반 훈련병들이 사격술을 배우는 것과 마찬가지로 당신은 영적 전쟁 무기를 다루는 법부터 숙지해야 한다.

아울러 생존 기술을 배우라. 이는 지형과 기후 및 제반 악조건 상황을 견뎌내기 위해서, 그리고 당신의 전투력을 보존하기 위해서다. 일반 군사훈련 과정 중 응급처치는 굉장히 중요한 과목으로 여겨진다. 실전에서는 의무병의 도움을 받기가 어렵다. 아무리 위급한 상황이더라도 의무병의 치료를 즉시 받을 수 없다. 그러므로 일반 병사들은 스스로 상처

싸매는 법, 지혈하는 법, 진통제 투여 방법, 부목 대는 법 등을 숙지하고 있어야 한다. 영적 전쟁에서도 마찬가지다. 당신은 주변의 상처 입은 사람들을 어떻게 감싸야 하는지 배워야 한다. 우리 몸의 상처와 마찬가지로 영적인 상처 역시 그 정도와 깊이가 다양하다. 하지만 어떤 상처든지 몸에 난 상처만큼이나 사람을 나약하게 만든다. 전투 수행 능력을 유지하기 위해서 당신은 동료의 무너진 마음을 싸매고 보듬을 줄 알아야 한다. 서로 감싸 안고 서로를 회복시켜야 한다. 예수님께서는 이사야 61장에 기록된 약속의 말씀이 자신의 사역을 설명한 것이라고 선포하셨다. 그러므로 예수님의 제자인 우리 역시 그분의 사역을 우리의 것으로 삼아야 한다.

> 주 여호와의 영이 내게 내리셨으니 이는 여호와께서 내게 기름을 부으사 가난한 자에게 아름다운 소식을 전하게 하려 하심이라 나를 보내사 마음이 상한 자를 고치며 포로된 자에게 자유를 갇힌 자에게 놓임을 선포하며 여호와의 은혜의 해와 우리 하나님의 보복의 날을 선포하여 모든 슬픈 자를 위로하되 무릇 시온에서 슬퍼하는 자에게 화관을 주어 그 재를 대신하며 기쁨의 기름으로 그 슬픔을 대신하며 찬송의 옷으로 그 근심을 대신하시고 그들이 의의 나무 곧 여호와께서 심으신 그 영광을 나타낼 자라 일컬음을 받게 하려 하심이라 사 61:1-3

개인용 화기(무기) 및 생존 기술 훈련 외에도, 우리가 숙지해야 할 사항들은 많다. 우리는 적의 전략 전술, 적의 화기, 적의 전투 능력을 알아야 한다. 먼저 적에 관련된 정보를 파악해야만 그의 전략과 전술에 대한 방어 체계를 구축할 수 있기 때문이다.

지금까지 살펴본 사항은 주로 방어법과 연관이 있다. 하지만 승리하려면 공격하는 법을 배워야 한다. '공격'은 전술 목표 달성을 위해 반드시 수행해야 할 아홉 가지 전쟁 원칙 중 하나다. 너무도 오랫동안 교회는 방어 태세를 고집해왔다. 그 결과 사탄은 마음 놓고 교회를 공격하여 수많은 사람과 자원을 갈취해갔다. 하지만 교회는 넋 놓고 바라보기만 했다. 지금까지 우리는 이 소모전에서 사탄에게 패배해왔다. 그러나 자리를 털고 일어나 적을 향해 공격을 개시한다면 또 다른 전쟁의 원칙이 작동하기 시작할 것이다. 이 원칙은 적을 당황하게 만드는 작인(作人)으로 작용할 것이다. '공격' 이야말로 적을 놀라게 할 수 있는 가장 효과적인 방법이다: 우리가 공격할 때 적은 충격과 공포를 경험한다. 지금은 적을 향해 전면 대응 사격(공격)을 실시해야 할 때다.

그렇다고 해서 방어 시스템을 무시하면 큰일 난다. 일정 수준의 공격 태세를 갖추려면, 항상 경계를 갖추고 언제든지 경보를 울릴 수 있는 방어 시스템을 구축해야 한다. 너무나 많은 교회가 악한 영의 침입을 허용한다. 마귀의 압제 아래에 악행을 저지르는 사람들을 눈감아준다. 이러한 이유로 교회는 전투적 효율성을 잃었다. 안타까운 일이지만 '안보'의 영역에서 실패를 거듭해왔다. 미군의 경우 보초 근무 서는 병사는 근무 중 총 열 개의 일반 명령을 수행해야 한다. 각각의 명령은 임지를 어떻게 사수하는가, 어떻게 보안을 유지하는가, 어떻게 적의 움직임을 식별하는가(적의 공격과 침입), 위기 상황 시 어떻게 경보를 울리는가에 대해 명시한다. 그러므로 보초 근무병은 자신에게 할당된 임지의 보안을 어떻게 유지해야 하는지 빨리 터득해야 한다. 초병 임무에 투입된 훌륭한 병사는 임지의 보안을 철통같이 유지한다. 이에 상관은 마음이 뿌듯하다. 영적 전쟁에서도 마찬가지다. 당신 역시 경계를 늦추지 말고 적의 움직임을 잘 살펴 주님의 마음에 기쁨을 안겨드려야 할 것이다.

기본적으로 적은 두 가지 전술로 공격해온다. 첫째, 사탄은 당신을 '직접 공격'할 것이다. 둘째, 당신의 영역(삶, 교회, 사역)에 몰래 침투할 것이다. 그러므로 초병 근무 중 졸면 안 된다. 절대 안 된다. 만일 전시에 초병이 졸다가 발각되면 그가 받을 징계는 '사형'이다. 매우 심각한 사안이기 때문이다. 그러므로 전시에는 반드시 깨어 있어야 한다. 경계 태세를 늦춰서는 안 된다. 다시 한 번 강조하지만 우리는 지금 전쟁 중이다. 그러므로 답은 간단하다. 반드시 깨어 있어야 한다. 예수님께서 제자들에게 "깨어 기도하라. 항상 깨어 있으라"는 명령을 얼마나 많이 주셨는지 기억하는가?

이 책 전체의 주제 성경 구절은 요한계시록 5장 6절이다:

> 내가 또 보니 보좌와 네 생물과 장로들 사이에 한 어린 양이 서 있는데 일찍이 죽임을 당한 것 같더라 그에게 일곱 뿔과 일곱 눈이 있으니 이 눈들은 온 땅에 보내심을 받은 하나님의 일곱 영이더라 계 5:6

하나님께서 일곱 영을 온 땅에 보내셨다. 아군을 대표하는 일곱 영은 마귀와 전쟁을 치르는 우리를 돕도록 이 땅으로 보냄 받았다.

군사 작전을 펼친다면 무엇보다 먼저 적에 대해 알아야 한다. 적의 군사력과 적이 처한 상황을 조사하는 첩보 과정이 필요하다. 적에 대한 조사가 끝나면 아군의 전력 및 아군의 상황을 철저히 조사해야 할 것이다(하나님께서 보내신 지원군은 성령님이다. 우리에게 필요한 힘과 능력을 부어주시려고 하나님은 '절대적인 아군'을 지원해주셨다).

예언의 능력으로 작전을 수행할 때 당신이 직면하게 될 위험을 다시 한 번 상기하기 바란다. 그 위험들을 제대로 극복하려면 몇 가지 중요한 기초 작업을 수행해야 하는데, 첫째, 하나님께서 당신에게 맡기신 임무의 가치를 높이 평가하라. 이것이 시작이다. 둘째, 주님께서 제공해주신 모든 자원을 '열심히', '충실하게' 사용하라. 마지막으로 당신이 배운 것을 다음 세대에 전수하라. 그들이 당신에게 배울 수 있도록 동기를 부여하라. 열심히 가르치라.

> 우리 안에 거하시는 성령으로 말미암아 네게 부탁한 아름다운 것을
> 지키라 딤후 1:14

당신이 맡은 바 임무를 완수하도록 하나님께서는 능력을 부어주실 것이다. 이것은 '선한 투자'다. 하나님은 당신에게 능력을 부어주신다고 말씀하셨다. 하나님의 약속은 신실하다. 사실 하나님께서는 이미 당신에게 능력을 부어주셨다.

> 오직 성령이 너희에게 임하시면 너희가 권능을 받고 예루살렘과 온 유대와 사마리아와 땅 끝까지 이르러 내 증인이 되리라 하시니라 행 1:8

많은 사람이 위의 구절을 읽지만 그들은(심지어 성도들조차) 이 말씀을 믿지 않는다. 위에 언급된 권능이 오늘날에도 유효하다는 사실을 신뢰하지 않는 것이다. 그들은 '권능'이 1세기 교회에 주어진 것일 뿐, 오늘날의 성도에게는 가당치 않다고 생각한다. 하지만 예수님께서는 "너희가 권능을 받으리라"라고 말씀하셨다. 이렇게까지 말씀하셨으니, 우리는 반드시 이 말씀을 믿어야 한다. 그러므로 능력 받기를 기대하라. 분명히 당신은 능력을 받게 될 것이고, 그 능력 안에서 살게 될 것이다. 지금 치르는 전쟁에서 승리하려면 그 능력이 꼭 필요하다.

이것이 바로 하나님께서 일곱 영을 주신 이유다. 하나님의 일곱 영은 당신이 꼭 붙들어야 할 능력이다. 아무런 능력 없이 전쟁에 나설 수 있는가? 적을 섬멸할 전략과 능력이 있어야 싸울 수 있지 않은가? 제공권 장악 능력이 있어야 적진을 자유로이 날며 폭격을 가할 수 있지 않은가? 제공권을 장악해야 아군의 원활한 보급로를 구축할 수 있지 않은가? 또 제해권 장악 능력이 있어야 적진을 향한 원거리 포격(장거리포 사격 등)이 가능하지 않은가? 포병전에서 우월한 능력을 갖춰야 적의 화기

를 훼파할 수 있지 않은가?

참전 경험이 있거나, 전쟁 무기 파괴력 테스트 현장을 견학한 적이 있다면 전쟁 무기의 화력이 얼마나 대단한지 알 것이다. 땅이 흔들릴 정도다. 성경에 묘사된 것과 흡사한데, 성경에는 "하나님이 오시면 그분의 능력 가운데 산이 흔들리고 땅이 갈라질 것이라"는 내용이 기록되어 있다. 전쟁 한복판에서는 대포 소리 및 여러 화기의 폭발 굉음과 함께 땅이 흔들리는 것을 체험할 수 있다. 전쟁터에는 엄청난 파괴력이 발산된다.

영적 전쟁에서도 마찬가지다. 영적 전쟁 중에는 엄청난 파괴력(능력)이 발산된다. 그동안 나는 수많은 교회의 집회 및 여러 컨퍼런스를 통해 '열방을 취하는 일'(복음을 전하여 온 나라를 주님께 드리는 일)에 대해 설교해왔다. 이 점을 명시해두고 싶다. 우리가 성령의 능력으로 움직이기 시작할 때에만 이 일이 가능하다는 것을… 성령의 능력이 없으면 열방을 취하는 것은 고사하고 복음조차 전하지 못한다는 점을 말이다.

예부터 하나님께서는 아주 특별한 성령의 은사를 보내시겠다고 약속하셨다. 수백 년, 아니 수천 년 전부터 하나님이 약속하신 것은 바로 '예언의 영'이다.

> 이새의 줄기에서 한 싹이 나며 그 뿌리에서 한 가지가 나서 결실할 것이요 그의 위에 여호와의 영 곧 지혜와 총명의 영이요 모략과 재능의 영이요 지식과 여호와를 경외하는 영이 강림하시리니 사 11:1-2

예수님에게 임할 것으로 예언된 바로 그 영이 당신에게도 동일하게 임할 것이다. 하나님은 예수님이 행하셨던 그 길을 우리가 그대로 따르기를 원하신다. 다행히도 공생애 기간 동안 예수님은 '수퍼맨'이 아니셨다. 만일 예수님이 수퍼맨이었다면 이 세상 그 누구도 주님을 따라 행할 수 없을 것이다. 그렇다고 해서 문제가 다 해결된 것은 아니다. 예수님은 성부 하나님과 특별한 관계를 누리셨다. 게다가 하나님으로서의 영원한 능력도 가지고 계셨다. 이러한 사실들을 고려한다면, 우리는 절대로 예수님의 풍성한 분량에까지 도달할 수 없다. 하지만 감사하게도 예수님께서 사셨던 삶, 예수님께서 행하셨던 일들은 우리가 따를 수 있는 모범이 된다. 공생애 기간의 예수님처럼 성령으로 충만한 삶을 산다면, 또 성령의 능력으로 일한다면 우리는 "예수님이 하셨던 일을 할 것이요, 그보다 더 큰일도 하게 될 것이다." 문제는 우리가 성령으로 충만한 삶을 살지 못한다는 데 있다. 그럼에도 성경은 여전히 우리를 향해 도전을 준다. "너희는 성령의 능력과 권세를 받아 살 것이다." 예언의 영이 도래하실 때 이 말씀은 어느 정도 현실화된다. 이처럼 예언의 영은 이와 같은 삶을 가능케 해주시는 하나님 약속의 큰 부분이다.

이사야가 예언의 영이 도래할 것을 예언한 후에 수백 년이 지났을 때였다. 사도 바울은 이 영을 가리켜 '지혜와 계시의 영'이라 불렀다.

> 우리 주 예수 그리스도의 하나님 영광의 아버지께서 지혜와 계시의 영을 너희에게 주사 하나님을 알게 하시고 엡 1:17

독자들에게 강력히 권면한다. 에베소서 1장 전체의 말씀을 읽고, 공부하고, 암송하라. 에베소서 1장 전체를 공부하면서, 위의 구절(17절) 이후 사도 바울이 소개한 '성령의 역사'가 무엇인지 살펴보기 바란다. 말씀을 읽으면 우리 삶 가운데에 성령님께서 어떤 일을 하시는지 알게 될 것이다. 그러므로 에베소서 1장의 말씀을 자주 읽기 바란다. 그리고 말씀에 담긴 하나님의 약속을 자신의 것으로 삼으라. 에베소서의 말씀을 당신의 기도문으로 채택하고 진심 어린 마음으로 지혜와 계시의 영을 구하기 바란다. 기도할 때 누가복음 11장 13절에 기록된 예수님의 약속도 잊지 말기를! "너희가 악할지라도 좋은 것을 자식에게 줄 줄 알거든 하물며 너희 하늘 아버지께서 구하는 자에게 성령을 주시지 않겠느냐 하시니라."

요한이 삼층천을 방문했을 때, 천사가 그에게 '예언의 영'을 소개해 주었다. "예수의 증언은 예언의 영이라 하더라"(계 19:10). 이 책의 훈련 과정을 통해 우리는 교회와 삶에 역사하시는 하나님의 영에 대해 배우게 될 것이다. 이 책 전반에 걸쳐서 나는 이 영을 '예언의 영'으로 부를 것이다.

전쟁에서 살아남기 위해 우리에게는 예언의 영이 필요하다

먼저 독자들에게 알려야 할 한 가지가 있다. 이 주제로 설교하거나 강연하는 사람들에게 어떤 일이 일어나는지 알기 원하는가? 나는 이것을 고통스러운 경험을 통해 배웠다. 이 주제를 가지고 설교하러 단상에 올라섰다가 입도 뻥끗 못했던 사람들을 몇 명 알고 있다. 그들의 목구멍이 문자 그대로 막혀버렸던 것이다. 또 설교하기로 한 날, 갑작스럽게 통증을 느껴서 일정을 취소했던 사람도 있다. 이 과에서 나누게 될 내용을 설교한 후 마귀에게 큰 공격을 당했던 사람도 있다.

맨 처음 이 주제로 설교했을 때가 생각난다. 나는 담대히 설교하고 또 굳건히 설 수 있기를 기도했다. 하나님께서 내게 용기와 능력을 주시기를 기도한 것이다. 설교 전의 찬양과 경배 시간에도 나는 계속해서 기도했다. 그러자 주님께서는 내 눈을 열어 단상 뒤편에 천사들이 일렬로 서 있는 모습을 보여주셨다. 그 모습을 보고 나니 내 영과 혼과 육에는 새로운 능력과 담대함이 채워지기 시작했다. 과거에 수차례 마귀의 공격을 당했기 때문에 나는 본 주제로 설교하기 전에 회중에게 중보 기도해 줄 것을 요청하곤 한다. 진리 안에서 이 내용을 올바르게 전하고 또 담대히 선포할 수 있도록 중보해줄 것을 부탁하는 것이다.

지금부터 독자들과 나누게 될 내용은 참으로 중요한 주제다. 매우 심각한 사안이기도 하다. 이러한 이유로 사탄은 이 내용의 학습을 방해할 것이다.

과거에 너무도 많은 사람이 교회를 '놀이터' 처럼 생각했다. 어린이들의 게임처럼 그렇게 교회 생활을 가벼이 여겼다. 교회에 와서 단순한 규칙만 배우면 그만이었다. 규칙대로 게임(교회 생활)을 즐기면 됐으니까 말이다. 매번 교회에 모일 때마다 그들은 그렇게, 커다란 유흥을 추구했다. 이 같은 태도를 지닌 성도들은 교회를 기껏해야 '재미있어야 하는 곳', 혹은 '유흥 장소' 정도로 생각할 뿐이다. 그러므로 주님을 위해 굳건히 설 것을 권면하면 그들의 표정은 즉시 어두워진다. 삶 속에 어려운 일이라도 닥치면 자연스럽게 교회를 떠나게 마련이다. 출석 인원의 감소에 대한 두려움은 '구도자 중심 교회' 를 선호하는 목회자들의 심리 배후에 깊이 자리하고 있다. 이러한 교회는 성도들이 불쾌하게 여길 만한 모든 요소를 제거한다. 심지어 신앙의 도전마저 회피한다.

그러나 참된 교회는 '자기 사랑' 이상으로 주님을 사랑하는 '참된 제자들의 모임' 이다. 그들은 영적 전쟁을 회피하지 않는다. 당신은 다윗의 군대 선봉에 섰던 용맹한 장수들을 아는가? 그들과 마찬가지로 참된 성도들 역시 화약의 냄새만 맡아도 곧장 달려가 믿음의 선한 싸움을 싸운다. 교회는 놀이터가 아니다. 우리와 달리 하나님께서는 교회를 심각하게 생각하신다. 이 사실을 이해하는 것이 중요하다.

남 유다의 웃시야 왕은 선한 왕이었다. 주님을 기쁘게 해드리는 일을 참으로 많이 행했다. 하지만 언제부턴가 그의 마음에 교만이 차오르기 시작하여 스스로 모든 것을 할 수 있다고 생각하기에 이르렀다. 심지어 하나님이 제정하신 제사장 제도도 필요하지 않다고 말했다. 이후 웃시야는 마치 자신이 제사장인 양, 향로에 불을 담고 그 위에 향을 얹은 채 성소로 들어갔다. 오직 하나님에게 기름 부음 받은 제사장만 할 수 있는 일을 그가 자행한 것이다. 말 그대로 '도발'이었다. 웃시야 왕은 자신에게 허락되지 않은 기름 부음을 갈취하려 했다.

순간 하나님께서 그의 불순종을 가로막으셨다. 물론 하나님이 나서시기 전, 제사장들이 웃시야에게 나아와 분향하는 일을 중지하라고 간했다. 하나님의 거룩한 일을 방자히 행하는 위험성에 대해 경고한 것이다. 안타깝게도 웃시야에게는 '듣는 귀'가 없었다. 오히려 그는 제사장들에게 노를 발하며 위협까지 가했다. 바로 그때, 하나님께서 나서셨다. 웃시야의 몸(이마)에 나병이 도졌다. 그는 그 길로 성전에서 쫓겨났다. 게다가 권좌에서도 축출당했다. 이후 웃시야는 별궁에 갇혀 지내다가 열조에게로 돌아갔다. 이것이 웃시야의 말로다. 얼마나 심각한 일인가? 하나님의 불을 장난처럼 여기면 그 불이 당신을 삼킬 것이다. 그러므로 다른 사람의 기름 부음을 빼앗으려 하지 마라. 하나님께서 당신에게 부으신 기름 부음이 있다면 그 테두리 바깥으로 나가지 마라. 다른 사람의 기름 부음을 부러워하지 말고 그것을 빼앗으려는 생각조차 하지 마라. 다시 한 번 말하지만, 이것은 매우 심각한 문제다.

전쟁에서 가장 중요하게 여겨야 할 요소 중 하나는 '지휘 통제'(Command and Control)이다. 작전 수행에서 이보다 더 중요한 일은 없을 것이다. 지휘관은 반드시 부대원들과의 연락 통로를 확보해야 한다. 총알이 빗발치는 전장에서, 자기 목숨 하나 부지하기 힘든 상황에서, 그 누가 지휘관의 무전에 응답하겠는가?(이러한 이유 때문에 미군은 병사들의 케블라 헬멧 안쪽에 무선 통신 헤드셋을 장착해놓았다) 사방에서 총알이 날아오면, 누구든지 단 한 가지, 오직 한 가지만을 생각하게 된다: 생존! 생사를 오가는 위험 앞에서는 누구나 움츠러들게 마련이다. 단 한 명의 예외도 없다. 용맹한 군인이라도 어쩔 수 없다. 작전명령에 따라 자신에게 주어진 임무를 수행하는 대신, 스스로를 은폐하며 적과의 교전을 회피하기 일쑤다. 예를 들어 적의 공격이 거센 상황에서 적의 본거지로 잠입하라는 명령이 당신에게 떨어졌다고 하자. 당신은 그 명령을 수행할 수 있겠는가? 아마 죽기보다 싫을 것이다. 당신의 생명이 극도의 위험에 처할 것을 알기 때문이다.

하지만 지휘관에게는 지휘 통제권이 있다. 그는 지휘 통제권을 발휘하여 다음과 같은 명령을 발할 수 있다. "자리에서 일어나 돌격하라! 전방의 건물을 점령하라!" 당신은 이 명령을 따라야만 한다. 불복할 경우 큰 처벌을 받게 될 것이다. 전시에 지휘관의 명령 불복종은 곧 사형으로 이어진다. 그뿐만이 아니다. 지휘관의 명령을 따르지 않으면 수많은 아군이 목숨을 잃을 것이고, 부상자도 속출할 것이다(이 땅에서의 전쟁이나 영적 전쟁이나 모두 생사를 건 싸움인 것은 매한가지다).

나는 전쟁 대비 훈련 및 실전 경험을 통해 지휘 통제가 얼마나 중요한지를 배웠다. 전쟁 중 지휘관이 지휘 통제권을 상실할 경우 해당 군대는 패배하고 만다. 우리는 두 차례의 대이라크 전쟁에서 이 사실을 깨달았다. 사담 후세인이 지휘 통제권을 잃고 지하의 작은 토굴에 은신하고 있을 때, 그의 군대는 와해되었다.

우리는 다음의 원칙을 마음에 담고 또 끊임없이 상기해야 한다: 지휘 통제권이 사라지면 군의 기강이 무너진다. 당신은 하나님의 군사가 되기 원하는가? 그렇다면 먼저 군의 지휘 통제권이 제대로 발휘되도록 지휘관의 명령을 따르기 바란다.

어떤 군대든 전쟁 중 가장 먼저 하고 싶은 일은 아마도 상대편의 지휘 통제 체계를 무너뜨리는 일일 것이다. 그래야 상대편 군대가 아군의 공격에 효과적으로 대응하지 못할 것이기 때문이다.

예언의 영은 하나님의 지휘 통제 시스템이다. 엘리사 선지자의 일화를 기억하는가? 그는 강력한 기름 부음 안에서 주님을 섬겼던 능력의 종이었다. 당시 아람은 이스라엘과 적대 관계였다. 그런데 아람 군대가 움직이기도 전에 하나님께서는 엘리사에게 그들의 주둔 위치와 동태를 알려주셨다. 이후 엘리사가 이스라엘의 왕에게 가서 이를 고했다. 그는 아마도 다음과 같이 간언했을 것이다. "왕이여, 군대를 이끌고 그 계곡으로 가지 마시오. 아람군이 매복하고 있을 테니까 말이오!" 결국 적군의 계략은 실패로 돌아갔다. "왕이여, 오늘 그쪽 물가로는 지나지 마시오. 적군이 매복하고 있을 테니까 말이오." 심지어 엘리사는 적군의 약점까지도 상세히 일러주었을 것이다.

군사 작전을 펼쳤지만 번번이 실패로 돌아가자 아람 왕은 단단히 화가 났다(당시의 왕들은 독재 군주 스타일의 리더였다). 그는 여러 명의 참모와 작전을 모의했는데, 매번 실패로 돌아가자 참모들을 의심하기 시작했다. "작전실에서 나와 함께 있었던 참모 중 누군가가 배신했다. 그가 우리의 전략을 빼돌려 이스라엘 왕에게 전했음이 분명하다." 아람 왕은 자신의 참모들을 하나하나 심문한 뒤 의심이 가는 사람을 색출하여 죽이기로 마음먹었다. 참모진을 일렬로 세운 뒤 칼을 빼들었다. 차라리 이들을 다 죽인 후, 충성된 사람들을 발굴하여 새로운 참모진을 구성하는 편이 낫다고 판단했을지도 모른다. 그때 부관 중 하나가 사건의 전말을 왕에게 설명했다.

> 그 신복 중의 한 사람이 이르되 우리 주 왕이여 아니로소이다 오직 이스라엘 선지자 엘리사가 왕이 침실에서 하신 말씀을 이스라엘의 왕에게 고하나이다 하는지라 왕하 6:12

하나님께서는 자신의 종 엘리사에게 적군의 세세한 계획까지도 말씀해주셨다. 하나님께서 이렇게 하셨다는 사실을 상상이나 할 수 있겠는가? 내가 시무하던 교회 안에 극렬한 갈등이 일었던 적이 있다. 당시에 하나님께서는 환상을 통해 반항하는 무리가 누구누구인지 보여주셨다- 나는 그들 각 사람이 각자의 집 안, 어느 장소에 있는지까지 알 수 있었고 심지어 그들이 나누었던 대화도 들었다. 내게는 이러한 경험이 여러 차례 있었다. 기억하라. 우리의 지휘 통제권자가 성령님이라는 사실을 말이다!

당신이 침실에서 내뱉은 말을 누군가가 엿듣는다면 그 자체로도 충분히 기분 나쁜 일이겠지만, 그가 당신의 말을 적장에게 낱낱이 보고한다면 어떻게 되겠는가? 만일 한 나라의 국왕에게 이런 일이 일어난다면, 이는 국가적인 비상사태가 아닐 수 없다. 사건의 전말을 알게 된 아람 왕은 신속한 조치를 취했다. 엘리사가 다시는 이러한 일을 벌이지 못하게끔 철저히 막아보려고 했다. 더 쉽게 표현하자면, 그는 부하에게 이렇게 명령했을 것이다: "이스라엘의 지휘 통제자를 처단하라!" 아람 왕은 엘리사를 없애려고 했다. 엘리사만 제거하면 하나님의 지휘 통제 시스템이 무너질 것이라는 확신이 섰기 때문이다. 엘리사의 처단만이 살 길임을 알았기에 아람 왕은 몇몇 암살 요원을 보내거나 소규모 전투 병력을 투입하는 것으로는 만족할 수 없었다. 결국 엘리사라는 선지자 한 사람을 제거하기 위해 온 군대가 파병되었다!

당신이 이미 성경을 읽었다면 어떻게 결론이 났는지 알고 있을 것이다. 엘리사 한 사람이(물론 하나님의 도우심으로) 아람 군대 전체를 생포했다. 하나님께서 얼마나 강력하고 놀라운 일을 행하셨는지 이제 감 잡을 수 있겠는가? 아람 군대의 눈을 멀게 하셨던 하나님의 영은 다름 아닌 성령님이었다.

사도 베드로는 이 강력한 영이 오순절 날 120문도에게 임했던 바로 그 성령님이심을 증언했다. 그리고 오래전 요엘 선지자가 말했던 '예언의 영'과 동일한 영이심을 선포했다. 사도행전 2장을 펴보라. 베드로가 군중 앞에 서서 처음으로, '아주 훌륭한' 설교를 전하고 있다. 게다가 제자들이 연합하는 모습 역시 처음이었다. 이 모든 일은 성령님이 임하셨기 때문에 가능했다. 베드로는 성령 충만한 가운데에 자리에서 일어나 다음과 같이 말했다:

> 이는 곧 선지자 요엘을 통하여 말씀하신 것이니 일렀으되 하나님이 말씀하시기를 말세에 내가 내 영을 모든 육체에 부어 주리니 너희의 자녀들은 예언할 것이요 너희의 젊은이들은 환상을 보고 너희의 늙은이들은 꿈을 꾸리라 그 때에 내가 내 영을 내 남종과 여종들에게 부어 주리니 그들이 예언할 것이요 행 2:16-18

이 예언의 말씀이 성경에 두 번 기록되었음에 주목하라. 먼저는 선지자 요엘에 의해 기록되었다. 요엘 2장 28-32절을 참조하라. 이후 이 말씀은 베드로의 입을 통해 다시 한 번 발설되었다. 그 기록을 사도행전 2장 16-21절에서 찾아볼 수 있다. 하나님께서 동일한 말씀을 두 번 반복하셨다면(이 예언의 말씀처럼) 그것은 어떤 의미이겠는가? 비록 요엘과 베드로의 입에서 나왔지만, 이는 하나님께서 직접 선포하신 말씀이다. 그러므로 반드시 이루어진다는 의미가 내포되어 있다.

오순절 사건이 일어났을 때 예루살렘을 찾은 '관광객' 들은 어떤 광경을 보았는가? 관광객들은 수많은 사람이 아침 일찍부터 한자리에 모여 마치 술 취한 사람처럼 중얼대는 모습을 보았다. 하지만 그들의 입에서 나온 말은 술 취한 사람의 '혀 꼬부라지는 소리' 가 아닌 여러 나라의 언어(방언)였다. 그런데 더 이상한 일은 아무도 이 현상을 설명하려 하지 않았다는 것이다. 베드로가 자리에서 일어나 무언가를 말했지만 그것은 방언 현상에 대한 설명이 아니었다. 그렇다면 베드로는 무엇에 대해 이야기했는가? '예언과 환상과 꿈.' 왜 그런가? 베드로는 성령의 감동으로 무언가가 하늘에서 내려왔음을 보았기 때문이다(외부인들은 보지 못했다). 물론 그곳에는 술 취한 것처럼 보이는 행동이 있었다. 여러 방언을 말하는 기이한 현상도 있었다. 수많은 사람이 그리스도께로 나아온 사건도 있었다. 하지만 그곳에는 이보다 더 놀라운 일이 일어났다. 그렇다. 무언가가 변화되었다! 영계에 커다란 변화가 생긴 것이다.

오늘날까지도 요엘의 예언은 온전히 성취되지 않았다. 우리는 오순절 날, 베드로가 언급했던 그 예언의 온전한 성취를 기다리고 있다.

하지만 나는 믿는다. 바로 지금이 교회가 예수님의 재림을 준비해야 할 때임을 말이다. 어린양의 혼인 잔치가 점점 가까워 오고 있다. 강력한 예언의 은사를 받은 수많은 사람 역시 곧 영계에 무언가 큰 변화가 생길 것을 이야기한다. 그들은 아주 가까운 미래에, 아주 강력한 변화가 '갑작스럽게' 일어날 것을 미리 보았고 또 선포한다.

하나님께서는 마지막 때를 위한 지휘 통제 체계를 구축하고 계신다. 교회가 예수의 재림을 준비할 때, 하나님께서는 지휘 통제 체계를 확립하시면서 교회를 도와주신다. 지휘 통제 체계가 구축되면 곧 강력한 예언의 물줄기가 터질 것이다.

지금 우리는 마지막 때를 살아간다. 점점 더 많은 사람이 예언의 영을 따라 하나님의 일을 수행할 것이다. 지금도 우리는 그들에 의해 수많은 표적과 기사가 나타나는 것을 보고 있다. 단순히 예언의 은사를 받은 사람도 있지만 선지자로 세움 받는 사람들도 보게 될 것이다. 그들이 말한 내용이 현실에서 그대로 이루어지는 것을 목격하게 될 것이다. 성경이 제시한 선지자의 검증 방법을 아는가? "그가 말한 내용이 실제로 이루어지는가?" 하는 것의 여부다.

수많은 예언이 공통적으로 주장하는 내용은 장차 커다란 변화가 일어난다는 것이다. 그러므로 지금은 각개 전투를 벌일 때가 아니다. 연합하여 한 몸으로 일할 때다. 주님의 강력한 군대가 일어나야 한다. 각 사람이 하나로 연합하여 하나님의 특수부대를 이루어야 한다. 하나님의 특수부대원들은 강력한 예언의 군사가 되어 하나님의 말씀을 놀라운 정확도로 전할 것이다. 장차 어떤 일이 일어나게 될지 궁금해하는 이 세상 사람들은 그들의 입술에 주목할 것이다. "도대체 어떤 재능(은사)이 있기에 장래의 일을 이토록 정확하게 말할 수 있단 말인가?" 그들은 감탄할 것이다. 나는 이러한 일이 우리 세대에 일어나리라고 믿는다! 당신도 이렇게 믿는가?

생각만 해도 흥분된다. 나는 우리가 모두 하나님의 특수부대원이 되기를 기도한다. 이러한 갈망이 우리의 마음에 불일 듯 일기를 기도한다. 그러나 그 전에 매우 중요한 사실 하나를 이야기하겠다.

예언의 영이 임하면 사탄이 반응한다!

하나님의 백성에게 임한 강력한 예언의 영은 곧 그들을 용맹한 군사로 탈바꿈시킨다. 사탄은 이를 좌시하지만은 않을 것이다. 아주 강력하게 대응할 것이다. 말라기 4장 5절을 보라. 이 구절과 그 뒤에 이어지는 구절은 구약성경을 매듭짓는 말씀이다(말라기 4장 5절 이후에는 단 한 절밖에 없다. 바꿔 말하면, 4장 5절은 구약의 대단원을 마감하는 중요한 말씀이다). 그런데 이 구절이 무엇을 말하고 있는가? 여호와의 크고 두려운 날을 이야기하고 있다. 그것은 장차 도래할 '그리스도의 통치'다. 하나님께서는 말라기 선지자를 통해 원대한 약속을 전하셨다.

> 보라 여호와의 크고 두려운 날이 이르기 전에 내가 선지자 엘리야를 너희에게 보내리니 말 4:5

신약을 공부한 학생이라면 세례 요한이 엘리야의 사명을 이어받아 사역했다는 사실을 알 것이다. 지금 우리는 말 그대로(어떤 찬양의 가사처럼) '엘리야의 시대'를 살고 있다. 이 시대의 성도 중에 엘리야의 정신(영)을 품은 사람들이 발견되기 때문이다.

이 예언의 말씀이 온전히 성취될 때, 영계는 전례 없던 능력의 시대로 접어들 것이다. 이러한 내용의 가르침과 약속은 성경 전반에 걸쳐 촘촘히 얽혀 있다. "성경에 명백히 나와 있는 약속들인데, 도대체 어떤 이유로 교회는 이 약속들을 그토록 오랫동안 놓쳐왔던가?" 나처럼 당신도 의아해할 것이다. 하지만 사실이다. 교회는 '그토록 오랫동안' 이 가르침을 흘려버렸다.

야고보서 5장 17절의 증언대로라면, "엘리야는 우리와 성정이 같은 사람"이었다. 이 점을 이해할 수 있는가? 엘리야는 우리와 같은 사람이었다! 바꿔 말하면 바로 당신이 엘리야와 같은 사람이라는 뜻이다. 이제 감 잡을 수 있는가? 야고보 사도는 그 구절의 후반부에 엘리야가 한 일을 소개했다. "그가 비가 오지 않기를 간절히 기도한즉 삼 년 육 개월 동안 땅에 비가 오지 아니하고"(약 5:17). 야고보는 예수님의 형제이자 예루살렘 교회의 수장이었다. 그가 엘리야에 대해 소개한 이유는 우리 안에 그 같은 예언적 능력이 있음을 알리기 위해서다. 삼 년 반 동안 비를 멈추게 했던 예언의 능력이 지금, 당신 안에 있다! 그렇다. 지금은 엘리야의 때다.

하지만 원수 마귀는 이러한 능력을 못 본 척 지나치지 않는다. 그동안 사탄은 예언의 영을 대적할 만한 마귀를 파송해왔다. 과거에도, 지금도, 앞으로도 그럴 것이다. 그런데 사탄은 항상 동일한 영을 보내왔다. 과거에도 그렇고 지금도 그렇다. 앞으로도 마찬가지일 것이다. 맨 처음 이 영의 영향을 받았던 사람이 그의 특성을 아주 잘 드러내주었기 때문에, 그 영은 그 사람의 이름으로 불린다. '이세벨의 영!'

이세벨의 영은 자신의 존재가 드러나는 것을 원하지 않는다. 또한 강단에서 자신에 대한 설교가 선포되지 않기를 소망한다. 이세벨의 영은 예언의 영을 가진 모든 사람을 공격 대상으로 삼는다. 앞에서 말했듯이 이세벨의 영은 자신의 정체와 활동 방법이 성도들에게 알려지는 것을 원하지 않는다. 그러므로 자기의 정체를 낱낱이 파헤치며 설교하는 목사들을 중점적으로 공격하곤 한다.

사탄은 참으로 오랫동안 이세벨의 영을 요긴하게 사용해왔다. 그 영의 특성에 따라 비밀을 유지하며 효과적으로 자신의 목적을 이루었던 것이다. 그 결과 성도들은 이세벨의 영이 존재하는지조차 모르는 상태로 공격을 당했다. 교회는 그 영의 활동 영역과 작업 방식에 대해 모르쇠로 일관해왔다. 이러한 이유로 만일 누군가가 이세벨의 영에 대해 연구하거나 그 정체를 밝히려 한다면, 그는 곧 사탄의 집중 공격 대상이 된다. 하지만 이세벨의 영에 대해 연구하거나 가르치지 않아도, 만일 당신이 예언의 영을 따라 살아간다면 사탄이 당신을 공격할 것이다.

엘리야는 강하고 용감한 하나님의 종이었다. 그에게는 두려움의 기색이 없었다. 우리는 열왕기상과 야고보서의 기록을 보며 그의 용맹에 대해 배울 수 있다. 엘리야는 수많은 강자 앞에서도 늠름하게 설 수 있는 능력자였다. 한번은 그가 아합 왕, 이스라엘 전역에서 모인 사백오십 명의 바알 선지자, 사백 명의 아세라 선지자 앞에 선 적이 있었다. 이 사건은 '갈멜 산의 능력 대결'로 유명하다. 결과부터 말하자면 엘리야 혼자서 그들을 모두 무찔렀다. 제단에 불이 내리는지의 여부를 두고 양자 간에 대결을 펼쳤다. 물론 엘리야의 압승으로 귀결되었다. 그곳에 모인 모든 이방 신의 사제들은 엘리야의 칼날에 목숨을 잃었다. 일련의 사건 속에 나타난 엘리야의 일관된 모습은 한마디로 '용맹-두려움 없음' 그 자체였다.

그런데 이 소식을 전해들은 이세벨 왕비가 분노하기 시작했다. 그녀는 엘리야를 반드시 죽이겠노라고 엄포를 놓았다. 그때 엘리야의 반응은 어떠했는가? 그는 이세벨의 위협에 겁을 집어먹었다. 죽을까 봐 두려운 나머지 그 길로 도망쳤다. 수백 수천 명 앞에서도 움츠러들지 않았던 그였다. 하지만 이 한 여인, 이세벨 앞에서 엘리야는 힘없이 무너졌다. 이 사건을 통해 이세벨 왕비가 북 이스라엘 왕국의 실세였음을 알 수 있다. 공식적으로 국왕은 아합이었다. 하지만 그는 약하고 줏대 없고 쉽게 이용당하는 인물이었다. 게다가 이미 도덕적으로 파산한 상태였다. 그러니 영적으로 아무런 능력이 없었음은 당연했다. 그와 대조적으로 왕비 이세벨은 참으로 교활한 모략꾼이었다. 그녀는 무슨 일이든지 배후에서 조종하여 자기 뜻대로 이루고 마는 강한 캐릭터였다.

> 예로부터 아합과 같이 그 자신을 팔아 여호와 앞에서 악을 행한 자가 없음은 그를 그의 아내 이세벨이 충동하였음이라 왕상 21:25

이세벨은 왕이 아니었다. 왕비였다. 그럼에도 왕 노릇을 했다. 남편이자 국왕인 아합의 모든 일에 간섭했고 뒤에서 그를 조종했다. 이러한 그녀의 행동을 통해 이세벨의 영이 어떤 특징을 나타내는지 알 수 있다. 이세벨이 그랬듯이 이세벨의 영은 자기 앞에 거치는 것이 있으면 단칼에 해치워버린다. 그녀는 상대방이 받을 마음의 상처 따위는 안중에도 없다. 앞길을 가로막는 것이 누구든지, 무엇이든지, 일단 제거하고 본다. 이때 다른 사람의 감정이나 형편은 전혀 고려하지 않는다. 만일 다른 사람의 처지를 숙고한다면 이세벨이 아니다! 자신의 뜻대로 모든 일이 진행되는 것을 보며 웃을 수 있는 여인이 이세벨이다. 그녀는 결과물에 만족하고 기뻐할 뿐이다.

이세벨은 예언, 지혜, 계시, 모사, 기름 부음을 미워한다. 장차 이세벨의 영이 나타나 예언의 영을 상대로 악한 능력을 펼치며 싸울 것이다.

이세벨의 영이 역사할 때 온 교회가 충격과 공포에 휩싸여 꼼짝도 못하는 일이 발생할지도 모른다.

이세벨의 영은 예언의 영을 따라 살아가는 사람들을 공격 대상으로 삼는다. 만일 당신이 예언의 은사를 활용하거나 선지자의 기능을 감당하기 시작하면, 어쩔 수 없이 이세벨의 영과 맞서 싸워야 할 것이다. 당신이 이 싸움을 원하든지 원치 않든지 상관없다.

이 영을 분별해낼 수 있는 한 가지 방법이 있다: 이세벨의 영은 주로 목회자들에게 달려든다. 여러 세대를 거쳐 이세벨의 영은 목회자들을 공격해왔다. 사십삼 년이 넘는 목회 기간 동안 나는 이세벨의 영이 역사하는 것을 수없이 목격했다. 경험을 바탕으로 이세벨의 영이 참으로 강력한 힘을 가졌음을 자신 있게 말할 수 있다.

만일 이세벨의 영이 어떤 일을 하고 있는지, 또 왜 그런 일을 하는지 알 수 없다면 당신은 쉽게 패배당할 것이다. 이세벨과 맞설 준비를 갖추지 않은 채로 싸움에 나선다면, 전쟁의 포화 속에서 그만 정신을 잃고 헤매게 될 것이다. 이는 이세벨의 영을 충분히 분석해보지 않고 전쟁터에 나갔기 때문이다. 또 그 영과 맞서는 방법을 숙지하지 못했기 때문이다. 이런 상태로 이세벨의 영과 대면한다면 당신은 죽음의 위협 앞에서 벌벌 떨었던 엘리야와 별반 다를 것이 없다. 생존에만 급급한 상태가 될 것이다.

당신이 예언 사역을 한다면 이세벨의 영이 당신에게 달려들 것이다. 당신이 목회자라면, 특히 예언의 은사를 받은 목회자라면 당신은 이세벨의 주요 공격 대상이다. 그리고 어떤 형태로든지 사역에 동참한다면 이세벨의 공격을 예상하라. 종합해보면, 결론은 하나다: 당신은 절대로 이 영을 피할 수 없다. '정말 공격해올까?'의 문제가 아니라 '언제 공격해올까?'의 문제다. 나는 헛된 위로의 말로 독자들의 마음을 편하게 해줄 생각은 추호도 없다. 단호하게 말하는 바다. 이세벨은 무척 강력하다. 그녀의 공격은 치명적이다. 자기 앞을 가로막는 것은 반드시 제거하고 만다. 이세벨의 영은 한 사람을 조종하는 것에 만족하지 않는다. 그 영은 모든 사람을 조종하기 원한다. 모든 사람을 조종할 수 있을 때까지 이세벨의 영은 멈추지 않을 것이다.

> * 주의: 이 책에서는 이세벨의 영을 여성 대명사인 '그녀'(she)로 지칭했다. 왜냐하면 이 영의 악한 면모를 제대로 드러내주었던 첫 번째 사람이 이세벨이라는 여성이기 때문이다. 그러나 남자들에게도 이세벨의 영이 역사할 수 있다는 점을 결코 간과해서는 안 된다. 이 영에게 성별이 있는 것은 아니다. 성별을 따져가며 사람을 괴롭히는 것도 아니다. 재차 강조하지만 내가 '그녀'라는 여성 대명사를 사용한 것은 이세벨이 여성이었기 때문이다("이세벨이 하도 못된 짓을 많이 했기 때문에 딸아이의 이름을 '이세벨'로 짓는 경향은 사라지는 추세다"라고 사람들은 말한다. 그래서인지 딸의 이름을 '이세벨'로 짓는 부모를 별로 보지 못했다). 요한계시록의 일곱 교회를 향한 서신 내용 중, 이세벨의 영이 언급된다. 그렇다고 해서 당시 교회 안에 있던 어떤 특정 여성도의 이름이 이세벨이었던 것은 아니다. 이 사실을 이해하기 바란다.

이세벨의 영은 능력이 닿는 대로, 가능한 한 많은 사람을 조종할 것이다. 그때까지 쉬지 않을 것이다. 하지만 기쁜 소식이 있다. 이 악한 영은 여느 다른 영과 마찬가지로 그리 창조적이지 못하다는 것이다. 일반적으로 악한 영들은 오래된 전술을 반복하여 사용한다. 그도 그럴 것이, 우리가 동일한 어리석음을 계속 반복하기 때문에 그들 역시 전술에 변화를 기할 필요를 못 느끼는 것이다. 이세벨의 영은 다음의 주된 세 가지 전술로 공격해온다.

1. 먼저 사람, 환경, 가용 자원을 조종하여 자신의 목적을 이룬다.
2. 1항의 전술이 실패로 끝나면, 높은 지위의 사람을 조종하여 많은 사람에게 영향을 끼친다.
3. 필요하다면 공포를 조장하여 많은 사람을 통제한다.

수 세기 동안 이 영은 여러 영역을 넘나들며 가정, 교우 관계, 사업장, 교회를 무너뜨리는 일에 큰 성공을 거두었다. 크나큰 고통과 혼란을 조장하여 사람들의 마음에 '평화가 최고!' 라는 생각을 심어놓았다. 사람들은 이렇게들 말한다: "우리는 어떤 대가를 치르고라도 평화를 유지해야 해!" 또한 이렇게 말하기에 이르렀다. "좋아! 네가 말한 대로 하자! 네가 원하는 대로 해줄 테니 더 이상 싸우지 말자. 나는 마음 편하게 살고 싶어. 네가 하자는 대로 모두 할게!" 하지만 기억하라. 이세벨의 영이 주변을 어슬렁대는 한 평화는 없다. 그녀는 멈추지 않는다. 그러므로 단기간의 평화에 농락당하지 마라. 평화를 가장한 단기간의 휴지(休止) 동안 이세벨은 더욱 날카롭게 칼을 갈 것이다. 또 다른, 아주 큰 공격을 준비할 테니까 말이다.

이세벨의 영은 특정한 분위기를 연출하여 자신의 목적을 달성한다. 사람들의 침묵이나 불평을 통해서도 역사한다. 이외에도 당신이 생각할 수 있는 모든 방법을 동원하여 통제권을 장악하려 든다. 이세벨의 영은 자신의 목적을 위해서라면 수단과 방법을 가리지 않는다. 게다가 그렇게 하는 것을 부끄러워하지도 않는다. 이세벨의 공격에 지친 나머지 사람들은 이렇게 말한다: "그래, 알았어. 네가 원하는 대로 하자!" 상대의 입에서 항복의 말이 나올 때까지 이세벨의 영은 쉬지 않는다.

이세벨이 좋아하는 전략 중 하나는 돈을 이용하여 교회를 조종하는 것이다. 그 영에 영향을 받은 성도들은 이렇게 말하곤 한다: "내 뜻대로 교회가 운영되지 않는 이상 십일조는 물론 어떤 종류의 헌금도 교회에 바치지 않을 거야." 그런데 문제는 수많은 교회의 재정이 주일 헌금으로 구성된다는 것이다. 상당액의 월세도 내야 하고, 각종 세금과 프로그램 운영비를 지출해야 하는데, 주일 헌금이 없다면 곤란하다. 그러므로 교회는 일정 수입을 유지하기 위해 이세벨의 영과 타협한다. 헌금을 많이 내는 성도들의 뜻대로 끌려다니는 것이다. 예수님은 재물과 하나님을 겸하여 섬길 수 없다고 단언하셨다. 그러나 많은 교회가 재물과 하나님을 동시에 섬기려고 안간힘을 다한다. 이러한 사실이 이세벨의 진면모를 생생하게 그려준다 하겠다.

당신이 이해할 수 있을지 모르겠지만, 나는 부흥 집회 중 이세벨의 영이 이 사람에게서 저 사람에게로 옮겨 다니는 것을 본 적이 있다. 그래서 당시에는 그 영을 속출해내는 것이 거의 불가능해 보이기까지 했다. 나는 그때 깨달았다. 이세벨의 영과 싸울 때 우리는 반드시 연합해야 한다는 사실을 말이다. 나 홀로 대항하는 것은 어리석다. 그룹 안의 리더나 목회자들을 중심으로 이 싸움을 전개해 나가야 한다. 하지만 더 큰 문제가 있다. 우리를 공격하는 영이 하나가 아니라는 점이다. 만일 하나의 영이 곳곳을 휘젓고 돌아다니면서 문제를 일으킨다면 모두 한자리에 모여 그 영을 묶은 후 구덩이에 던져 넣으면 간단히 해결될 것이다. 그러나 실상은 그렇지 않다. 사탄은 특정 영을 통해 다양한 압제 전술을 펼친다. 또 그러한 영들의 수가 '부지기수' 다. 당신은 사업장과 가정, 교회, 그리고 여러 종류의 친교 모임에서 사탄이 부리는 악령들의 역사를 목격할 수 있다.

이세벨의 영에 대해 좀 더 알아보자.

그 후에 이 일이 있으니라 이스르엘 사람 나봇에게 이스르엘에 포도원이 있어 사마리아의 왕 아합의 왕궁에서 가깝더니 아합이 나봇에게 말하여 이르되 네 포도원이 내 왕궁 곁에 가까이 있으니 내게 주어 채소 밭을 삼게 하라 내가 그 대신에 그보다 더 아름다운 포도원을 네게 줄 것이요 만일 네가 좋게 여기면 그 값을 돈으로 네게 주리라 나봇이 아합에게 말하되 내 조상의 유산을 왕에게 주기를 여호와께서 금하실지로다 하니 이스르엘 사람 나봇이 아합에게 대답하여 이르기를 내 조상의 유산을 왕께 줄 수 없다 하므로 아합이 근심하고 답답하여 왕궁으로 돌아와 침상에 누워 얼굴을 돌리고 식사를 아니하니 그의 아내 이세벨이 그에게 나아와 이르되 왕의 마음에 무엇을 근심하여 식사를 아니하나이까 왕이 그에게 이르되 내가 이스르엘 사람 나봇에게 말하여 이르기를 네 포도원을 내게 주되 돈으로 바꾸거나 만일 네가 좋아하면 내가 그 대신에 포도원을 네게 주리라 한즉 그가 대답하기를 내가 내 포도원을 네게 주지 아니하겠노라 하기 때문이로다 그의 아내 이세벨이 그에게 이르되 왕이 지금 이스라엘 나라를 다스리시나이까 일어나 식사를 하시고 마음을 즐겁게 하소서 내가 이스르엘 사람 나봇의 포도원을 왕께 드리리이다 하고 **왕상 21:1-7**

이 말씀을 제대로 이해하려면 당시의 이스라엘의 법제부터 알아야 한다. 당신은 오십 년마다 '희년'이 돌아온다는 것을 아는가? 희년이 되면 아무리 자기 소유의 땅일지라도 율법에 따라 본래의 주인에게 되돌려주어야 했다. 이것이 희년 법이다. 돈을 주고 샀어도, 물물교환으로 얻은 땅이어도 희년에는 본 주인에게 되돌려주어야 했다. 그러나 예외가 있다. 왕에게 팔면 그것으로 끝이다! 왕은 자신의 소유지를 원래 주인에게 돌려줄 필요가 없었다. 하지만 왕과 거래한 일반인의 경우는 다르다. 그는 왕에게서 산 땅을 원래 주인인 왕에게 되돌려주어야 했다. 이제 나봇의 상황이 이해될 것이다. 나봇이 자기의 포도밭을 내주고 왕에게 더 좋은 땅을 받을지라도 희년이 되면 왕에게 되돌려주어야 했다. 결국 희년이 되면 나봇의 후손들은 빈털터리가 되는 것이다. 그러므로 위의 구절에서 일개 백성인 나봇이 한 나라의 국왕인 아합에게 방자히 말한 것이 아님을 이해하기 바란다. 그는 단지 가업을 지키려고 했을 뿐이다.

> … 아합이 근심하고 답답하여 왕궁으로 돌아와 침상에 누워 얼굴을 돌리고 식사를 아니하니 그의 아내 이세벨이 그에게 나아와 이르되 왕의 마음에 무엇을 근심하여 식사를 아니하나이까 왕이 그에게 이르되 내가 이스르엘 사람 나봇에게 말하여 이르기를 네 포도원을 내게 주되 돈으로 바꾸거나 만일 네가 좋아하면 내가 그 대신에 포도원을 네게 주리라 한즉 그가 대답하기를 내가 내 포도원을 네게 주지 아니하겠노라 하기 때문이로다 그의 아내 이세벨이 그에게 이르되 왕이 지금 이스라엘 나라를 다스리시나이까 일어나 식사를 하시고 마음을 즐겁게 하소서 내가 이스르엘 사람 나봇의 포도원을 왕께 드리리이다 하고 왕상 21:4-7

이세벨이 남편에게 전한 말은 다음과 같다: "국왕 폐하! 권력이 무엇인지 알고 싶으신가요? 그렇다면 제가 한번 보여드릴게요! 폐하께서는 걱정하지 마십시오. 이 일은 제대로 성사될 것입니다. 제가 하는 일을 지켜보시기 바랍니다!" 위의 구절을 통해 아합의 성격과 이세벨의 됨됨이가 쉽게 파악된다. 눈여겨보라. 이제부터 이세벨의 영이 제 힘을 발휘하기 시작할 것이다. 이세벨은 자신의 목적 달성을 위해 왕궁의 환관을 불러 모은다. 이와 마찬가지로 이세벨의 영 역시 교회의 리더들, 집사들, 장로들을 불러 모은다. 그들을 통해 자신의 목적에 합하는 더러운 일들을 척척 수행해나간다. 만일 누군가가 이세벨의 영을 분별하여 축출하려 한다면, 그 영의 영향 아래에 놓인 사람들은 자신의 행동을 부인하거나 쉽게 납득할 만한, 근사한 핑계를 늘어놓을 것이다. 이세벨의 영을 지닌 사람은 자신의 행위가 발각될 경우 모든 비난의 화살을 자신의 조력자나 동료에게 돌린다.

> 그의 성읍 사람 곧 그의 성읍에 사는 장로와 귀족들이 이세벨의 지시 곧 그가 자기들에게 보낸 편지에 쓴 대로 하여 금식을 선포하고 나봇을 백성 가운데 높이 앉히매 때에 불량자 두 사람이 들어와 그의 앞에 앉고 백성 앞에서 나봇에게 대하여 증언을 하여 이르기를 나봇이 하나님과 왕을 저주하였다 하매 무리가 그를 성읍 밖으로 끌고 나가서 돌로 쳐죽이고 이세벨에게 통보하기를 나봇이 돌에 맞아 죽었나이다 하니 이세벨이 나봇이 돌에 맞아 죽었다 함을 듣고 이세벨이 아합에게 이르되 일어나 그 이스르엘 사람 나봇이 돈으로 바꾸어 주기를 싫어하던 나봇의 포도원을 차지하소서 나봇이 살아 있지 아니하고 죽었나이다 아합은 나봇이 죽었다 함을 듣고 곧 일어나 이스르엘 사람 나봇의 포도원을 차지하러 그리로 내려갔더라 **왕상 21:11-16**

이세벨의 얼굴에 후회나 슬픔의 기색은 발견되지 않는다. 그녀는 당신을 무참히 짓밟을 것이다. 어쩌면 생매장시킬지도 모른다. 이에 당신의 평판은 바닥에 내동댕이쳐질 것이다. 하지만 그녀에게는 일말의 동정심도 없다. 당신의 명예는 이미 내려갈 대로 내려갔지만, 그녀는 여전히 당신에 대한 거짓말을 늘어놓을 뿐이다. 이세벨의 영에 영향을 받은 주변 사람들 역시 당신에 대한 헛소문을 퍼뜨릴 것이다. 당신은 더 이상 지역사회에 발을 붙이지 못할 정도까지 될 것이다. 하지만 이세벨은 눈 하나 까딱 하지 않는다. 그녀에게서 긍휼을 바라지 마라. 이세벨의 영이 신경 쓰는 단 한 가지는 '자신의 목적'이다. 원하는 것을 얻는 일에만 온 마음과 정성을 다한다.

이세벨의 영은 오중 사역을 싫어한다(오중 사역-엡 4:11 참조. 사도, 선지자, 복음 전하는 자, 목사, 교사). 이세벨은 특히 선지자의 직임을 혐오하는

데, 그 이유는 하나님께서 마귀의 정체를 드러내는 일에 선지자들을 사용하시기 때문이다. 그러므로 이세벨의 영을 분별하여 그 정체를 드러내는 것 역시 선지자의 임무다. 이세벨이 엘리야를 그토록 혐오한 이유가 여기에 있다.

당신은 예언의 은사를 갈망하는가? 강력한 예언의 기름 부음을 사모하는가? 그렇다면 이 사실에 주목하라: 이세벨의 영이 당신을 공격할 것이다. 기름 부음이 강하면 강할수록 이세벨의 공격도 거세질 것이다. 그러므로 대비하라. 이세벨의 영은 강력하다. 너무도 강한 기세로 위협하기 때문에, 예언의 영을 따라 살아가는 믿음의 사람들마저 "과연 내가 이 사역을 위해 기름 부음 받았던가?" 하고 의심하게 된다. 이미 이세벨의 강력한 공격에 휘청거린 사람들은 "하나님께서 나를 부르시기는 한 걸까?"라며 자신의 소명마저 의심할 것이다. 소명을 잃은 후 그들은 "내가 뭘 제대로 할 수 있겠어"라며 자멸하기 시작한다. 이처럼 이세벨의 공격은 치명적이다. 준비하지 않으면 그녀에게서 도망쳤던 엘리야처럼 우리도 도망치게 될 것이다. 어쩌면 평생토록 잔뜩 웅크린 채 생을 마감할 수도 있다.

교회 안에 이세벨의 영이 있는지 진단해볼 수 있는 방법을 하나 알려주겠다. 이세벨의 영은 항상 목회자의 아내가 지닌 영향력을 파괴하고자 노력한다. 누군가가 당신에게 다가와 목회자의 아내에 대해 험담하기 시작한다면 일단 경계하라. 이세벨의 영이 당신의 눈앞에서 역사하는 것일 수도 있으니까 말이다. 이세벨은 성도들로 하여금 목회자의 아내를 불신하게 만든다. 최악의 경우 목회자 부부가 교회를 떠나거나 그들의 결혼 생활이 깨지기도 한다. 이세벨의 영에 영향을 받은 사람들이 목회자의 아내를 대적하며 그녀가 교회를 떠날 것을 간절히 기도하기도 한다. 극단적인 경우에는 목회자의 아내가 이혼당하거나 아예 죽어서 사라지기를 바란다. 이처럼 이세벨의 영은 아주 더럽다. 놀라지 마라.

이세벨과 연합한 사람들이 목회자의 아내를 대적하며 기도하는 일은 빈번하다.

> * 강한 경고: 사람들을 대적하는 기도는 절대 금물이다! 오직 하나님께만 기도하라. 상황이 어렵다면 그 상황을 하나님께만 아뢰라. 그리고 하나님의 뜻이 이루어지기를 간구하라. "이 사람에게 이러한 벌을 내려주옵소서"라는 기도는 절대 입 밖에 내지 마라. 우리의 싸움은 혈과 육(사람)에 대한 씨름이 아님을 명심하라!

이세벨의 영은 부끄러워할 줄 모른다. 그녀의 영향을 받은 사람들은 아무런 수치심 없이 다른 사람을 저주하며 기도한다. 특히 선지자, 목회자, 그리고 목회자의 아내를 공격 대상으로 삼는데, 이는 교회의 통제권을 장악하기 위해서다. 이처럼 이세벨의 영은 목회자를 무너뜨리고, 교회를 통제하고, 조종하기를 갈망한다. 물론 최종 목표는 목회자를 넘어뜨린 후 그의 배후에서 교회를 조종하는 것이다. 이세벨의 영은 자신 외의 다른 누군가가 목회자에게 영향을 끼칠 때 상당히 불쾌해한다.

아내에 대한 온갖 비난과 정죄의 헛소문이 목회자의 귀에 들어가면 목회자는 아내를 의심하기 시작한다. 이러한 방법으로 이세벨의 영은 목회자 부부가 서로 오해하게 만든다. 내가 이 상황을 잘 아는 이유는 내게도 이 같은 사건이 일어났기 때문이다. 그러므로 이러한 일이 일어난다면, 아내에 대해 악담을 늘어놓는 사람을 향해 단호히 말하라. "도대체 당신이 뭔데, 내 아내에 대해 험담을 늘어놓는가? 왜 내가 내 아내보다 당신의 말을 더 신뢰해야 하는가? 당신은 미쳤거나 제정신이 아닌 게 분명하다!"

이세벨의 영을 진단할 수 있는 도구를 재차 강조한다: 교회에서 누군가가 당신에게 다가와 목회자의 아내에 대해 험담한다면, 당신은 여지없이 이세벨의 영과 대면한 것이리라.

이세벨의 영을 어떻게 다루어야 하는가?

첫째: 스스로를 점검하라. 이세벨의 영향력에서 100% 안전한지 확인하라. 이를 위해 아래의 질문들을 스스로에게 던져보라.

1. 당신은 다른 사람에게 있는 예언의 은사를 부정하거나 공공연히 반대하는가?
2. 교회 혹은 소그룹 안에서 오중 사역에 대해 비판하거나 공공연히 비난하는가?
3. 목회자의 아내를 공격하는가? 그녀의 영향력을 최소화하기 위해 구석으로 몰지는 않는가?
4. 당신은 어떤 대가를 치르더라도 자신의 뜻을 관철하는 타입인가?
5. 당신은 사람들을 조종하여 자신이 원하는 결과를 얻어내는가?
6. 당신 때문에 다른 사람이 상처를 받아도 전혀 개의치 않는가?

이세벨의 영이 당신을 통해 역사한다는 확신이 든다면, 그 영을 내쫓으라. 축사 사역을 받는 것도 좋은 방법이다. 누가복음 10장 18-19절에 기록된 예수님의 약속을 붙들라.

> 예수께서 이르시되 사탄이 하늘로부터 번개 같이 떨어지는 것을 내가 보았노라 내가 너희에게 뱀과 전갈을 밟으며 원수의 모든 능력을 제어할 권능을 주었으니 너희를 해칠 자가 결코 없으리라 눅 10:18-19

역대상 16장 22절과 시편 105편 15절에 기록된 하나님의 약속을 기억하라: "이르시기를 나의 기름 부은 자에게 손을 대지 말며 나의 선지자를 해하지 말라 하셨도다." 이 말씀은 역대상과 시편에 동일하게 나온다. 하나님께서 동일한 약속을 두 번 반복하신다면 그 약속은 이미 확정된 것이다(창 41:32 참조. "바로께서 꿈을 두 번 겹쳐 꾸신 것은 하나님이 이 일을 정하셨음이라 하나님이 속히 행하시리니").

당신이 사역의 기름 부음, 예언의 기름 부음 받은 사람들을 공격하거나 그들에게 비판을 가한다면, 어쩌면 당신은 지금 이세벨의 영향을 받고 있는 것인지도 모른다. 그러므로 교회에 더 큰 해악을 저지르기 전에 즉시 멈추라!

둘째: 이스라엘 백성이 자신을 향해 적대감을 품었을 때 모세가 어떻게 반응했는지 살펴보라. 그는 하나님 앞에 엎드렸다. 그리고 하나님께서 해결해주시기를 기다렸다. 이처럼 리워야단이 엄습해올 때는 하나님 앞에 엎드려야 한다. 하나님께서 친히 해결해주시기를 간구하면 된다. 리워야단은 우리 힘으로 해결할 상대가 아니기 때문이다. 하나님께서 해결해주셔야 한다(이상의 내용은 7과에서 더 자세히 살펴볼 것이다). 하지만 이세벨의 영이 공격해올 때에는 어떻게 해야 하는가? 성경은 우리 스스로 해결해야 하는 일들이 있음을 밝힌다.

> 예후가 이스르엘에 오니 이세벨이 듣고 눈을 그리고 머리를 꾸미고 창에서 바라보다가 예후가 문에 들어오매 이르되 주인을 죽인 너 시므리여 평안하냐 하니 예후가 얼굴을 들어 창을 향하고 이르되 내 편이 될 자가 누구냐 누구냐 하니 두어 내시가 예후를 내다보는지라 이르되 그를 내려던지라 하니 내려던지매 그의 피가 담과 말에게 튀더라 예후가 그의 시체를 밟으니라 왕하 9:30-33

이세벨은 아마 뒤통수를 맞은 기분이었을 것이다. 자신의 더러운 목적을 위해 쓰임 받았던 바로 그 내시들이 자신을 창밖으로 내던질 줄이야!

이세벨은 그렇게 죽었다. 하지만 지금 우리가 논의하는 것은 이세벨이라는 '사람'이 아니라 그녀를 장악했던 영이다. 재차 강조하지만 우리의 싸움은 혈과 육이 아닌 악한 영들과의 씨름이기 때문이다. 우리는 악한 영들을 받아들여서도, 그들의 행위를 눈감아주어서도, 또 그들과 타협해서도 안 된다. 악한 영은 반드시 쫓아내야 한다. 그렇다면 왜 이세벨이라는 사람이 죽어야 했을까? 그녀에게서 악령만 쫓아내면 되는 것 아닌가? 문제는 이세벨이 악한 영에 너무 깊이 사로잡혀 있었다는 것이다. 그러므로 죽이는 것 말고는 별다른 해결책이 없었다. 그 영을 쫓아내기 위해 그녀를 창밖으로 내던져야 했다. 성경에 기록되었듯이 이세벨의 말로는 처참했다. 한 나라의 왕비였으나 장례식조차 치러질 수 없었다. 사실 예후는 나름대로 예를 갖추어 장례를 위해 이세벨의 시신을 거두려고 했으나, 이미 굶주린 개들이 그녀의 시신을 다 먹어치운 상태였다. 예언대로였다.

이세벨의 영을 다루는 유일한 방법은 '쫓아내는 것'이다. 하지만 이 영의 영향 아래에 있는 사람은 자신의 문제를 스스로 해결하지 못한다. 누군가 그에게 축사 사역을 해주어야만 한다. 교회가 이세벨의 영을 쫓아낼 때까지 그 영은 계속 역사할 것이다. 다시 한 번 말하지만 쫓아내는 것만이 이세벨의 영을 다루는 유일한 방법이다. 그러나 이때에도 영을 쫓는 것이지 사람을 쫓는 것이 아님을 기억해야 한다(이 책에는 내가 지겨우리만치 반복하는 내용이 여러 개 있다. 그 내용을 독자들이 습득하여 삶과 사역의 모범으로 삼기를 바라는 마음에서다). 다시 한 번 강조하지만, 우리의 싸움은 혈과 육에 대한 싸움이 아니다. 흥분한 나머지 사람들을 교회 밖으로 내쫓는 우를 범해서는 안 된다.

이런 경우도 있다. 만일 성도 중 한 사람이 이세벨의 영에 영향을 받아 악한 일을 계속 자행한다고 하자. 그런데 그는 자신의 행동을 멈출 의향이 없다. 심지어 변화되고자 하는 마음의 갈망도 없다. 이럴 때는 어떻게 해야 하는가? 쫓아내야 한다. 그러한 사람은 반드시 교회를 떠나야 한다. 하지만 이때도 원칙이 있다. 그를 교회 밖으로 쫓아내더라도 '사랑'으로 하라. 그가 회복되어 다시 돌아올 수 있는 가능성을 열어두라.

교회가 연합하여 이세벨의 영과 싸울 때, 온 회중은 목회자를 지지해야 한다. 목회자 홀로 이 싸움을 강행할 수 없다. 이세벨의 영은 주로 감당하기 힘든 문제들을 일으키기 때문에, 연약한 사람들은 쉽게 항복하고 만다. 그들은 평화를 위한다는 명목 아래에 이세벨의 행위를 눈감아주며 적정선에서 타협한다. 하지만 예수님께서 왜 두아디라 교회를 책망하셨는지 기억해보라. 그러면 이세벨의 행위를 눈감아주는 일이 얼마나 큰 죄인지 깨닫게 될 것이다!

어떤 교회는 이세벨이 떠나지 못하도록 붙잡아두기까지 한다. 일단 그녀(이세벨의 영에 영향을 받은 사람들)가 납부하는 십일조 액수가 상당하기 때문이다. 게다가 아직 건축 헌금 약정 기간도 끝나지 않았다! 하지만 잊지 마라. 이세벨은 돈을 미끼로 교회를 조종하기를 좋아한다. 교회가 그녀의 심기를 불편하게 한다면, 그녀는 자신이 원하는 것을 얻을 때까지 절대로 지갑을 열지 않는다. 이러한 사태까지 왔다면 교회로서는 큰일이다. 이미 교회가 이세벨을 의존하기 시작했다는 증거이기 때문이다. 상황이 이렇다면 대부분의 성도는 그녀의 돈과 영향력에서 자유롭지 못하다. 그녀의 심기를 거스르지 않기 위해 성도들은 교회 내의 상황을 물 흐르듯이 부드럽게 유지하려 할 것이다. 문제를 일으키지 않기 위해 이세벨과 화친할 것이다. 하지만 이세벨이 곁에 있는 한 평화는 없다. 그녀를 참아주기로 결심했다면, 그녀는 모든 사람이 지쳐 포기할 때까지 계속해서 공격할 것이다. 당신은 평화의 기치 아래에 그저 뒷걸음을 칠 것인가? 그렇게 이세벨을 용납하겠는가?

모두 영적 전쟁터를 떠나고 목회자만 홀로 남겨진 것을 나는 여러 번 목격했다. 홀로 남은 목회자는 당황스럽기 그지없다. 어떤 목회자도 홀로 싸우는 것을 좋아하지 않는다. 그들은 성도들과 합심하여 이세벨을 쫓아내기를 원한다. 하지만 성도들이 도망친다면 목회자 홀로 남아 이세벨과 싸워야 한다. 힘겹게 뒤처리해야 한다.

싸움을 싫어하는 성도들은 이세벨의 심기를 건드리지 않으려고 주의를 기울일 것이다. 심지어 목회자가 교회에서 사라지는 것이 평화를 위한 최선책이라고 생각하며 목회자에게 떠날 것을 종용하기도 한다. 홀로 고군분투하던 목회자마저 교회를 떠나면 이제 더 이상 싸울 사람이 없으니 교회는 잠시 조용해질 것이다. 그러나 이세벨의 영이 있는 한, 평화는 없다. 이세벨은 다음 목회자가 올 때까지 잠잠히 기다릴 뿐이다. 목회자가 새로 부임하면 이세벨의 영은 그를 통해 교회를 조종하려고 시도한다. 시도했던 바가 실패로 끝나면, 그녀는 목회자를 쫓아내기 위해 그 고통스러운 과정을 반복한다.

교회를 향한 이세벨의 위협을 제거하기 위해, 우리가 한마음 한뜻으로 연합하는 것이 얼마나 중요한지! 이 점은 아무리 강조해도 지나침이 없다. 이세벨이 쫓겨나기 전까지 교회는 온전한 능력을 발휘할 수 없다. 그렇다! 이세벨의 영이 교회를 장악해서는 안 된다!

이세벨이 장악하게
놔두어서는 안 된다

이러한 이유로 이세벨의 영은 자신의 정체가 탄로 날 것을 두려워한다. 그녀는 배후에서 조종하는 것과 물밑 작업하는 것을 선호한다. 당신은 남의 배후에 숨은 채로 사태를 통제하기를 좋아하는 사람들을 알고 있는가? 경제 영역에서도 이러한 사람들을 심심찮게 볼 수 있다. 연약한 사람들을 전면에 내세우기 때문에 그들이 대중에 모습을 드러내는 일은 없다. 그들은 그저 배후에 숨어서 경제 전반에 걸친 모든 일을 조종한다. 이세벨의 영 역시 자신의 목적을 위해 연약한 사람들을 꼭두각시로 삼고 전면에 내세운다. 문제가 발생하면 엉뚱한 사람이 대중으로부터 모든 비난과 원망을 듣는다. 정작 문제를 일으킨 장본인, 이세벨은 뒤에 숨어 사태를 주시할 뿐이다. 숨어서 일하기 때문에 그녀의 잘못은 드러나지 않는다. 이런 식으로 이세벨은 자신의 이미지를 좋게 꾸며낸다. 어차피 그녀가 문제를 일으켜도 전면에 선 사람들이 모든 책임을 떠안기 때문이다. 하지만 꼭두각시들 역시 여느 사람과 마찬가지로 사태를 해결할 만한 능력이 없다. 그들 스스로는 아무 일도 할 수 없다.

  우리가 하나님의 뜻을 행하고자 한다면-하나님의 길을 따르기 원한다면, 우리는 반드시 이세벨의 문제를 매듭지어야 한다. 중요한 점은 교회가 한마음 한뜻으로 연합하여 이세벨의 영을 축출해야 한다는 것이다. 어느 누구도 이 영의 영향력에서 자유로울 수는 없다. 하나님의 뜻 안에 머물지 않으면 누구든지, 언제든지, 이세벨을 따라 악행을 저지를 수 있다. 이를 방지하기 위해 하나님께서는 우리의 삶과 가정과 교회에 어떤 일이 일어날지를 미리 알려주신다. 하지만 우리가 예언에 대해 마음 문을 닫아두면 하나님의 경고 말씀도 아무런 소용이 없다.

  독자들에게 강력한 충고를 한마디 전하고 싶다(특히 남자들에게). 군대에서 배운 대로라면, 훌륭한 리더는 대중 앞에서 특정인을 웃음거리로 만들지 않는다. 부대원들이 보는 앞에서 특정 병사의 위신을 손상시키는 리더는 어떤 부대원에게서도 신뢰를 얻지 못한다. 부대원들은 즉시 이렇게 생각할 것이다. "그 다음 타자는 나겠군!" 이렇게 사람들에게 신뢰를 잃으면 그는 지휘관으로서의 능력을 상실하게 된다.

이세벨의 영이 남자들에게 역사할 경우 흔히 나타나는 현상은 많은 사람 앞에서 자신의 자녀와 아내를 웃음거리로 만드는 것이다. 이는 많은 남자가 오해하는 부분인데, 아내와 자식을 깎아내린다고 해서 사람들이 당신을 강한 남자로 봐주는 것은 아니다. 오히려 사람들은 당신 안에 어떤 영(정신)이 역사하는지 금방 알아챌 것이다. 그리고 더 이상 당신을 존경하지 않을 것이다. 하지만 참 아이러니하게도 많은 남자는 자신을 좋게(혹은 겸손한 사람으로) 보이고자 자신의 가족을 공공연히 비난한다. 좋은 이미지를 구축하려고 가족을 폄하하지만 그들이 예상했던 '좋은 이미지'는 얻을 수 없다. 오히려 그 반대다. 그러므로 남성들이여, 이러한 습성을 버리라! 가족을 비난하는 언행은 당신의 영향력에 손상을 입힐 뿐이다.

여성들에게 이세벨의 영이 역사하면 그들은 남편을 공공연히 비난한다. 여기에도 나름의 목적한 바가 있다. 하지만 그들이 예상했던 결과는 절대 얻지 못할 것이다. 남들 앞에서 자신의 남편을 비난하고자 한다면, 먼저 자신의 판단력부터 철저히 비난하기를 바란다. 도대체 얼마나 판단력이 부족하기에, 그처럼 못난 사람을 남편으로 선택했는가? 얼마나 어리석기에 그런 남자와 살고 있는가? 이세벨의 영은 당신이 갈망하는 것을 제공하는 법이 없다. 왜냐하면 이세벨의 영은 사탄에게서 나오고, 이세벨의 영(정신)과 사탄의 영(정신)은 동일하기 때문이다. 사탄은 파멸자다. 이세벨의 영도 마찬가지다. 사탄과 마찬가지로 이세벨의 영은 당신을 통해 다른 사람에게 상처를 준다. 이후 당신에게 달려들어 당신의 복을 훔쳐간다. 하나님 나라에서 효율적으로 일하지 못하도록 당신을 파멸시키고 당신의 사역을 무너뜨려버릴 것이다. 당신은 온전한 복을 누리기 원하는가? 그렇다면 이세벨의 영을 멀리하라.

자녀들이 이세벨의 영에 영향을 받으면 그들의 부모를 업신여긴다.

아이들이 이렇게 하는 데에는 나름의 의도한 바가 있어서다. 하지만 그들을 기다리는 것은 엄청난 '역효과' 뿐이다. 젊은이들이여! 친구들 앞에서 부모님을 험담하는가? 혹 친구들에게서 '쿨하다' 는 칭찬은 들을지 몰라도, 언젠가 때가 이르면 자기 행동에 대해 쓰디쓴 열매를 맛보게 될 것이다. 부모를 험담하는 것은 자신에게 임할 복의 흐름을 스스로 가로막는 일이다. 당신은 자신의 삶 가운데에 가장 중요한 사람을 헐뜯기 원하는가? 부모를 헐뜯는 청소년들은 부모로부터의 사랑과 은혜를 누리지 못할 수도 있다. 그동안 마귀는 우리의 가정 안에 분열을 일으켜왔다. 그것도 아주 성공적으로 말이다. 그렇기 때문에 우리는 주님이 약속한 기쁨을 누리는 대신 가정 안에서 고통과 슬픔을 경험해야만 했다.

교회 안에서 이세벨의 영이 역사한다면 어떤 일이 일어날까? 오중 사역의 기름 부음을 받은 사람들이 웃음거리가 되고, 소외되며, 자신의 영향력을 제대로 발휘할 수 없게 된다. 이세벨의 영은 특히 선지자의 역할을 감당하는 사람과 목회자를 향해 집중 공격을 가한다. 이는 교회의 전반적인 의사 결정과 통제 능력을 거머쥐기 위한 악령의 몸부림이다.

목회자가 자신의 분별 은사를 더 강하게 발휘한다면, 이세벨이 어떻게 역사하는지 명확하게 파악할 수 있다. 이세벨의 영은 자신의 뜻을 고집하는 사람들을 통해 역사한다. 사실 많은 사람 앞에서 자기 의견을 억척스럽게 주장하는 것은 창피한 일이다. 일반적으로 다들 그렇게 생각한다. 하지만 이세벨의 영은 창피함도 모르고 또 후회하는 일도 없다. 이 영은 너무도 강력하고 너무도 위험하고 또 너무도 파괴적인데다가 창피도 모르고 후회도 하지 않는다. 그러므로 이 영에 휘둘리는 교회는 이세벨의 뜻을 이루기 위해 정말 혼신의 힘을 다한다.

이세벨의 영에게 공격을 당한다면 빨리 분별해서 신속히 대처해야 한다. 이세벨을 방치하면 얼마 지나지 않아 그녀는 당신을 무너뜨릴 것이다. 엘리야를 보라. 이세벨의 펀치 한 방에 엘리야는 케이오(K.O.)당했다. 자기 목숨 하나 건지려고 이세벨에게서 도망치는 엘리야를 보라.

> 이에 일어나 먹고 마시고 그 음식물의 힘을 의지하여 사십 주 사십 야를 가서 하나님의 산 호렙에 이르니라 엘리야가 그 곳 굴에 들어가 거기서 머물더니 여호와의 말씀이 그에게 임하여 이르시되 엘리야야 네가 어찌하여 여기 있느냐 그가 대답하되 내가 만군의 하나님 여호와께 열심이 유별하오니 이는 이스라엘 자손이 주의 언약을 버리고 주의 제단을 헐며 칼로 주의 선지자들을 죽였음이오며 오직 나만 남았거늘 그들이 내 생명을 찾아 빼앗으려 하나이다 여호와께서 이르시되 너는 나가서 여호와 앞에서 산에 서라 하시더니 여호와께서 지나가시는데 여호와 앞에 크고 강한 바람이 산을 가르고 바위를 부수나 바람 가운데에 여호와께서 계시지 아니하며 바람 후에 지진이 있으나 지진 가운데에도 여호와께서 계시지 아니하며 또 지진 후에 불이 있으나 불 가운데에도 여호와께서 계시지 아니하더니 불 후에 세미한 소리가 있는지라 엘리야가 듣고 겉옷으로 얼굴을 가리고 나가 굴 어귀에 서매 소리가 그에게 임하여 이르시되 엘리야야 네가 어찌하여 여기 있느냐 그가 대답하되 내가 만군의 하나님 여호와께 열심이 유별하오니 이는 이스라엘 자손이 주의 언약을 버리고 주의 제단을 헐며 칼로 주의 선지자들을 죽였음이오며 오직 나만 남았거늘 그들이 내 생명을 찾아 빼앗으려 하나이다 **왕상 19:8-14**

하나님은 엘리야에게 "네가 왜 여기 있느냐?"고 물으셨다. 엘리야의 핑계가 이어지자 하나님께서는 자신의 능력과 영광을 보여주신 후에 다시 한 번 물으셨다. "네가 왜 여기 있느냐?" 이에 엘리야는 동일한 답변으로 일관했다. 그렇다. 그는 낙심했다. 아직 회복되지 않았다. 아직 그가 회복되지 않았다는 점은 그의 반복되는 답변 내용을 보면 잘 알 수 있다. 엘리야는 자신의 패배를 잊지 못했다. 그래서 회복될 수 없었다.

온전히 회복될 수 없다는 점을 아셨기에 하나님께서는 엘리야를 소환하셨고 그의 자리에 엘리사를 대신 앉히셨다.

> 여호와께서 그에게 이르시되 너는 네 길을 돌이켜 광야를 통하여 다메섹에 가서 이르거든 하사엘에게 기름을 부어 아람의 왕이 되게 하고 너는 또 님시의 아들 예후에게 기름을 부어 이스라엘의 왕이 되게 하고 또 아벨므홀라 사밧의 아들 엘리사에게 기름을 부어 너를 대신하여 선지자가 되게 하라 하사엘의 칼을 피하는 자를 예후가 죽일 것이요 예후의 칼을 피하는 자를 엘리사가 죽이리라 그러나 내가 이스라엘 가운데에 칠천 명을 남기리니 다 바알에게 무릎을 꿇지 아니하고 다 바알에게 입맞추지 아니한 자니라 왕상 19:15-18

그렇다고 해서 엘리야가 하나님으로부터 끊어졌다거나 지옥에 갔다는 뜻도, 하나님께서 더 이상 그를 사랑하시지 않는다는 이야기도 아니다. 메시아의 때에 다시금 엘리야가 나타나 그분의 길을 예비하리라는 하나님의 약속을 기억하는가? 또 예수님께서 십자가의 희생을 앞두신 때, 엘리야가 변화산에 나타나 하늘 아버지의 위로와 격려를 전했던 사건도 기억하는가? 하늘에 올라 온전한 회복을 맛본 엘리야는 능력과 축복을 한 아름 안은 채, 예수님을 격려하려고 변화산으로 내려왔다. 혹여나 하나님께서 엘리야를 내치셨다고 생각한다면, 구약에 기록된 하나님의 마지막 약속을 눈여겨보기 바란다.

> 보라 여호와의 크고 두려운 날이 이르기 전에 내가 선지자 엘리야를 너희에게 보내리니 그가 아버지의 마음을 자녀에게로 돌이키게 하고 자녀들의 마음을 그들의 아버지에게로 돌이키게 하리라 돌이키지 아니하

면 두렵건대 내가 와서 저주로 그 땅을 칠까 하노라 하시니라 말 4:5-6

앞에서 설명한 일련의 사건을 통해 당신은 이세벨의 영을 어떻게 다루어야 할지에 대해 배웠다. 이세벨이 당신을 넘어뜨렸다면, 그래서 두려운 나머지 도망친다면, 일단 하나님께서는 당신을 회복시키고자 시도하실 것이다. 하지만 당신이 일어날 기색을 보이지 않으면, 그래서 회복이 안 된다면 하나님은 당신의 자리에 다른 사람을 앉히실 것이다. 하나님은 누구를 통해서든지 그분의 일을 이루어 가신다. 당신이 아니라면 다른 사람을 들어 사용하신다.

당신을 향한 이세벨의 의도는 명확하다. 당신을 넘어뜨려 하나님의 일을 감당하지 못하게 만드는 것이다. 혹은 당신을 무기력하게 만드는 것이다. 당신이 일어나지 않으면 하나님께서는 다른 사람을 일으키실 것이다. 이것이 바로 이세벨의 힘이다! 그녀는 강하다. 그러므로 이세벨에 맞서 싸우기 위해 우리는 연합해야 한다.

마지막 때, 하나님을 기쁘시게 해드리려면 우리는 예언의 영을 따라 행해야 한다

예언의 영과 동행하면 분명히 이세벨이 우리에게 달려들 것이다. 그렇다고 해서 예언의 영을 저버릴 수는 없다. 하나님의 지휘 통제 안에 들어가기 위해 우리는 예언의 영을 따라 살아야 한다. 우리는 예언의 영을 의지하여 선한 싸움을 다 싸우고 넉넉히 이겨야 한다. 이세벨의 영을 무찔러야 한다.

이세벨과의 싸움을 시작하기 전에 반드시 알아야 할 중요한 사실이 있다: 이세벨의 영이 지금도 활동하고 있다는 것이다. 두아디라 교회에 보낸 예수님의 서신을 기억하는가? 사실 두아디라 교회에 이세벨이라는 이름의 여성이 있었을 확률은 거의 없다. 아마도 성도 중에 어떤 여성이 이세벨의 영에 조종당했을 것이다.

> 그러나 네게 책망할 일이 있노라 자칭 선지자라 하는 여자 이세벨을 네가 용납함이니 그가 내 종들을 가르쳐 꾀어 행음하게 하고 우상의 제물을 먹게 하는도다 또 내가 그에게 회개할 기회를 주었으되 자기의 음행을 회개하고자 하지 아니하는도다 볼지어다 내가 그를 침상에 던질 터이요 또 그와 더불어 간음하는 자들도 만일 그의 행위를 회개하지 아니하면 큰 환난 가운데에 던지고 또 내가 사망으로 그의 자녀를 죽이리니 모든 교회가 나는 사람의 뜻과 마음을 살피는 자인 줄 알지라 내가 너희 각 사람의 행위대로 갚아 주리라 두아디라에 남아 있어 이 교훈을 받지 아니하고 소위 사탄의 깊은 것을 알지 못하는 너희에게 말하노니 다른 짐으로 너희에게 지울 것은 없노라 다만 너희에게 있는 것을 내가 올 때까지 굳게 잡으라 이기는 자와 끝까지 내 일을 지키는 그에게 만국을 다스리는 권세를 주리니 계 2:20-26

당신이 성령의 능력 안에서 생활하기 원한다고 말하고, 열방을 취하여 하나님께 드리기 원하며, 하나님 나라를 전파하기를 원한다고 고백했는데(이를 원한다고 생각하는데), 이세벨의 영을 참아주고 또 그녀가 교회에서 활개 치는 것을 눈감아준다면, 당신은 스스로를 속이고 있다-이세벨의 영을 참아주면 당신의 삶을 통해 성령의 능력이 나타나고, 열방이 하나님께 돌아오고, 하나님 나라가 전파되는 일은 절대 일어나지 않을 것이다.

요약

지금까지 살펴본 대로 주님께서 전하신 메시지는 바로 오늘, 지금 이 순간을 위한 말씀들이다! 말라기 4장 5절을 기억하라. "보라 여호와의 크고 두려운 날이 이르기 전에 내가 선지자 엘리야를 너희에게 보내리니…" 이 사실을 깨닫고 확신하기를 바란다: 만일 우리가 지금 엘리야의 시대를 살고 있다면, 이 시대는 또한 이세벨의 시대이기도 하다. 그러므로 이 시대를 살아가는 우리는 이세벨의 영을 반드시 해결해야 한다. 그렇지 않으면 주님의 심판을 피할 수 없을 것이다.

열방을 주님께 회복시킬 권세를 얻기 원하는가? 이세벨부터 다루라. 교회 안에 이세벨의 영이 버젓이 활동하는데 하나님께서 그 교회의 사역 위에 복을 내리실 리 없다. 이세벨 앞에서 떨며 두려움에 사로잡혀 도망치는 선지자가 하나님의 복을 받을 수 있겠는가? 이세벨의 영을 용납하는 교회가 하나님에게서 오는 모든 좋은 복을 누릴 수 있겠는가?

이세벨을 축출하기 위해 목회자는 성도들의 지원을 받아야 한다. 하지만 오늘날의 교회 안에서 이 같은 일은 거의 일어나지 않는다. 우리는 지금 '포용의 시대', '정치적 정당성'의 시대를 살아가고 있다. 이 시대의 이세벨들은 적응 능력이 강하다. 모든 것을 포용하는 사회 풍조, 사회적 약자의 비위를 거스르지 않으려고 필요 이상으로 소심해진 사회 전반의 모습을 악용할 줄 안다. 그들은 이러한 약점을 공략하여 우리에게 공격을 가한다. 사실 이 사회는 우리를 향해 "모든 사람을 행복하게 하라", "모든 사람을 수용하라"고 강요한다. '어떤 대가를 치르고라도 평화를!'이라는 모토 아래에 모든 교회가 잠식당하는 시대다. 이런 식으로 이세벨은 이 땅에서 수백 년 동안 자유롭게 통치할 수 있었다. 이러한 일이 발생한 근본 원인은 성도들이 목회자 편에 서지도, 이세벨의 영에게 대항하지도 않았기 때문이다.

거듭 강조하지만, 이세벨의 영은 강력하기 때문에 우리는 연합해서 대항해야만 한다. 우리가 한마음으로 연합하여 일어설 때, 하나님께서는 예언의 영을 보내주실 것이다. 지혜와 계시, 이해와 모사의 영, 능력과 지식의 영, 여호와를 경외하는 영이 우리와 함께할 것이다. 하나님께서는 이세벨을 다루는 일에 필요한 모든 것을 공급해주신다. 하지만 우리 대신 싸워주시지는 않는다. 우리가 나가서 싸워야 한다. 열방을 원하는가? 하나님의 뜻대로 순종하기 원하는가? 이세벨의 영을 축출하라. 하나님께서 예언의 영을 주신 주된 목적 중 하나가 바로 이것이다-이세벨의 영을 축출함!

예언의 영이 도래하실 것이다. 예언의 영은 마지막 날, 하나님의 군대 안에 지휘 통제 체계를 구축하실 것이다. 그리고 이세벨은 이를 방해할 테고… 그녀는 가능하다면 전면전을 펼쳐 지휘 통제 수립을 훼방할 것이다. 전쟁이 발발하면 무엇보다 먼저 상대편의 지휘 통제 체계를 무너뜨리는 것이 상책임을 이세벨은 아주 잘 알고 있다.

사막의 폭풍(Desert Storm, 미국의 대이라크 전쟁 작전 명-역자 주)을 통해 배운 것: 선전포고에 따른 이라크 침공 개시일 하루 전, 미 101 공수부대의 헬리콥터인 '스크리밍 이글스'(Screaming Eagles, 고함치는 독수리) 편대가 야간에 이라크를 침투하여 적진의 레이더 기지 및 지휘 통제 통신탑을 폭격했다. 다음 날 아침, 임무를 마친 스크리밍 이글스 헬기 편대가 아군 진영으로 돌아오고 있을 때 수많은 전투기와 폭격기가 이라크 군의 레이더망에 포착되지 않은 채, 적진을 향해 자유로이 날아갔다. 지휘 통제 통신탑이 폭격당했기에 이라크 군의 지휘관들은 부대원들과 통신할 방법이 없었다. 당시 군목이었던 허브 키친스(Herb Kitchens)는 그날 밤의 임무를 바탕으로 한 편의 노래로 지었다. 노래 제목은 "독수리들이 고함치던 밤"(The Night the Eagles Screamed)이었다.

몰래 잠입하여 지휘 통제 시스템을 마비시키는 것-이세벨이 그리스도의 몸 된 교회를 공격하는 방법이다. 그녀는 마지막 날을 위한 하나님의 군대 안에 지휘 통제 체계가 구축되지 못하도록 철저하게 막아설 것이다. 그러므로 우리는 그녀의 활동을 중단시켜야 한다. 하루빨리 그녀를 축출해야 한다. 그와 동시에 원수의 지휘 통제 체계를 무너뜨려야 한다. 바로 지금이다! 지금 이 일을 시작해야 한다.

다시 한 번 경고한다. 당신이 예언의 영을 따라 살고자 한다면 이세벨과의 싸움을 피할 수 없다. 이세벨이 당신에게 달려들 것이기 때문이다. 이세벨이 공격해올 때, 당신은 어디에 서겠는가? 무엇을 하겠는가?

지금은 우리가 선제공격을 시도할 때다. 적을 향해 전쟁을 선포하라. 이세벨의 영을 사로잡아 축출하여, 원수에게 충격을 안기라.

하나님의 도움을 구하는 기도

하나님 아버지, 우리의 눈을 열어 보게 하시고 귀를 열어 듣게 하옵소서. 이세벨의 영과 싸워야 할 때가 언제인지 알려주옵소서. 어떤 전략을 가져야 하며 또 무엇을 해야 할지 알려주옵소서. 우리 모두 연합하여 일어서기 원합니다. 연합의 도를 가르쳐주소서. 우리의 사역과 교회를 향한 주님의 뜻을 수행하기 위해 우리가 모두 손을 맞잡고 일어서게 하소서. 침투조와 엄호조가 되어 효과적으로 싸우게 하소서. 주님께 구하오니 우리를 새로운 차원의 예언 영역으로 인도하옵소서. 성령님께서 우리에게 주신 은사들 위에 주님의 신선한 기름을 부으사 하나님의 특수부대에서 맡은 바 임무를 능히 이루게 하옵소서.

악한 영 이세벨을 대항하여 담대히 서기 원합니다. 우리에게 용기를 주옵소서. 우리를 도우사 기도하게 하소서. 혹 악을 허용하여 주님의 마음에 근심을 끼쳐드리는 일이 없기를 기도합니다. 크고 놀라운 심판의 날, 주님에게 "잘했다! 수고했다. 내 아들아, 네가 자랑스럽구나! 내 딸아, 네가 참 자랑스럽다!"라는 칭찬을 듣기 원합니다. "내가 도무지 너를 알지 못하노라!"라는 말씀은 듣지 않기를 원합니다. 오직 하나님의 기쁨이 되고 싶습니다. 하나님, 도와주옵소서. 우리에게 담대함이 필요합니다! 힘이 필요합니다. 예언의 영이 필요합니다! 교회 안에 세우신 특수부대에 하나님의 지휘 통제 체계를 보내주옵소서. 이 모든 것을 메시아이신 예수님의 영광스러운 이름으로 간구합니다. 아멘, 아멘!

A Warrior's Guide To
THE SEVEN SPIRITS OF GOD

2과

진리의 영

The Spirit of Truth

A Warrior's Guide To

THE SEVEN SPIRITS OF GOD

PART 1: BASIC TRAINING

2과
/
진리의 영

이제 이 주차 영적 기초군사훈련을 시작한다!

지난 주, 우리는 영적 전쟁을 위한 몇 가지 기초 전술을 배웠다. 그중 하나는 적의 의도와 전투력을 가늠하는 방법이었다. 이에 대해 예수님께서 하신 말씀을 살펴보라.

> 또 어떤 임금이 다른 임금과 싸우러 갈 때에 먼저 앉아 일만 명으로써 저 이만 명을 거느리고 오는 자를 대적할 수 있을까 헤아리지 아니하겠느냐 만일 못할 터이면 그가 아직 멀리 있을 때에 사신을 보내어 화친을 청할지니라 눅 14:31-32

잠시 복습해보겠다. 옛 원수 사탄에 대해 우리가 알아야 할 것은 무엇인가? 첫째, 사탄이 어떤 일을 하려고 하는지, 그의 작전은 무엇인지,

그가 어떤 자원을 활용하는지, 전투력은 어느 정도인지를 꼼꼼하게 파악해야 한다. 둘째, 그의 목표를 파악해야 한다. 이 점은 예수님께서 미리 말씀해주셨다. 요한복음 10장을 펴라.

> 도둑이 오는 것은 도둑질하고 죽이고 멸망시키려는 것뿐이요 내가 온 것은 양으로 생명을 얻게 하고 더 풍성히 얻게 하려는 것이라 요 10:10

적의 의도를 파악하는 것 외에도 우리가 알아야 할 사항은 많다. 우리가 지금 손에 쥐고 있는 무기에 대해서도 알아야 한다. "사이크"(Psych)라는 TV 드라마를 한 편 본 적이 있다. 그 드라마의 주인공 션(Sean)은 무기고에 들어가 무기 한 점을 집어 들고 멋진 포즈를 취한 후, 옆에 있는 군 전문가에게 물었다. "제가 들고 있는 총은 뭡니까?" 군 전문가가 대답했다. "그건 LAW라네. 경량 대전차포(Light Anti-tank Weapon)일세. 그런데 지금 자네는 포구를 자신에게 겨누고 있어."

무지하기 때문에 종종 우리는 원수의 화기를 집어 든다. 그리고 자신을 향해 겨누곤 한다. 그러므로 먼저 우리의 무기에 대해 속속들이 알아야 하고, 또 원수의 주된 무기가 무엇인지도 파악해야 한다. 사탄은 혼동, 속임, 거짓말이라는 무기를 꾸준히 사용해왔다. 그가 펼치는 전술은 하나님과 우리의 관계를 와해시키는 데 목적을 둔다. 그의 전술에 휘말리면 우리는 하나님이 우리를 위해 정해두신 목표에까지 다다를 수 없다. 이처럼 사탄은 우리 삶을 향한 하나님의 계획을 방해한다. 그뿐인가? 사탄은 자신의 무기를 십분 활용하여 우리가 서로 미워하도록 유혹하기까지 한다. 적군이 아군 진영에 침투했다고 가정해보자. 그를 사살하기 위해 아군 병사가 일제히 사격을 개시한다면 어떤 일이 벌어지겠는가? 어쩔 수 없이 아군끼리 총격을 가하는 사태가 발생할 것이다. 지난 과에서 이 문제를 살펴보았다. 이세벨의 영이 특정 그룹 안에 잠입하면 내부에서 그 그룹을 향한 공격이 시작된다. 그룹의 구성원 한 명이 그 그룹의 다른 구성원들을 향해 공격을 가하는 것이다. 이세벨을 다루는 과정에서 종종 우리는 서로에게 상처를 입히게 된다. 만일 이러한 악순환의 고리가 끊임없이 반복된다면, 결국 모든 사람이 부상을 입게 될 것이다.

하나님께서는 모세에게 가나안 땅을 정탐하라고 명령하셨다. 이에 모세는 정탐꾼들을 모집하고 파병했다. 하나님께서 그 땅의 거주민들과 실전을 치르기 전에 정탐할 기회를 주신 것이다. 총 열두 명의 정탐꾼은 가나안 지역의 세세한 정보까지 입수할 것을 명받았다. 만일 당신이 현대 군 첩보 작전 교범을 펼쳐본다면(즉 적진에 침투하여 어떤 정보를 수집해야 하는지 세세히 명시한 교범을 본다면), 기본적으로 모세가 열두 정탐꾼에게 지시했던 내용과 동일한 내용이 적혀 있음을 알 수 있을 것이다. 하나님에게는 문제가 없었다. 명령대로 행한 모세에게도 문제가 없었다. 그는 리더로서 올바른 명령을 내렸다. 하지만 열두 명의 정탐꾼 중 열 명의 정탐꾼은 첩보 작전의 핵심을 놓쳐버렸다.

그들은 적과 아군의 전투력을 가늠하여 비교하면서 두 가지 큰 실수를 저질렀는데, 첫째, 적군의 화력과 전투 능력을 과대평가한 것이다.

> 그와 함께 올라갔던 사람들은 이르되 우리는 능히 올라가서 그 백성을 치지 못하리라 그들은 우리보다 강하니라 하고 이스라엘 자손 앞에서 그 정탐한 땅을 악평하여 이르되 우리가 두루 다니며 정탐한 땅은 그 거주민을 삼키는 땅이요 거기서 본 모든 백성은 신장이 장대한 자들이며 거기서 네피림 후손인 아낙 자손의 거인들을 보았나니 우리는 스스로 보기에도 메뚜기 같으니 그들이 보기에도 그와 같았을 것이니라 민 13:31-33

적을 과대평가하는 것은 심각한 실수다. 이러한 판단 착오 때문에 군 지휘관들은 작전 수립 단계부터 말도 안 되는 결정을 내리곤 한다. 적군 화력의 과대평가는 아군 진영에 공포와 두려움의 씨앗을 심는 것과 매한가지다. 사실 심리전은 실제 전투보다 앞선다. 만일 적을 과대평가했다면 당신은 심리전에서 이미 패배했다.

두 번째 큰 실수는 아군의 전투 능력을 과소평가한 것이다. 이는 아군의 군사력을 가늠할 때 '하나님'이라는 변수가 개입되는 것을 상정하지 않았기 때문이다. 이스라엘 백성 앞에서 홍해가 갈라졌다. 그들이 다 건너자 애굽 군대가 맹렬한 기세로 쫓아왔다. 그때 하나님께서 모세를 통해 말씀하셨다. "오늘 너희가 본 이집트 사람들을 다시는 보지 못할 것이다!" 하나님께서는 이스라엘이 목도하는 앞에서 애굽 군대를 말살하셨다. 이스라엘 백성은 손 하나 까딱 않고 승리를 거두었다. 그런데 이처럼 놀라운 하나님의 능력을 경험했음에도 열 명의 정탐꾼은 가나안과의 싸움에서 패배하리라 예상했던 것이다. 다시 말하지만, 이는 하나님의 개입을 철저히 배제했기 때문이다. 당신이 진심으로 하나님을 섬기고 그분의 인도하심을 따른다면, 항상 '하나님'과 '그분의 능력'이라는 인자를 '상황'이라는 공식 속에 대입시키라. 적군의 능력에만 집중한다면 우리의 마음은 무너져 내릴 것이다. 그러면 정탐 결과를 보고했던 그 운명의 날, 열 명의 정탐꾼이 실수했던 것처럼 우리도 동일한 실수를 반복하게 될 것이다.

어떤 규모의 전쟁이든지 우리는 스스로의 전투력을 철저하게 조사할 필요가 있다. 누가 당신 편인지 알아야 한다. 지난 이십오 년에서 삼십년간 미군은 연합(동맹)군의 중요성을 절감했다. 당신의 나라가 아무리 크고 강대할지라도 전쟁에 홀로 나서는 일은 그야말로 '실수'다. 그러나 여러 나라와 동맹한다면 전투력의 증강은 물론 영향력의 범위도 넓어진다.

일단 아군 전투력에 대한 조사가 끝났다면, 동맹군의 전투력을 상정해야 한다. 당신 주변에 있는 하나님의 백성, 당신의 뒤에서 기도로 후원하는 중보 기도자들을 아군 전투력에 포함시키라. 이처럼 동맹군의 전투력을 의지하는 것이 중요하다. 그런데 이때에도 주의해야 한다. 하나님이 배제된다면 그 효과가 그리 길지 못하기 때문이다. 그러므로 전쟁 계획 속에 반드시 '하나님의 개입'을 첨가하라.

> 내가 또 보니 보좌와 네 생물과 장로들 사이에 한 어린 양이 서 있는데 일찍이 죽임을 당한 것 같더라 그에게 일곱 뿔과 일곱 눈이 있으니 이 눈들은 온 땅에 보내심을 받은 하나님의 일곱 영이더라 계 5:6

이 구절은 본 훈련 지침서의 중심 성경 구절이다. 여기서 우리는 하나님께서 우리를 돕는 일곱 영을 보내셨음을 알 수 있다. 일곱 영은 당신과 연합하여 원수와 싸울 것이다. 당신을 위해 싸울 것이다. 치열한 전투 한가운데에 아무런 보호 장치 없이 당신 홀로 남겨진 것이 아님을 명심하라. 당신 곁에 위대한 전쟁 무기가 놓여 있다. 게다가 하나님은 당신에게 필요한 모든 것을 이미 공급해주셨다. 이제 당신은 전쟁 무기를 다루는 법을 배워야 한다. 아무리 강력한 무기가 있더라도 사용법을 모르면 무용지물이다.

내가 켄터키 주의 캠벨 기지(Fort Campbell)에 배치를 받았을 때의 일이다. 당시에 나는 내게 맡겨진 임무의 원활한 수행을 위해 수많은 종류의 군용 차량을 운전해야 했다. 그러므로 켄터키 주에서 발급하는 일반 운전면허증 외에도 군에서 발급하는 면허증을 따로 취득해야 했다. 군대에서는 병영 내의 차고에서 군 차량을 인도받아 사용할 때마다 군 면허증을 제시해야 한다.

군 운전면허 시험을 신청하려고 관리소를 찾아갔다. 나는 그곳에서 근무하는 젊은 병사들과 이야기를 나누며 웃고 떠들었다. 그리고 그들을 위해 기도도 해주었다. 운전면허 시험을 보았다. 그리고 합격했다. 면허증을 발급받으려고 다시 관리소를 찾았던 날, 나는 깜짝 놀랐다. 그저 개인 승용차, 트럭, 지프 차량 운전 허가만을 신청했는데, 면허증에는 모든 종류의 전술 차량 운전을 허가한다고 기재되어 있었다. 이 면허증 하나만 있으면 미군이 보유하고 있는 모든 차량을 인도받아 사용할 수 있다는 뜻이다. 아마도 그곳에서 일하는 젊은 병사들은 이렇게 생각했던 모양이다. "우리가 저 군종 목사님 좀 도와드릴까? 미군의 모든 차량을 운전하실 수 있도록 허가해드리는 게 어때?" 물론 그들이 이런 생각을 했을 리 만무하지만, 어쨌든 내 운전 면허증에는 '모든 전술 차량 운전 가능'이라고 적혀 있었다.

당시에 미 육군은 '감마 염소'(Gamma Goat)라고 불리는 전지형(全地形) 특수 차량을 보유하고 있었다. 그 모습이 흡사 괴물 같은, 아주 몸집이 큰, 대형 차량이었다. 물론 나는 이 차량의 구동, 운영, 통제 방식에 대해 전적으로 무지했다. 도대체 어디에 사용되는 차량인지 감조차 잡지 못할 정도였으니 말이다. 야전 훈련 때 나는 몇몇 부대원과 본대로부터 한참 뒤처져 행군한 적이 있었다. 본대에 합류하려면 참으로 먼 거리를 빠른 속도로 걸어야 했다. 반쯤 왔을 때였던가? 다른 부대가 주차해 둔 감마 염소 차량이 눈에 띄었다. 감마 염소를 보았을 때 나와 부대원들은 '이제 고생 끝!'이라고 생각했다. 병사들은 서로 물었다. "이 차량을 운전할 수 있는 사람이 있습니까? 면허증을 가진 사람이 있습니까?" 내가 대답했다. "내게 이 차량에 대한 면허증이 있는데…" "참 다행입니다. 이 차량으로 이동하면 될 것 같습니다." 안타깝게도 나는 부대원들의 기대에 찬물을 끼얹을 수밖에 없었다. "하지만 어떻게 시동을 거는지 모릅니다. 솔직히 말하면, 차량 안으로 들어가는 방법조차 모르겠습니다. 운전은 너무나 먼 얘기입니다." 하는 수 없이 우리는 모두 목적지까지 걸어가야 했다. 문제의 열쇠를 손에 쥐고 있었지만, 그 열쇠의 작동 방법을 몰랐던 것이다. 누군가 우리를 위해 감마 염소를 주차시켜놓았지만 우리에게 그 차량은 무용지물이었다. 주차된 곳 옆에 서 있던 소나무와 다를 것이 없었다.

당신은 영적 전쟁을 치르면서 이와 유사한 경험을 했을지도 모른다. 강력한 무기도 있고 요긴하게 쓸 만한 차량도 보유하고 있는데 사용법을 몰라서 무용지물로 만들어버린 경험 말이다. 지상에서의 전쟁을 위해 우리는 보유하고 있는 무기와 장비의 사용법을 알아야 한다. 이는 영적 전쟁에서도 마찬가지다. 우리가 가진 영적 무기는 강력하다. 원수의 견고한 진을 파하는 무기다. 그러나 문제가 있다. "당신은 무기를 사용할 수 있는가?"

지금까지 우리는 일곱 가지 강력한 영적 무기 중 하나를 공부했다. 다시 말하지만 여기서 언급한 영적 무기는 하나님의 일곱 영이다. 지난 과에서는 지혜와 계시의 영(예언의 영)을 상세히 다루었다. 복습 차원에서 한 가지 질문을 하겠다. 예언의 영에 대응하기 위해 사탄은 어떤 영을 보내는가? 답은 이세벨의 영이다.

이번 과에서는 하나님의 일곱 영 중 두 번째 영을 공부할 것이다. 그리고 이 두 번째 영을 대적하기 위해 사탄이 보내는 악한 영이 무엇인지도 살펴볼 것이다. 사탄은 하나님의 영이 우리의 삶과 사역에 임하지 못하도록 악한 영들을 보낸다. 이 점을 기억하기 바란다.

예수님께서는 승천하시기 전에 제자들에게 다음과 같은 놀라운 약속을 전하셨다:

> 내가 아버지께 구하겠으니 그가 또 다른 보혜사를 너희에게 주사 영원토록 너희와 함께 있게 하리니 그는 진리의 영이라 세상은 능히 그를 받지 못하나니 이는 그를 보지도 못하고 알지도 못함이라 그러나

> 너희는 그를 아나니 그는 너희와 함께 거하심이요 또 너희 속에 계시
> 겠음이라 요 14:16-17

보혜사이신 진리의 영이 얼마나 오랫동안 우리와 함께하시는가? 진리의 영은 영원토록 우리와 함께하신다.

이 과에서는 진리의 영을 집중 조명해볼 것이다. 진리의 영은 사탄과의 싸움에서 우리에게 꼭 필요한 무기다. 영전 전쟁의 치열한 싸움은 항상 진리와 거짓 사이에서 벌어진다.

진리를 아는 것은 참으로 중요하다

이 세상에는 너무도 많은 속임수가 존재한다. 어디를 보든지, 어느 곳을 가든지, 당신은 속임수와 맞닥뜨리게 된다. 신문을 읽거나 라디오를 듣거나 TV를 시청하더라도 엄청난 양의 거짓말을 접할 뿐이다. 그런데 흔히 말하는 것처럼, 너무 오랫동안 거짓말에 노출된 사람은 그것을 진리로 믿게 된다. 그러므로 우리에게는 참된 진리가 절실하다!

> 우리는 하나님께 속하였으니 하나님을 아는 자는 우리의 말을 듣고
> 하나님께 속하지 아니한 자는 우리의 말을 듣지 아니하나니 진리의
> 영과 미혹의 영을 이로써 아느니라 요일 4:6

위의 구절에 의하면 진리의 영을 대적하기 위해 사탄은 어떤 영을 보내는가? 진리의 영이 역사하실 때마다 미혹의 영이 우리에게 접근한다. 요한은 이 영의 정체를 명확하게 밝혔다.

미국 TV 광고 중, '포용주의'를 표방하는 광고가 있어 잠시 소개할까 한다. 이 교활한 광고는 상품이나 서비스의 판매를 목적으로 하지 않는다. 오히려 사람들의 생각을 전환시키는 데 그 목적을 둔다. 몇몇 유명한 배우가 등장해서 종교다원주의의 우월성 및 상대 종교를 포용하자는 평화의 메시지를 전달한다. 맨 처음 등장한 배우가 말한다. "저는 크리스천입니다." 이후 다른 배우가 등장하여 말한다. "저는 유대교인입니다." 또 다른 배우가 나와서 말한다. "저는 영적인 사람입니다." 이런 식으로 광고가 진행된다. 한 사람 한 사람의 말이 더해질수록 그 광고가 전달하려는 메시지는 뚜렷해진다. 마지막으로 어떤 여배우가 나와서 이렇게 말한다. "우리는 이 모든 길을 통해 하나님께 도달할 수 있습니다. 저는 그렇게 믿습니다." 참으로 멋지고 달콤한 말이 아닌가? 그러나 이 광고의 배후에 어떤 세계관이 도사리고 있는지 분별해보기 바란다. 광고의 핵심 메시지는 모든 것을 수용하고, 모든 것이 옳다는 다원주의적 세계관을 따르고 있다.

정치적 정당성을 종교처럼 떠받들라는 사회의 압박, 모든 종교를 포용해야 한다는 종교적 포괄주의는 이 시대 최고의 속임수다. 지금 이 시대는 어떤 종교를 믿더라도 하나님을 만날 것이라는 신념을 앞세운다. "어차피 모든 종교가 다 똑같지 않은가?"라면서 말이다.

그러나 결코 아니다! 포괄주의의 속임수가 이 세상을 뒤덮고 있다. 정신을 차리고 이 광고를 접하면 그들의 메시지가 거짓임을 알 수 있다. 그러므로 성령님께 모든 진리 가운데로 인도해주실 것을 요청하라. 성령님께서는 종교 포괄주의의 책략을 밝히 드러내주실 것이다. 이러한 광고의 배후에 숨어 있는 '믿음 체계'에 의하면 오직 하나의 종교만 골칫거리다. 그동안 메스미디어와 정계에서는 이 종교를 '악마'처럼 다루었다. 이 종교를 고리타분한 구세대의 유물처럼 생각하여 등한시했다. 어떤 종교인줄 아는가? 바로 기독교다.

기독교는 이 세상이 포효하는 세계관과 정면으로 충돌한다. 크리스천들은 하나님 아버지께 도달할 수 있는 유일한 길이 예수 그리스도임을 믿는다. 이것이 기독교의 세계관이다. 하지만 예수 그리스도의 유일성을 받드는 평화로운 세계관이 사람들에게서 빈축을 사기 시작했다. 이제 그들은 기독교를 혐오한다. 반면에 굴종을 강요하는 종교, 해당 종교를 믿지 않으면 죽음을 당하는, 그러한 종교를 '평화'로 인식한다. 기독교를 폭력으로 규정하고 폭력적인 종교는 '평화'로 인식하는 세계관이야말로 깊은 속임수가 아닌가? 사탄은 이를 위해 교묘한 방법으로, 겉으로 볼 때 전혀 해롭지 않은 방법으로 사람들을 속이고 있다.

이러한 사조를 소위 '포괄주의와 정치적 정당성의 생철학'이라고 부르는데, 이 추종자들은 기독교의 가치를 인정하지도, 받아들이지도 못한다(포괄주의자들은 기독교를 못 받아들인다). 만일 당신이 진리의 영과 함께 행하며 논리적으로 사고한다면 이 사실을 쉽게 알 수 있을 것이다. 포괄주의의 가장 큰 수호자들은 기독교를 현 시대의 '폭도'로 규정했다. 계속해서 기독교를 반박하며 '사회 부적응 종교'라는 이미지를 대중에게 은근히 심어놓았다. 그중 상당수가 기독교를 '증오의 종교'로 부르기까지 했다. 게다가 기독 신앙의 근본 가치를 '증오 범죄'(hate crime)라며 독설을 일삼는 사람도 있다. 기독교 신앙의 참된 메시지가 사랑, 평화, 은혜인 것을 알면서도 그들은 그렇게 속고, 또 속이고 있다.

애석하게도 기독교인 중 이러한 대중의 잘못된 믿음을 바로잡으려고 노력하는 사람은 별로 없다. 몇몇 기독교인은 대중 앞에서 사람들을 정죄하고, 판단하고, 비방하는 모습을 보여주었다. 상대방에 대한 배려나 참아주고 격려하는 모습은 눈곱만큼도 없었다. 그동안 기독교에 꼬리표처럼 달라붙었던 '증오자', '남을 미워하는 사람들'이라는 수식어를 정당화시킨 셈이다.

그렇다면 포괄주의자들은 어떠한가? 물론 포괄주의자들은 "선입견으로 이끄는 성급한 일반화를 배척해야 한다"고 말한다. 이것을 자신의 모토로 내세우고 대중을 교육한다. 하지만 기독교에는 이 원칙을 적용하지 않는 듯하다. 그들은 기독교에 대한 편견을 그대로 유지한 채, 성급하게 기독교를 판단한다. 결국 기독교를 증오하고 배척하는 것이 옳은 일이라고 결론짓는다. 우리는 이 사회가 그러한 거짓 믿음을 버리도록 도와야 한다. 우리는 잘할 수 있다. 이웃 사랑을 실천하고, 사람들을 저주하는 대신 축복한다면, 사람들의 마음에서 거짓 믿음 체계를 제거해 낼 수 있다. 예수님은 단 한 번도 남을 혐오하지 않으셨다. 그분은 사랑과 용서를 몸소 실천하셨다. 사람들을 품고 사랑하셨다. 그들을 하나님의 나라로 이끄셨다. 이제 우리는 대중에 만연한 기독교의 잘못된 이미지를 제거하고 올바른 이미지를 심어주어야 한다. 성경 말씀처럼 "우리가 서로 사랑하면 사람들은 우리의 사랑을 보고 우리를 알 것이다." 성경에서 말하는 '사랑'은 정치적 정당성이 표방하는 '사랑'이 아니다.

이쯤에서 정치적 정당성과 포괄주의에 위배되는 의견 하나를 제시하겠다: 그리스도의 제자가 되지 않고는 결단코 진리를 알 수 없다. 성령님의 인도를 따르지 않으면, 예수 그리스도의 제자가 되지 않으면, 진리를 알 수 없다. 지금 내가 하는 말은 독단주의도, 증오도 아니다. 나는 지금 사람들을 돕기 원한다. 그들을 사랑하는 마음으로 진리를 알리기 원할 뿐이다. 누구든지 예수 그리스도의 제자가 될 수 있다. 누구든지 하나님 아버지와 사랑의 관계를 맺을 수 있다.

> 그러므로 예수께서 자기를 믿은 유대인들에게 이르시되 너희가 내 말에 거하면 참으로 내 제자가 되고 진리를 알지니 진리가 너희를 자유롭게 하리라 요 8:31-32

'진리를 알지니'라는 명령과 '진리가 너희를 자유케 하리라'라는 결론을 나쁘게 받아들이는 사람은 없다. 하지만 '너희가 내 말에 거하면 참 내 제자가 되고'에 대해서는 다들 시원찮은 반응을 보인다. 게다가 진리를 알려면 "예수님의 가르침 안에 거하라"고 하는데, 사람들은 예수님의 가르침 안에 거하기를 꺼린다. 하지만 예수님의 가르침을 모르면 그 안에 거하는 것이 불가능하고 따라서 진리를 알 수도 없다.

그런데 예수님의 가르침을 알기 원하고, 그 안에 거하고 싶더라도 여전히 문제가 남는다. 이처럼 속임수가 판치는 세상인데, 어떻게 예수님의 가르침을 분별하여 알 수 있겠는가? 하나님께서는 이것이 문제가 된다는 사실을 미리 아시고 해결책까지 제시해주셨다.

> 그러나 진리의 성령이 오시면 그가 너희를 모든 진리 가운데로 인도하시리니 그가 스스로 말하지 않고 오직 들은 것을 말하며 장래 일을 너희에게 알리시리라 요 16:13

하나님께서 성령을 보내셨다. 우리는 성령이 진리의 영이심을 알고 있다. 이 책을 공부하다 보면 성경에 언급된 하나님의 일곱 영은 바로 성령님의 다양한 면모임을 깨닫게 될 것이다. 하나님의 보좌 앞에 거하시는 일곱 영은 성령님께서 이루시는 일을 대변한다. 성령님은 우리의 모든 필요를 채우시기 위해 일곱 가지 독특한 모습으로 나타나신다. 분별의 지혜를 주시는 분도 성령님이시고, 모든 진리 가운데로 인도하시는 분 역시 성령님이시다.

성령님이 아니고서는 성경을 이해할 수 없다. 성경은 진리다. 그리고 성령님께서 모든 진리 가운데로 우리를 인도하신다. 성경을 이해하는 것은 '분별'과 관련이 있다. 우리 안에 계신 성령의 역사로만 성경을 이해하고 분별할 수 있다.

당신이 성령 세례를 받기 전에 어떤 삶을 살았는지 기억해보라. 성경에서 많은 내용을 읽었지만 이해하지 못했던 때를 기억해보라. 말씀을 읽은 후에 곧바로 성경을 덮으며 "무슨 소린지 하나도 모르겠네!"라고 외쳤던 때가 떠오르는가? 누군가가 당신에게 성경 구절 하나를 설명해 주었는데 "무슨 뜻인지 도무지…"라며 고개를 가로저었던 때를 생각해 보라. 설교를 다 들은 후에 "도통 모르겠네!"라고 말했던 적은 없는가? 하지만 성령으로 세례를 받은 후에는 이 모든 문제가 해결되었을 것이다. "그래, 이제 알겠어! 알겠다고!" 이는 성령님께서 하나님의 말씀을 올바로 이해할 수 있도록 분별의 지혜를 주시기 때문이다. 우리를 진리 가운데로 인도하시기 때문이다. 진리의 영이 아니고서는 진리의 말씀을 제대로 이해할 수 없다. 이것이 진리다.

분별의 지혜는 참된 가르침과 거짓 가르침을 구분하는 능력이다. 속임수의 시대를 살고 있는 우리에게 분별력이야말로 생존을 위한 필수 조건이다. 당신은 어디서 분별의 지혜를 얻는가? 원천은 하나다. 성령님! 오직 성령님에게서 분별력을 얻을 수 있다. 태초부터 진리의 유일한 원천은 성령님이셨다. 바울에 의하면 성령의 여러 가지 은사 중, 분별의 은사는 굉장히 중요한 은사로 자리매김된다.

그동안 우리는 영들을 분별하는 은사에 대해 크게 혼동해왔다. 내가 아는 어떤 사람은 자신의 직장에 조그마한 귀신이 활동한다고 생각했는지, 귀신을 보여 달라고 하나님께 기도했다고 한다. 만일 성령님께서 그러한 일이 필요하다고 생각하시면 실제로 일어날 수도 있을 것이다. 하지만 오해하지 마라. 하나님께서 분별의 은사를 주시는 가장 큰 이유는 우리가 성령의 역사를 분별하도록 하기 위함이다. 분별의 은사는 우리 안에 성령님께서 역사하시는 일, 우리를 위해 성령님께서 행하시는 일들을 이해하도록 돕는다.

진리를 알면(분별의 은사를 통해) 원수가 보낸 가짜를 분별할 수 있다. 그러므로 중요한 것은 가짜를 아는 지식이 아니라 진리를 아는 지식이다. 진리를 알면 거짓과 속임수를 분별하며 진리에 속하지 않은 영들을 자연스럽게 구별해낼 수 있다. 진리의 영을 힘입어 진리를 알면 거짓 영들을 분별할 수 있다. 그리고 바로 그 동일한 진리의 영으로 거짓 영들을 대적할 수 있다.

당신이 알아야 할 것이 또 있다

오늘날 거의 모든 물건에는 경고 문구가 적혀 있다. 나는 "이 약은 호흡 작용을 돕지만 복용에 따른 몇 가지 부작용이 있습니다"라는 광고를 참 좋아한다. 흥미로운 부분은 부작용으로 언급된 질환들이다: 호흡 곤란, 장 꼬임, 외상, 사망, 자살 충동 등… 물론 이 약을 복용하기 전 몇 가지 부작용을 고려해야겠지만, 일반적으로 이 약을 섭취하면 호흡 작용에 도움이 될 것이다. 하지만 TV에 광고되는 대부분의 의약품에는 아주 끔찍한 경고 문구가 적혀 있다는 사실을 아는가? 여기에 진리의 영과 관련된 경고 문구를 적어둔다.

진리의 영이 오시면 사탄이 반응할 것이다

진리의 영이 임할 때 그 즉시 사탄은 거짓의 영들을 당신에게 보낼 것이다. 이 경고문은 그리 참신하지 않다! 이미 다 아는 내용이다. 베드로는 사탄의 속임수에 대해 이렇게 말했다.

그들이 바른 길을 떠나 미혹되어 브올의 아들 발람의 길을 따르는도다 그는 불의의 삯을 사랑하다가 자기의 불법으로 말미암아 책망을 받되 말하지 못하는 나귀가 사람의 소리로 말하여 이 선지자의 미친 행동을 저지하였느니라 이 사람들은 물 없는 샘이요 광풍에 밀려 가는 안개니 그들을 위하여 캄캄한 어둠이 예비되어 있나니 **벧후 2:15-17**

발람의 영은 거짓의 영이다. 이 시점에서 성경의 중요한 진리 하나를 이야기하겠다. 하나님은 의로운 아브라함의 복으로 당신에게 복 주시는 분이다. 하지만 발람의 영은 당신을 저주할 것이다. 발람의 영이 당신에게 달려들어 이렇게 말할 것이다: "너는 복 받을 만한 사람이 아니야. 이제 내가 너에게 저주를 퍼붓겠는데, 내가 너를 저주하는 순간 너는 하나님으로부터 복 받지 않았다는 사실을 믿게 될 거야!" 이것은 지옥에서 발원한 거짓말이다. 당신은 이 거짓말을 믿어서는 안 된다.

거짓의 영(발람의 영)은 이름에 걸맞게 거짓말로 일관한다. 당신에게 하나님의 복이 임하지 않았다며 당신을 속일 것이다. 애석하게도 많은 사람이 발람의 거짓말을 진실처럼 받아들인다. 게다가 스스로의 입을 열어 이 거짓말을 고백한다. 거짓말에 불과하지만 그들은 이를 마음으로 믿고 입으로 시인하여 '현실화' 시켜버린다. 스스로 저주를 받아들이고, 저주의 말에 힘을 실어주는 것이다. 이후 그들은 자신이 더 이상 하나님의 복된 자녀가 아니라는 생각을 하기에 이른다. 당신이 사탄의 거짓말을 믿고 시인하면 하나님께서 당신의 삶에 두르신 보호의 울타리에 금이 가기 시작한다. 보호막이 제거된 후에는 무방비 상태가 된다. 이제 발람의 영은 마음 놓고 활동하여 당신이 하나님의 말씀을 불신하도록 만든다. 성경에 기록된 약속을 거짓말로 받아들이게 만든다. 발람의 영을 믿은 결과 당신은 하나님의 복을 떠나보내고, 오히려 원치 않는 저주를 소중하게 붙들게 된다.

발람의 영은 기회주의적인 성향을 지닌 사람에게 효과적으로 역사한다. 군에 입대하기 전에 내가 섬기던 교회에 아주 멋진 친구가 한 명 있었다. 나는 그 친구를 무척 좋아했다. 주일 학교에서도 같은 반이었기에 우리는 친한 친구 사이가 되었다. 지금도 그는 함께 있고 싶고 더 친해지고 싶은, 깔끔하고 재치 있는 사람이다. 그 친구와 아내는 애완견 훈련 서비스업에 종사하고 있다. 대부분의 훈련은 그들 소유의 애완견 훈련 센터에서 이루어진다. 물론 때때로 부부는 캠핑카를 타고 이곳저곳의 가정을 방문해서 주인이 보는 앞에서 애완견을 훈련시키기도 한다. 나는 그들의 사업장을 방문하여 그 부부와 함께 이야기를 나누는 것을 즐겼다. 그 친구는 유머 감각도 뛰어났고 또 교육수준도 높았기 때문에 그 친구와의 만남을 통해 배운 것도 매우 많았다.

　그가 운영하는 애완견 훈련 센터에 들어가면 제일 먼저 손님 대기실이 보인다. 대기실에는 손수 열쇠고리를 만들고 또 이름을 새길 수 있는 기계가 놓여 있다. 대기실의 한쪽 구석에서는 그 친구가 손님을 위해 직접 개 이름표를 만들어주었다. 또 다른 편 구석에는 자동차 범퍼 부착용 스티커를 만드는 기계가 놓여 있다. 또 다른 편 구석으로 이동하면 고객이 운영하는 상점 명 혹은 회사 로고를 볼펜에 새길 수 있는 도구도 볼 수 있다. 그 좁은 공간에 당신이 생각해낼 수 있는 거의 모든 유혹거리가 즐비한 것이다. 사실 그의 사업은 잘되었기 때문에 이러한 부차적인 서비스들의 수익은 필요 없었다.

　어느 날 나는 그에게 기회주의의 영(정신)이 있음을 알게 되었다. 상품이든지, 경영 방식이든지 무언가 새롭게 등장할 때마다(어쩌면 그는 신문이나 TV에서 접했을 것이다) 그는 그것을 붙잡았다. "옳거니, 내가 저걸 구입해서 잘만 운용하면 돈 좀 벌 수 있을 거야!" 무엇을 보든지 그의 입에서는 동일한 말이 나왔다. "저것을 잘 이용하면 돈을 좀 벌 수 있을 텐데…"

나는 기회주의의 영을 지닌 사람들이 상당수 있음을 알게 되었다. 그들은 돈을 벌 수 있는 기회의 유혹에 쉽게 넘어간다. 하지만 이들 앞에는 더 큰 위험이 놓여 있다. 발람의 영이 그들 안에 몰래 잠입할 가능성이 그것이다. 다행히도 내 친구에게는 이러한 일이 발생하지 않았다. 그러나 발람의 영은 기회주의적인 사람들에게 쉽게 접근한다. 그것도 부지불식간에 접근한다.

유다서 1장 11절의 경고를 주의 깊게 읽어보고, 기억하기 바란다. "화 있을진저 이 사람들이여…삯을 위하여 발람의 어그러진 길로 몰려 갔으며…"

발람의 일화는 성경에서 가장 재미있는 이야기 중 하나로 꼽힌다. 나는 하나님께서 상당한 유머 감각을 지니셨다고 생각한다. 그렇지 않고서야 이 일화를 거룩한 책에 넣으셨을 리가 없을 테니까 말이다. 발람 선지자의 일화에 발락이라는 사람이 등장한다. 그는 모압 족속의 왕으로, 광야의 이스라엘 백성이 모압 국경에 다다랐다는 소식을 접하고 깊은 시름에 빠졌다. 당시 이스라엘 백성은 발락에게 전갈하여 모압 땅을 지나갈 수 있도록 허락해달라고 요청했다. 단지 모압 땅을 걸어서 통과하겠다는 뜻이었다. 심지어 가는 길에 물 한 잔을 마시더라도 그 값을 지불하겠노라고 밝혔다. 모압 백성이 팔려고 내놓지 않는 한 그들의 물건에는 절대 손대지 않겠다는 다짐도 곁들였다. 부득이 물건을 구매할 때는 제값을 지불하겠다는 약속도 잊지 않았다. 그러나 이처럼 신사적인 제안을 받았건만 모압의 지도자(장로)들은 일제히 외쳤다. "안 돼!" 결국 그들은 군대를 이끌고 이스라엘을 상대하러 나갔다.

일찍이 하나님께서는 이스라엘에게 모압을 해하지 말라고 명령하셨다. 이것은 하나님의 계획이었고 모세는 하나님의 명령을 굳건히 받들어 모압을 해치지 않았다. 하지만 발락은 현왕이 아니었다. 그는 두려운 나머지 자구책을 마련했다. 발람이라는 선지자의 소문을 듣고 그가 이스라엘 백성에게 저주를 내릴 수 있다고 믿어서 고용한 것이었다. 그 대가로 발락은 발람 선지자에게 금품을 제시했다.

> 십볼의 아들 발락이 이스라엘이 아모리인에게 행한 모든 일을 보았으므로 모압이 심히 두려워하였으니 이스라엘 백성이 많음으로 말미암아 모압이 이스라엘 자손 때문에 번민하더라 미디안 장로들에게 이르되 이제 이 무리가 소가 밭의 풀을 뜯어먹음 같이 우리 사방에 있는 것을 다 뜯어먹으리로다 하니 그 때에 십볼의 아들 발락이 모압 왕이었더라 그가 사신을 브올의 아들 발람의 고향인 강 가 브돌에 보내어 발람을 부르게 하여 이르되 보라 한 민족이 애굽에서 나왔는데 그들이 지면에 덮여서 우리 맞은편에 거주하였고 우리보다 강하니 청하건대 와서 나를 위하여 이 백성을 저주하라 내가 혹 그들을 쳐서 이겨 이 땅에서 몰아내리라 그대가 복을 비는 자는 복을 받고 저주하는 자는 저주를 받을 줄을 내가 앎이니라 모압 장로들과 미디안 장로들이 손에 복채를 가지고 떠나 발람에게 이르러 발락의 말을 그에게 전하매 발람이 그들에게 이르되 이 밤에 여기서 유숙하라 여호와께서 내게 이르시는 대로 너희에게 대답하리라 모압 귀족들이 발람에게서 유숙하니라 하나님이 발람에게 임하여 말씀하시되 너와 함께 있는 이 사람들이 누구냐 민 22:2-9

하나님은 이미 다 아시면서도 질문하신다. 위의 질문 역시 대답을 듣고자 질문하신 것이 아니었다. 지금 발람의 처소에는 무언가 심상찮은 일이 벌어지고 있다. 하나님이 질문하신 이유는 따로 있었다.

발람이 하나님께 아뢰되 모압 왕 십볼의 아들 발락이 내게 보낸 자들이니이다 이르기를 보라 애굽에서 나온 민족이 지면에 덮였으니 이제 와서 나를 위하여 그들을 저주하라 내가 혹 그들을 쳐서 몰아낼 수 있으리라 하나이다 하나님이 발람에게 이르시되 너는 그들과 함께 가지도 말고 그 백성을 저주하지도 말라 그들은 복을 받은 자들이니라 민 22:10-12

발람은 하나님의 지시 사항을 똑똑히 들었지만 발락이 제시한 금품을 간절히 바랐다. 그는 기회주의자였다. 점을 쳐주고 왕에게 큰돈을 받고자 했다. 발람이 했던 일은 오늘날 거짓의 영에 눌린 수많은 사람(성도)이 하는 일과 같다. 발람은 진리를 살짝 비틀어 왜곡시켰다. 오늘날에도 많은 사람이 진리를 살짝 비틀어 자신의 뜻대로 일이 진행되게끔 조종한다. 발람이 하나님 말씀의 진리를 어떻게 비트는지 살펴보자.

밤에 하나님이 발람에게 임하여 이르시되 그 사람들이 너를 부르러 왔거든 일어나 함께 가라 그러나 내가 네게 이르는 말만 준행할지니라 발람이 아침에 일어나서 자기 나귀에 안장을 지우고 모압 고관들과 함께 가니 민 22:20-21

처음 이 구절을 읽었을 때는 도대체 발람이 어떤 명령을 불순종했는지 알 수 없었다. 그런데 자세히 읽어보니 발람이 하나님의 말씀을 살짝 비튼 부분이 눈에 들어왔다. 그는 자신을 부르러 '올' 사람들을 기다리지 않았다(이 구절이 KJV와 NKJV 영역에는 If the men come to call thee, '만일 사람들이 너를 부르러 오거든' 이라는 미래형으로 기록되어 있다. 하지만 NIV와 한글 개역개정에는 Since these men have come to summon you, '그 사람들이 너를 부르러 왔거든' 이라는 과거형으로 기록되어 있다. 저자는 KJV 영역을 바탕으로 논지를 전개하고 있다-역자 주).

발람은 앞으로 '올' 사람들을 기다리지 않고 전날 자기에게 당도했던 사람들과 함께 길을 떠난 것이다. 돈에 대한 욕심 때문에 사리분별을 못 했다. 하나님의 말씀도 잊어버렸다.

> 그가 감으로 말미암아 하나님이 진노하시므로 여호와의 사자가 그를 막으려고 길에 서니라 발람은 자기 나귀를 탔고 그의 두 종은 그와 함께 있더니 나귀가 여호와의 사자가 칼을 빼어 손에 들고 길에 선 것을 보고 길에서 벗어나 밭으로 들어간지라 발람이 나귀를 길로 돌이키려고 채찍질하니 여호와의 사자는 포도원 사이 좁은 길에 섰고 좌우에는 담이 있더라 나귀가 여호와의 사자를 보고 몸을 담에 대고 발람의 발을 그 담에 짓누르매 발람이 다시 채찍질하니 여호와의 사자가 더 나아가서 좌우로 피할 데 없는 좁은 곳에 선지라 나귀가 여호와의 사자를 보고 발람 밑에 엎드리니 발람이 노하여 자기 지팡이로 나귀를 때리는지라 민 22:22-27

당신보다 당신의 당나귀가 훨씬 더 영적이어서 사태를 제대로 분별할 줄 안다면 그 당나귀가 얼마나 사랑스럽겠는가? 그러나 발람은 그렇지 않은 모양이다. 그의 머릿속에는 온통 돈 생각뿐이었다. 탐욕 때문에 그는 분별력을 잃었다. 그래서 발람은 당나귀를 때리기 시작했다. 자꾸만 제 길에서 벗어나니까 버럭 화를 내고 말았다.

> 여호와께서 나귀 입을 여시니 발람에게 이르되 내가 당신에게 무엇을 하였기에 나를 이같이 세 번을 때리느냐 발람이 나귀에게 말하되 네가 나를 거역하기 때문이니 내 손에 칼이 있었더면 곧 너를 죽였으리라 나귀가 발람에게 이르되 나는 당신이 오늘까지 당신의 일생 동안 탄 나귀가 아니냐 내가 언제 당신에게 이같이 하는 버릇이 있었더냐 그가 말하되 없었느니라 민 22:28-30

이 이야기에서 정말 흥미로운 부분 중 하나는 당나귀가 말을 했는데도 발람이 조금도 놀라지 않았다는 점이다. 심지어 놀라는 기색이 조금도 없다. 다만 당나귀와 긴 대화를, 그것도 아주 자연스럽게 이어갈 뿐이다. 하나님이 짐승의 입을 열어, 짐승이 말을 하는데도 발람은 말하는 당나귀와의 대면을 별로 기이히 여기지 않았다. 하나님이 짐승의 입을 여셨다면 이는 분명 중요한 사건일 텐데, 발람은 이 사건에 담긴 중요성을 전혀 눈치채지 못했다. 참으로 어리석지 않은가? 그러나 거짓의 영이 그의 배후에 있으므로 이러한 어리석음 역시 이해된다. 거짓의 영이 역사하면 당신도 어리석은 일을 서슴지 않을 것이다. 평상시에는 '어리석다'고 여기며 회피했을 일도 거짓의 영이 역사하면 아무렇지 않게 행하는 것이다. 이처럼 거짓의 영은 위험하다.

> 그 때에 여호와께서 발람의 눈을 밝히시매 여호와의 사자가 손에 칼을 빼들고 길에 선 것을 그가 보고 머리를 숙이고 엎드리니 여호와의 사자가 그에게 이르되 너는 어찌하여 네 나귀를 이같이 세 번 때렸느냐 보라 내 앞에서 네 길이 사악하므로 내가 너를 막으려고 나왔더니 나귀가 나를 보고 이같이 세 번을 돌이켜 내 앞에서 피하였느니라 나귀가 만일 돌이켜 나를 피하지 아니하였더면 내가 벌써 너를 죽이고 나귀는 살렸으리라 발람이 여호와의 사자에게 말하되 내가 범죄하였나이다 당신이 나를 막으려고 길에 서신 줄을 내가 알지 못하였나이다 당신이 이를 기뻐하지 아니하시면 나는 돌아가겠나이다 여호와의 사자가 발람에게 이르되 그 사람들과 함께 가라 내가 네게 이르는 말만 말할지니라 발람이 발락의 고관들과 함께 가니라 민 22:31-35

하나님께서는 이스라엘을 저주하지 말라고 발람에게 경고하셨다. 하지만 그의 마음은 이미 보상금에 쏠렸다. 그를 저지하기 위해 하나님께서 행하신 모든 기적도 그의 욕심을 막을 수는 없었다. 이스라엘을 저주하기 위한 맨 처음 두 번의 시도는 실패로 돌아갔다. 하지만 발람은 굴복하지 않고 다섯 차례나 더 이스라엘을 저주하려고 시도했다. 이스라엘을 저주해서는 안 된다는 것을 알았으나, 돈 앞에서는 한없이 무너져 버렸다. 왜 그랬는가? 발람에게서 성격적 결함이 발견된다: 그는 기회주의자였다. 마귀는 이러한 그의 성격을 효과적으로 악용했다.

미련하다 못해 가련하기까지 한 발람 선지자가 이쯤에서 교훈을 얻고 멈추었다면 좋았을 것을! 물론 그는 교훈을 배우지 못했다. 그 대신 끝까지 기회주의자적인 면모를 여실히 드러내고 말았다. 발람의 이야기는 민수기 22장에서 끝나지 않는다. 발람의 죄가 어떤 결과를 맺는지 알기 원한다면 성경을 더 읽어야 한다.

> 모세가 그들에게 이르되 너희가 여자들을 다 살려두었느냐 보라 이들이 발람의 꾀를 따라 이스라엘 자손을 브올의 사건에서 여호와 앞에 범죄하게 하여 여호와의 회중 가운데에 염병이 일어나게 하였느니라 민 31:15-16

'저주 대행 사업'으로 원하는 보상금을 얻지 못하자 발람은 꼼수 하나를 생각해냈다. 또다시 하나님의 명령을 어긴 것이다. 직접 이스라엘 백성을 저주하는 대신, 그는 이스라엘 자손을 함정에 빠뜨리고자 했다. 백성 스스로가 저주를 받도록 말이다. 발람이 발락에게 제안한 전략은 다음과 같다: "이스라엘 백성과 하나님의 관계를 약화시키라. 그러면 이스라엘의 힘이 약해질 것이다. 그때 이스라엘을 공격하라. 그러면 충분히 무찌를 수 있을 것이다."

성경에는 그가 보상금을 받았다는 기록이 나오지 않는다. 하지만 나는 발람이 발락에게서 돈을 수령했으리라 믿는다. 그러나 아무리 큰돈을 받았더라도(이후의 성경 구절을 보아서도 알 수 있듯이), 장기적으로 볼 때 그 돈은 발람에게 아무런 도움도 되지 못했다.

아마 당신은 "도대체 왜 이토록 오랜 시간을 들여 구약의 케케묵은 사건을 이야기하는가?" 하고 의아해할지도 모른다. 물론 이렇게 하는 이유가 있다. 발람의 이야기가 과거의 역사적 내러티브로만 끝나지 않기 때문이다. 거짓의 영에 이끌렸던 발람의 죄는 신약시대의 교회 안에서 동일하게 반복되었다.

> 그러나 네게 두어 가지 책망할 것이 있나니 거기 네게 발람의 교훈을 지키는 자들이 있도다 발람이 발락을 가르쳐 이스라엘 자손 앞에 걸림돌을 놓아 우상의 제물을 먹게 하였고 또 행음하게 하였느니라 계 2:14

이 말씀은 특정 교회를 향한 말씀이기도 하지만 여러 세대, 여러 교회를 향한 말씀이기도 하다. 그러므로 우리 역시 이 경고의 말씀에 주목해야 한다. 거짓의 영은 하나님의 백성을 속여 하나님에게서 멀어지게 만든다. 또한 육신의 쾌락을 미끼로 던져 그들을 유혹한 뒤, 결국에는 죄의 구렁에 빠뜨려버린다.

거짓의 영이 사용하는 쾌락의 미끼는 이 시대의 문화 속에 만연하다. 과거에는 X등급으로 분류되었을 법한 영화들이 PG등급(미국의 영상물 관람 등급. X는 성인물로 우리나라의 '청소년 관람 불가' 등급에 해당한다. PG는 Parental Guidance의 줄임말로 부모의 지도 아래에 청소년의 관람이 가능한 등급을 의미한다-역자 주)을 받고 있다. 심지어 온 가족이 모인 저녁 시간대에 외설적인 영화들이 버젓이 방영되기도 한다. 그렇다. 이 시대는 지금도 발람의 교훈을 따르고 있다.

더 놀라운 사실은 이 같은 죄를 자행하는 사람들, 외설 영상을 제작하는 사업체의 소유주들 대다수가 기독교인이라는 것이다. 더더욱 놀라운 사실을 알고 싶은가? 그들이 출석하는 교회가 명백한 '죄'를 보고도 '죄'라고 말하지 못한다는 것이다. 이는 그들이 '기부'하는 십일조와 각종 헌금 때문이리라! 이러한 교회는 하나님께 순종하기보다는 돈을 택한 교회다. 과거의 발람처럼 말이다. 성경은 발람과 같이 방자한 사람들의 길을 가리켜 '사망의 길'이라고 말한다.

  어떤 길은 사람이 보기에 바르나 필경은 사망의 길이니라 잠 14:12, 16:25

 죄를 지은 즉시 하나님의 심판을 받지 않으면, "정말 죄가 무서운 것일까?" 하고 의구심을 갖게 된다. 죄를 짓고도 아무렇지 않게 살거나, 죄로 인해 더욱 부유해진 사람들을 보면 "정말 심판이 있기는 한가?" 하고 의심하게 될 것이다. 어떤 사람은 아예 동기부여를 받고 그들과 동일한 죄를 '마음 놓고' 범한다. "죄를 지어도 괜찮아. 오히려 죄짓는 사람이 더 잘 살잖아?" 그러나 발람에게 일어난 일을 보면 생각이 달라질 것이다.

  이스라엘 자손이 그들을 살륙하는 중에 브올의 아들 점술가 발람도 칼날로 죽였더라 수 13:22

 진리와 거짓 간의 선택은 삶과 죽음 사이의 선택임을 성경은 명백히 말하고 있다. 원수가 유혹하여 죄를 짓게 되었다 해도, 그에 대한 심판은 당신 몫이다. 죄의 책임은 당신에게 있다. 게다가 원수는 당신이 어떤 심판을 받게 될지에 대해 아무런 관심도 없다. 어쨌든 그의 목적은 당신의 복을 빼앗고, 당신의 영혼과 육체를 죽이며, 하나님이 주신 소명을 이루지 못하도록 당신을 파멸시키는 것이다.

 당신을 죄의 구덩이에 빠뜨릴 때 거짓의 영은 승리를 만끽한다. 당신이 죄의 결과로 죽음을 맞이할 때 거짓의 영은 쾌재를 부른다. 거짓의 영에게 휘둘리지 마라. 그가 이기도록 내버려두지 마라.

발람의 영을 다루는 법

먼저 자신의 삶을 살펴 거짓의 영이 역사하는지를 확인해야 한다. 하지만 많은 사람이 이 단계를 통과하지 못한다. 일단 자의든지 타의든지 테스트를 받는 것을 싫어한다. 테스트 결과 거짓의 영이 확인되더라도 자신의 죄와 실패, 실수 등을 인정하는 일은 내키지 않는다. 삶의 어느 시점에서 거짓의 영을 허락하여 그의 침입을 받았지만, 그래서 그 이후로 삶의 색깔이 변질되었건만, 이러한 사실을 기꺼이 수긍하고 받아들이는 사람은 한 명도 없다. 사실 우리는 모두 어느 정도 거짓의 영에 영향을 받으며 살아가고 있다. 누구도 자유롭지 않다.

당신은 거짓의 영으로부터 100% 자유롭기 원하는가? 그래서 '넉넉히 이기는' 용사가 되기 원하는가? 그렇다면 무엇보다 먼저 당신의 삶 속에서 원수의 역사를 분별해야 한다. 거짓의 영이 발견되면 그 즉시 솎아내야 한다. 원수는 당신의 삶 속에 거짓말을 심어놓으려고 특정한 루트(영역)를 찾아 침입하였을 것이다. 그러므로 축사(逐邪)를 간구하라. 거짓의 영과 싸우기 전에, 그 수하의 마귀들과 싸우기 전에, 먼저 당신의 삶 속에 내재하는 악한 영역들부터 해결해야 한다. 몸과 마음과 영혼이 자유로워야 선한 싸움을 싸울 수 있지 않겠는가? 그러므로 축사는 '명령'이고 '의무'다.

공생애 당시 예수님은 당대의 최고 종교 지도자들에게 거짓의 영이 역사하는 것을 보셨다.

> 너희는 너희 아비 마귀에게서 났으니 너희 아비의 욕심대로 너희도 행하고자 하느니라 그는 처음부터 살인한 자요 진리가 그 속에 없으므로 진리에 서지 못하고 거짓을 말할 때마다 제 것으로 말하나니 이는 그가 거짓말쟁이요 거짓의 아비가 되었음이라 요 8:44

당신의 삶 속에서 역사하는 거짓의 영을 해결하지 않고서는 다른 사람을 도울 수 없다. 먼저 자신 안에 내재하는 거짓의 영을 제하고, '속임의 눈가리개'를 벗은 후에야 다른 사람의 상태를 살필 수 있다. 자신의 문제부터 해결한 후에야 다른 사람에게 역사하는 거짓의 영을 분별할 수 있지 않은가?

> 외식하는 자여 먼저 네 눈 속에서 들보를 빼어라 그 후에야 밝히 보고 형제의 눈 속에서 티를 빼리라 마 7:5

자신 안에 뿌리박고 있었던 거짓의 영을 축출했다면 그 다음 단계는 원수의 목소리를 인식하는 것이다. 당신은 원수의 소리를 분별해내는 기술을 익혀야 한다. 그리고 그의 거짓말에 귀를 닫을 수 있는 능력도 계발해야 한다.

거짓의 영이 누구의 입술을 빌려 말하든지 당신은 그 속에서 원수의 목소리를 분별해낼 줄 알아야 한다. 그리고 그의 거짓말에 귀를 닫을 줄 알아야 한다. 절대로 그의 거짓말을 듣지 마라! 만일 원수의 거짓말에 자주 노출되고 또 그것을 귀담아 듣기 시작하면 당신은 거짓의 영에 휘말리게 된다. 그러면 점점 현실을 왜곡하거나 그럴듯한 핑계를 둘러대며 자신의 잘못을 합리화하게 될 것이다. 그러므로 거짓의 영이 부리는 술수를 식별하라. 거짓의 사슬을 끊고 그의 영향권에서 빠져나오라. 거짓의 영은 당신을 파멸하려 한다. 여러 마귀와 마찬가지로 그 역시 입만 열면 거짓말이다! 그는 당신에게 거짓말할 것이다. 당신에 대한 거짓 소문을 퍼뜨릴 것이다. 심지어 지인이나 신뢰하는 사람의 입을 통해서도 거짓말을 내뿜는다. 믿음 위에 굳건히 서기 원하는가? 그렇다면 거짓의 영에게서 우리를 자유케 하시며 모든 진리로 이끄시는 진리의 성령님만을 의지하라. 로마서 10장 17절의 말씀을 기억하라: "그러므로 믿음은 들음에서 나며 들음은 그리스도의 말씀으로 말미암았느니라." 이것이 사도 바울의 가르침이다.

하나님의 말씀을 들을 때 우리 마음에 믿음이 찾아온다. 그렇다면 두려움의 영, 판단의 영, 저주의 영은 어떤 경로로 우리를 찾아오는가? 이 모든 것은 거짓의 영이 하는 말을 들을 때 찾아온다. 그러므로 그의 거짓말을 듣지 마라!

거짓의 영을 축출하고, 그의 목소리에 귀 기울이지 않는 능력을 개발한 후에는 이 세상의 조류대로 흘러가기를 거부해야 한다. 흔히들 '다수가 선택한 길이기 때문에' 아무런 생각 없이 그 길을 선택한다. 우리 안에는 다수를 따르는 성향이 있다. 하지만 이제 멈추라! 마귀 역시 우리 안에 이러한 성향이 있음을 알고 부추긴다. 우리를 속여 함정에 빠뜨린다.

> 때가 이르리니 사람이 바른 교훈을 받지 아니하며 귀가 가려워서 자기의 사욕을 따를 스승을 많이 두고 또 그 귀를 진리에서 돌이켜 허탄한 이야기를 따르리라 **딤후 4:3-4**

인간은 사회성을 지니고 태어났다. 하나님께서 그렇게 창조하셨다. 친구를 사귀는 것은 좋은 일이다. 다른 사람과 조화를 이루는 삶, 또 서로 돕고 살아가는 모습은 아름답다. 하지만 마귀는 긍정적인 면을 '극단'으로 몰아서 단점으로 변질시킨다. 이것이 그의 장기다. 사회성의 계발은 긍정적이지만 '비진리'(非眞理)와 타협하면서까지 인간관계를 지킬 필요는 없다. 하지만 대부분의 사람은 관계의 와해를 두려워하기 때문에 적정선에서 타협한다. '모든' 사람과 좋은 관계를 유지하기 위해, 또 그들과 마찰을 빚지 않기 위해 거짓의 영과 타협하는 것이다. "모든 사람이 그 길을 걷는다. 마찰을 빚지 않으려면 나 역시 그 길을 걸어야 한다. 그 길이 진리의 길인지는 별로 중요하지 않다"-이것이 이 시대의 구호가 되었다. 하지만 시대의 조류를 타고 흘러가다 보면 언젠가 깊은 구덩이 속으로 빠질 것이다.

제자의 길(즉, 제자가 되기 위한 여정) 중 가장 어려운 과정 하나를 꼽자면 '하나님의 부르심을 듣고 무리를 이탈하는 과정' 이리라. 신약성경에서 '교회'로 번역된 헬라어는 '에클레시아' 다. 이 단어의 사전적 의미는 '부름 받아 무리를 이탈한 사람들, 구별된 사람들' 이다. 그러므로 여기에는 다음의 뜻까지 내포되어 있다: "당신이 부르심 받은 제자라면, 언젠가 홀로 서야 할 날이 올 것이다."

당신의 길이 싫어서 친구들은 당신 곁을 떠날 것이다. 언젠가는 당신 홀로 남겨질 날이 올 것이다. 그러므로 제자라면 언제든지 친구들이 떠날 수 있다는 점을 인식하고 마음으로 준비해야 한다. 기꺼이 그 시간을 감내할 줄 알아야 한다. 하지만 주님께서는 자신의 제자들에게 복을 주시고 또 그들의 여정을 다지기 위해 믿음의 친구들을 보내주신다. 참된 제자라면 이러한 사실을 믿어야 한다. 제자는 정체성이 뚜렷한 사람이다. 당신이 주님의 제자라면 자신이 누구인지, 또 누구의 소유인지를 항상 기억해야 한다.

사도 요한은 이렇게 말했다. "너희는 거룩하신 자에게서 기름 부음을 받고 모든 것을 아느니라"(요일 2:20). 이 기름 부음을 통해 당신은 진리를 알게 될 것이다. 당신이 깨닫게 될 진리 중 하나는 하나님께서 자신의 뜻대로 당신을 성별(거룩한 구별)하셨다는 점이다.

당신은 하나님의 부르심에 따라 '무리'에서 구별되었고 또 기름 부음을 받았다. 그런데 사탄은 당신에게 임한 기름 부음을 혐오한다. 그래서 당신의 기름 부음을 공격한다. 이후에 사탄은 당신을 부추겨 다른 사람에게 임한 기름 부음을 공격하게 만든다. 사탄의 공격 양상은 다음과 같다: 먼저는 당신에 대한 진리를 왜곡한다. 그런 후에 당신의 손을 맞잡고 다른 사람에 대한 진리를 왜곡한다.

우리는 하나님의 부르심을 받아 무리를 이탈한 사람들이지만, 그 무리를 적대시하면 안 된다. 이러한 이유 때문에 중심을 잘 잡아야 한다. 사람들에게서 이탈했지만 그들을 적으로 삼고 공격해서는 안 된다. 사람들과 어울려 조화를 이루어야 하지만 맹목적으로 그들을 따라서도 안 된다. 어느 한쪽으로 치우치든지 이는 사탄의 승리다.

옛 원수 사탄을 대적하려면 진리의 성령님을 붙들어야 한다. 그분이 주시는 온전한 보호가 있어야 싸움을 전개할 수 있다. 사탄은 세상 사람들의 눈을 가려 진리를 못 보게 만들거나 그들의 눈을 열어 왜곡된 진리만을 보게 만든다. 이처럼 자신의 목적을 위해 달리고 또 달려도 그는 지친 기색이 없다. 마지막 날까지 사탄을 대적하고 견고히 서고자 한다면 하나님의 전신 갑주를 입으라.

> 끝으로 너희가 주 안에서와 그 힘의 능력으로 강건하여지고 마귀의 간계를 능히 대적하기 위하여 하나님의 전신 갑주를 입으라 우리의 씨름은 혈과 육을 상대하는 것이 아니요 통치자들과 권세들과 이 어둠의 세상 주관자들과 하늘에 있는 악의 영들을 상대함이라 엡 6:10-12

전신 갑주를 구성하는 일곱 부품 중 첫 번째가 '진리의 허리띠'임을 아는가? 우리의 삶과 사역, 가정과 교회에서 진리의 성령이 얼마나 중요한 역할을 하시는지 알려주는 단서가 아닌가 생각해본다. 전신 갑주의 모든 부품이 '진리의 허리띠'에 달려 있다. 하나님의 말씀이 사실인지 아닌지 확신이 안 선다면 나머지 갑옷은 입으나마나 하다. 하나님의 약속은 진리다. 그분은 결코 우리를 무방비 상태로 내버려두지 않으신다. 하나님께서 우리에게 진리의 성령을 보내셨다. 우리는 진리 없이는 일어설 수조차 없다. 하나님도 이를 아시기 때문에 진리의 성령을 보내주신 것이다.

거짓의 영을 상대하려면 여러 사람이 합심해야 한다. 그는 거짓의 첨단을 달리는 영이다. 그를 대적하기 위해 성도들이 마음을 합하여 함께 일어서는 것이 중요하다. 목회자나 그룹의 리더가 진리를 붙들고 일어서서 거짓의 영을 대적하려 할 때, 당신의 전폭적인 지지가 필요하다. 합심할 때에만 싸움에서 승리할 수 있다. 진리의 성령님께서 도우시고, 성도가 합심하여 진리를 붙들 때 그 끔찍한 거짓의 영을 내쫓을 수 있다. 기억하라. 이것은 삶과 죽음의 문제다. 거짓의 영을 쫓아내지 못하면 원수는 자신의 목표를 완수할 것이다: 실제로 당신을 죽일 수도 있다! 거짓의 영에 따라 마음껏 술수를 부렸던 발람의 최후를 기억하는가? 거짓의 영 때문에 죽음을 맞이한 발람처럼 당신 역시 죽음을 맞을 수도 있다. 그러므로 거짓의 영을 쫓아내라. 연합하여 그를 상대하라.

아직도 발람의 이야기에서 더 배울 것이 있다.

> 이스라엘 자손이 그들을 살륙하는 중에 브올의 아들 점술가 발람도 칼날로 죽였더라 수 13:22

발람을 상대한 것은 개인이 아니라 '이스라엘 자손'이었다. 그들이 합심하여 발람을 처치한 것이다! 한마음으로 연합하여 거짓의 영을 축출하고자 할 때에만 가능한 일이다.

아주 오래전에 성경에 언급되었지만 이 사악한 영은 사라지지도 죽지도 않는다. 발람이라는 인물 역시 느헤미야, 미가, 베드로후서, 유다서, 그리고 요한계시록에 다시금 거명된다. 그러므로 발람의 일화는 오늘날과 아무런 상관없는, '옛날 옛적 이야기'가 아니다. 발람의 영(거짓의 영)은 지금도 살아서 역사하고 있다. 세상은 물론 교회에서도 활발히 움직이고 있다. 모세의 때처럼 지금도 여전히 교활하다. 파괴적이다. 그러므로 당신은 거짓의 영을 대적해야 한다.

하나님을 기쁘게 해드리려면 진리에 충성하라!

사도 요한은 세 번째 서신(요한삼서)에서 진리에 충성할 것을 거듭 강조했다. "진리 안에서 행하라. 진리 안에서 행하라. 진리 안에서 행하라."

> 형제들이 와서 네게 있는 진리를 증언하되 네가 진리 안에서 행한다 하니 내가 심히 기뻐하노라 내가 내 자녀들이 진리 안에서 행한다 함을 듣는 것보다 더 기쁜 일이 없도다 요삼 1:3-4

성도들의 충성에 요한의 마음이 이 정도로 기뻤다면 주님의 기쁨은 얼마나 더했겠는가? 언젠가 우리가 모두 주님에게 이 말씀을 듣게 되기를 바란다: "잘하였도다! 착하고 충성된 종아 네가 적은 일에 충성하였으매 내가 많은 것을 네게 맡기리니 네 주인의 즐거움에 참여할지어다" (마 25:21, 23).

그런데 당신은 어떠한가? 나중에 이런 칭찬을 듣기 위해서 지금 당장 그 대가를 치를 준비가 되어 있는가? 친구를 잃는 것이 그 '대가'여도 상관없는가? 심지어 가족과 멀어지는 것이 그 대가라 하더라도? 사업상 계약을 체결하지 못해도, 영업 이익에 손실이 생겨도 진리에 충성할 수 있는가? 아니면 발람과 같이 기회주의자로서 살아갈 것인가? 이 세상의 이(利)를 위하여 어느 정도 타협하며 진리를 내팽개칠 것인가?

다른 사람에게 인정받는 것, 아니면 하나님의 인정을 받는 것 중에 당신은 어느 것이 더 중요한가? 우리는 모두 이 질문에 대답해야만 한다. 그리고 이 질문에 대한 답은 우리의 생과 사를 결정지을 것이다. 바울은 디모데에게 강권했다: "너는 하나님의 인정을 받기 위해 최선을 다하라!"

> 너는 진리의 말씀을 옳게 분별하며 부끄러울 것이 없는 일꾼으로 인정된 자로 자신을 하나님 앞에 드리기를 힘쓰라 딤후 2:15

바울은 디모데에게 그리고 오늘을 살아가는 예수님의 모든 제자에게 권면한다: "하나님을 기쁘시게 하려면 진리의 말씀을 옳게 분별해야 한다." 이는 모든 교사, 부모, 리더가 반드시 해야 할 일이다. 물론 우리는 사람들을 가르칠 수 있고, 훈계할 수도 있고, 또 그들을 위해 기도해줄 수도 있다. 하지만 최종 결정은 각자가 내려야 한다. 당신은 진리를 위해 설 수 있는가? 진리의 성령을 따를 것인가, 아니면 거짓의 영을 따를 것인가?

바로 지금이 영적 전투 기술을 개발할 때다. 이 훈련소에서 열심히 연습하기 바란다. 총알이 빗발치기 시작하면 때는 이미 늦었다.

"그날 이후"(Left Behind)라는 영화에서 주인공 레이포드(Rayford)는 평상시처럼 일을 마치고 귀가했다. 그런데 아내와 아들이 사라지고 없었다. 뉴스를 들어보니 그처럼 사라진 사람의 수가 수백만에 달했다. 그의 딸은 집에서 멀리 떨어진 대학에 다니고 있었기에 딸아이의 소식은 알 수가 없었다. 순간 레이포드는 좌절과 분노의 감정에 휩싸였다. 그는 침실로 들어가 닥치는 대로 물건들을 집어던지기 시작했다. 아내의 성경책을 들어 거울을 향해 던졌다. 이내 거울은 수백만 조각으로 산산이 부서졌다. 분노가 사그라질 즈음, 그는 바닥에 떨어진 성경책을 다시 집어 들었다. 표지에 묻은 유리 파편을 손으로 닦아냈다. 그리고 첫 페이지를 열었다. 창세기 1장 1절. "태초에…" 그는 잠시 멈추어 생각하더니 오열하는 목소리로 말했다. "지금 시작하기에는 너무 늦었어! 너무 늦었다고!"

전쟁의 한복판, 총알이 빗발치는 현장에서 '이제 성경 읽기를 시작해야지!' 라고 다짐하려는가? 너무 늦었다. 그러므로 전쟁이 거세어지기 전에 지금 당장 시작하라. 검술을 배워 전쟁을 준비하라. 배울 수 있는 시간은 지금뿐이다.

기억하는가? 성령의 검은 하나님의 말씀이다. 영적 전쟁을 준비하는 마음으로 강력한 하나님의 말씀을 연구한다면 당신은 이미 검술 훈련에 들어간 것이다. 말씀을 암송하고 마음속에 각인하는 작업은 칼날을 날카롭게 유지하는 준비 과정과 같다.

말씀의 검을 빼들고 작은 유혹부터 잘라내기 시작해보라. 어느 정도 훈련된 후에는 큰 유혹들을 물리칠 수 있다. TV를 시청하는데 갑자기 적절하지 못한 장면이 나온다고 판단된다면, 당장 TV를 끄기 바란다. 친구가 어떤 장소에 함께 갈 것을 청했는데, 당신의 마음에 거리낌이 있다면 그곳은 분명 부적절한 장소일 것이다. 그의 제안을 거절하라! 기억하라. 당신은 혼자가 아니다. 하나님께서 당신과 함께하신다. 당신을 위해 보혜사를 보내주셨다. 날마다 진리의 성령님께서 당신을 인도해주시기를 간구하라.

예수님께서 하신 말씀을 기억하는가? "내가 진리의 성령을 보내리니 그가 영원토록 너희와 함께 할 것이다." 이런 이유로 나는 매일 아침, 성령님께서 내게 주실 말씀을 기대한다. 하루 일과를 시작하기 전에 어떻게 하나님을 기쁘게 해드릴 수 있을지 성령님께 묻는다. 어떻게 해야 예수님을 송축할 수 있는지, 또 어떻게 해야 성령님께 근심을 끼쳐드리지 않을 수 있는지 항상 묻는다. 성령님은 놀라우신 분이다. 놀랍고 강력한 진리의 영이 우리와 함께하신다. 영원토록! 전투 준비 태세를 갖추기 원하는가? 성령님과 동행하라. 그분과 동행하는 방법을 배우라.

참된 용사의 핵심 역량은 그가 항상 전투 준비 태세를 갖출 수 있다는 데 있다. 그러므로 성령의 인도를 따르는 것이야말로 참된 용사의 핵심 경쟁력이다. 지금 전투 준비 태세를 갖추라. 영원토록 전투태세를 유지하라. 결코 늦추지 마라.

진리의 성령을
구하는 기도

하나님 아버지! 이 시간 간구하오니 우리의 마음에 성령과의 동행을 갈망하는 열정을 부어주옵소서. 이 열정을 우리에게 주시니 감사드립니다. 또한 진리의 성령을 보내주셔서 감사합니다. 지금 우리의 귀를 여시고 성령님이 하시는 말씀을 듣게 하옵소서. 하나님, 우리를 도우시사 날마다 전신 갑주를 입혀주시고, 굳건히 일어설 수 있도록 인도하소서. 모든 싸움을 다 싸운 후(심지어 온 세상이 우리를 대적하게 되더라도), 마지막까지 주님을 위해 일어서기 원합니다. 진리를 위하여 담대히 서기 원합니다. 발람의 영, 곧 거짓의 영을 대적하며 주님 편에 영원토록 서기 원합니다. 아버지 하나님, 우리를 도우소서. 우리가 여기 있사오니 우리를 써주소서. 주님께 우리의 영과 혼과 육을 드립니다. 하나님께서 받으옵소서.

주님의 말씀을 의지하여 악한 원수를 대적합니다. 진리 안에서 주님과 함께 거할 때 악한 영은 자신이 저지른 모든 일을 챙겨서 저 멀리 도망칠 것입니다. 메시아이신 주 예수님의 이름으로 기도합니다. 아멘, 아멘!

A Warrior's Guide To
THE SEVEN SPIRITS OF GOD

3과

성결의 영

The Spirit of Holiness

A Warrior's Guide To

THE SEVEN SPIRITS OF GOD

PART 1: BASIC TRAINING

3과
/
성결의 영

　군대 조직에서 승급 여부를 결정하는 심사는 비교적 일찍 시작된다. 자대에 배치를 받을 때부터 심사에 들어가는데 특별한 경우를 제외하면 승급 심사는 상, 벌점 시스템으로 진행된다. 이 시스템에 의해 군인들은 리더의 자리에 오른다. 엄밀히 말하자면 군대 조직에서 리더가 되는 과정은 수동적이다. 리더를 자처해서 승급되는 경우는 없다.
　어떤 조직에서는 특정인에게 리더 자리를 제안한다. 제안을 받은 사람은 이를 봉사의 기회로 삼고 조직의 구성원들을 섬긴다.
　반면에 어떤 사람은 자신이 속한 조직 내에서 리더임을 자처한다. 그들은 지위를 이용하여 자신의 이기적 욕망을 채우려 한다. 이미 조직원들 위에 군림할 준비가 되어 있다.
　우리는 위에 언급한 세 가지 부류의 리더를 모두 경험해보았다. 시스템에 의한 리더, 제안받은 리더, 스스로를 지도자로 천거하는 리더. 그래서 리더를 선택하는 위의 세 가지 방법 중 가장 바람직한 방법에 대해 저마다 나름의 견해를 갖고 있을 것이다.

오래전에 군목으로 복무했던 때의 일이다. 나이 어린 이등병 한 명이 나를 찾아와 상담을 의뢰했다. 당시에 그는 엄청난 스트레스를 받고 있었다. 겉으로도 멀쩡해 보이지 않을 만큼 극심한 스트레스였다. 무엇이 문제였는지 물어보았다. 그랬더니 자신의 상급자 한 명이 스스로를 '위대한 리더'로 착각하고 망상에 빠진 나머지 자신의 지위를 남용한다는 것이다. 나는 '세 번째 스타일의 리더겠군' 생각하면서 그의 이야기를 계속 들었다. 이 가련한 이등병은 그의 명령대로 그의 전투화를 닦았고 또 침상 정리도 대신 해주었다. 상급자의 명령이기 때문에 응당 그렇게 해야 한다고 생각했다고 했다.

나는 그 어린 병사에게 물었다. "자네에게 이런 일을 시킨 군인의 계급은 무엇인가?" 그의 대답을 듣고 웃음을 참느라 곤욕을 치렀다. 자기보다 하루 먼저 들어온 이등병이라고 했다. "세상에나! 이등병들도 입대 날짜로 누가 선임인지를 따지는구나!" 새삼 놀라웠다. 나는 그 어린 이등병의 근심을 단방에 해소해주었다. "자네에게 여타의 임무를 부과할 수 있는 사람은 오직 자네가 속한 지휘 통제 체계의 상위 부사관들과 장교들뿐이라네. 그것도 군법으로 제한한 임무만 부과할 수 있다는 사실을 잊지 말게." 그는 내 설명을 듣고 편안한 마음으로 돌아갔다.

모세는 가시방석 같은 딜레마에 빠졌다. 자신은 원하지 않았으나 하나님께서 그를 지도자로 세우셨기 때문이다. 리더 자리를 받아들일 수 없다며 저항도 해보았고 그럴 만한 이유를 들어 거부 의사를 피력해보았지만 하나님의 결정을 되돌리기에는 역부족이었다.

반면에 고라와 다단과 아비람은 권력을 탐하는 사람들이었다. 그들은 모세의 자리에 오르고 싶어 안달이 났다. 이들의 반역 기사가 기록된 부분을 읽으면 교회의 리더십에 대한 여러 가지 교훈을 얻을 수 있다: 무엇보다 권력욕의 추한 면모를 분별할 수 있는 통찰을 얻게 된다. 또한 하나님의 부르심과 기름 부음에 반기를 들면 어떤 최후를 맞게 되는지에 대해서도 배울 수 있다.

삼 주차 훈련은 젊은이들, 특히 십대 청소년들에게 중점을 두었다. 그들은 매일같이 치열한 영적 전쟁터로 내몰린다. 그곳에서 수많은 청소년이 원수의 꾐에 넘어가고 만다. 어떤 아이들은 인성교육보다 정치적인 사안을 더 중요하게 가르치는 교사들에게 속는다. 또래집단의 압력에 못 이겨 원치 않는 반항 행위를 하고, 친구들의 협박 때문에 술과 마약을 경험하기도 한다. 게다가 지금 이 사회에서는 술과 마약을 너무도 쉽게 구할 수 있으니 그들은 사회로부터도 속임을 당하는 셈이다. 몇 년 전만 해도 이 세상은 십대 청소년들에게 비교적 안전한 장소였다. 그러나 지금, 이 시대의 청소년들은 자신도 모르게 전쟁터로 끌려 나간다. 영적 전투법은 교과서에 나오지 않으니 실전을 통해 배워야 한다. 끝없는 원수의 공격에서 살아남으려면 길거리에서 습득한 지혜라도 계발해야만 한다.

기독 청소년들은 매일같이 딜레마를 경험한다: 불결한 곳에 살면서 순전해야 하고 또 거룩해야 한다. 이 딜레마의 해답은 "하나님을 위해 스스로를 성별해야 한다"는 자의식이다. 학교에서는 하나님의 존재를 부인하는 진화가설(假說)이 진화론(論)으로 둔갑하여 학생들에게 가르쳐진다. 날마다 진화가설의 계승자 수를 늘리려는 교사들의 협박에 우리의 청소년들이 신음하고 있다. 또래집단의 압력에 못 이겨 대중문화를 신봉하는 아이들, 약물남용, 폭력, 부도덕 등에 발목이 붙잡힌 아이들로 거리는 넘쳐난다. 청소년들에게는 우리의 도움이 필요하다. 우리는 그들을 위해 기도해야 한다. 우리의 지혜는 이 험한 바다를 항해하는 십대 청소년들에게 나침반이 될 수도 있다. 그들이 처한 상황은 이 가이드북의 주제와 흡사하지 않은가? "원하든지 원하지 않든지 우리는 영적 전쟁 중이다."

우리의 십대 청소년들이 안고 있는 문제들, 그들에게 닥친 위험들은 참으로 심각하다. 그렇기에 교회의 역할이 더욱 중요해진다. 교회는 시간을 내어 그들의 말을 들어주어야 한다. 그들을 이해해주어야 한다. 매일의 전쟁을 잘 치를 수 있도록 도와주어야 한다.

사탄은 우리 각 사람을 상대로 계속 전쟁을 선포한다. 특히 우리의 자녀 세대를 훔치고, 그들에게서 소망과 미래의 꿈을 빼앗고자 노력한다. 결국 주님을 위해 헌신하고자 하는 그들의 소명까지 파괴한다. 일찍이 예수님은 사탄의 목적을 명시하셨다. 당신이 원하지 않더라도 사탄은 당신에게 달려들 것이다. 사탄과의 싸움을 좋아하든 싫어하든 상관없다. 그는 이미 생사를 건 싸움을 시작했다. 원하지 않아도 당신은 이 싸움을 싸워야 한다. 그러므로 예수님의 말씀에 집중하라.

> 도둑이 오는 것은 도둑질하고 죽이고 멸망시키려는 것뿐이요 내가 온 것은 양으로 생명을 얻게 하고 더 풍성히 얻게 하려는 것이라 요 10:10

이 싸움에서 살아남으려면 무엇보다 먼저 전투 기술을 배우라. 이를 위해 훈련받아야 하고, 깨어 있어야 하며, 언제든지 실전에 투입될 만큼의 준비 태세를 갖춰야 한다. 그렇다면 당신은 영적으로 민감해야 한다. 전쟁 관련 정보를 늘 귀담아 들으라.

그뿐만 아니라 자녀 세대를 훈련하는 교관이 되어야 한다. 그들에게는 믿음의 선한 싸움을 가르쳐줄 만한 성숙한 그리스도인이 필요하다. 우리는 모두 싸움을 가르치는 훈련대장이 되어야 한다. 하지만 하나님의 사랑과 은혜를 베풀 줄 아는 사랑의 통로도 되어야 한다.

우리의 자녀들은 그리스도의 몸을 구성하는 온전한 지체로 성장해야 한다. 그들이야말로 마지막 날 주님을 위해 용감히 싸울 영적 군대이기 때문이다.

토머스 제퍼슨(Thomas Jefferson)은 이렇게 말했다. "영원토록 경계 태세를 취하는 것-이것이 자유를 얻기 위해 치러야 할 대가다." 자유에 대한 제퍼슨의 명언은 온 세대가 경험을 통해 직접 배워야 하는 교훈이라고 생각한다. 나는 이 교훈이 세대에서 세대로 이어져 내려가기를 소망한다. 우리 세대가 자녀 세대에게 이 가르침을 전수하기를 소망한다. 제발 우리의 자녀 세대만큼은 무방비 상태로 사탄의 공격을 당해 끔찍한 대가를 치르지 않기를 바란다. 원수의 아군 진영 침투를 허용하여 엄청난 피해를 겪는 일이 없었으면 한다.

베드로는 닭이 두 번 울었을 때, 예수님께서 자신에게 주셨던 경고의 말씀을 기억해냈다. 그러나 이미 늦었다. 물론 그 사건 이후에 주님은 그를 회복시키셨다. 하지만 그 사건의 충격이 얼마나 컸던지 베드로는 그때 배운 교훈을 잊지 않았다.

> 근신하라 깨어라 너희 대적 마귀가 우는 사자 같이 두루 다니며 삼킬 자를 찾나니 벧전 5:8

위의 말씀을 자세히 살펴보라. 마귀는 '사자'가 아니다. 단지 '사자처럼' 행동하는 것뿐이다. 사탄은 무서운 사자처럼 스스로를 꾸며낸다! 자신의 정체를 감추고 사람들을 속인다. 하지만 당신이 마귀를 사자로 인식하고 두려워하기 시작한다면, 그것은 그를 향해 마음의 문을 열어놓는 것과 같다. 마귀는 당신에게 침투하여 다양한 공격을 시도할 것이다. 성경이 말하는 참된 사자는 유다 지파의 사자이신 예수 그리스도뿐이다. 유다 지파의 사자가 십자가에서 원수를 무찌르셨다.

예수님이 체포되시던 밤에 마귀는 베드로를 농락했다. 하지만 다음 날 십자가에서 예수님은 사탄을 패배시키셨다. 그러므로 당신은 농락당하지 않을 수 있다. 근신하고 깨어 있으라!

그날 밤, 베드로는 원수와 대면했다. 하지만 자신이 아직 싸울 준비가 되지 않았음을 너무 늦게 깨달았다. 따라서 믿음의 자리에 공포가 엄습해왔다. 두려움에 짓눌려 가장 약해진 순간, 베드로는 이렇게 말할 수밖에 없었다. "나는 그를 도무지 알지 못하노라." 바로 그 순간 베드로는 주님이 하셨던 말씀을 기억했을 것이다.

> 누구든지 사람 앞에서 나를 시인하면 나도 하늘에 계신 내 아버지 앞에서 그를 시인할 것이요 누구든지 사람 앞에서 나를 부인하면 나도 하늘에 계신 내 아버지 앞에서 그를 부인하리라 마 10:32-33

동일한 내용의 말씀이 다른 복음서에는 "내가 또한 너희에게 말하노니 누구든지 사람 앞에서 나를 시인하면 인자도 하나님의 사자들 앞에서 그를 시인할 것이요 사람 앞에서 나를 부인하는 자는 하나님의 사자들 앞에서 부인을 당하리라"(눅 12:8-9)로 기록되어 있다.

베드로가 치러야 했던 대가를 치르고 싶지 않다면, 원수의 속임수에 넘어가지 않아야 한다. 마귀는 사자가 아니다. 그는 이미 패배한 적군일 뿐이다. 그의 거짓말을 믿지도, 그의 속임수에 넘어가지도 마라. 사탄에게는 인간에게서 건네받은 능력밖에 없다(눅 4:6). 그러므로 그의 거짓말에 귀 기울이지 마라. 대신 하나님의 말씀을 들으라.

> 네가 사자와 독사를 밟으며 젊은 사자와 뱀을 발로 누르리로다 하나님이 이르시되 그가 나를 사랑한즉 내가 그를 건지리라 그가 내 이름을 안즉 내가 그를 높이리라 그가 내게 간구하리니 내가 그에게 응답하리라 그들이 환난 당할 때에 내가 그와 함께 하여 그를 건지고 영화롭게 하리라 내가 그를 장수하게 함으로 그를 만족하게 하며 나의 구원을 그에게 보이리라 하시도다 시 91:13-16

누가 당신 편인지 기억하라! 항상 당신을 위해 싸우시는 분을 기억하라! 형제보다 더 가까이 계신 분, 항상 당신 곁에 계신 분이 누구인지 기억하라! 전쟁이 일어나면 당신은 아군부터 확인해야 한다. 내 편이 누군지, 또 전쟁의 포화 속에서 누구를 의지할 수 있는지 확인해야 할 것이다.

자녀들은 자신의 부모, 조부모, 그리고 온 교회가 곁에 있다는 사실을 알아야 한다. 가족과 온 교회 성도가 자신을 위해 기도한다는 점을, 자신을 후원하고 지지한다는 점을 알아야 한다. 그뿐만이 아니다. 우리는 십대들에게 예수님을 전해야 한다. 큰 도움을 주실 분, 예수 그리스도가 그들 곁에 계심을 알려야 한다.

하나님이야말로 환난 중에 의지할 수 있는 분이다. 하나님만큼 도움이 되는 아군은 없다. 시편 91편의 말씀을 공부하고, 암송하고, 마음에 담아두기를 권면한다. 이 말씀은 '용사의 시' 라는 부제가 붙어 있다. 특히 13-16절을 주의 깊게 살펴보라. 이 구절에 나오는 약속의 말씀은 당신 편에 얼마나 강력한 아군이 있는지를 알려준다.

하나님께서는 당신이 혈기 왕성한 사자까지도 밟게 되리라고 말씀하신다. 그리스도 안에 있는 모든 청년은 결국 사자와 독사를 밟게 될 것이다. 에덴에서 하나님은 선포하셨다. "여자의 후손이 뱀의 머리를 밟을 것이다!" 이제 당신은 하나님께서 하와에게 주신 이 약속의 말씀에 동참하게 될 것이다.

시편 91편의 말씀을 다시 한 번 묵상하기 바란다. 하나님이 당신을 구해주시는 이유는 무엇인가? 당신이 하나님을 사랑하기 때문이다(시 91:14). 현재 곤경에 처했거나 어려움을 겪고 있는가? 그렇다면 한 가지만 하라. 하나님을 인정하고 그분을 사랑하라! 누군가 당신을 해하려 하는가? 그래서 위협을 받고 있는가? 오직 한마디만 외치라. "예수님!" 당신이 예수님을 인정할 때, 당신을 둘러싼 상황과 환경이 변할 것이다.

하나님의 놀라운 능력이 어려운 상황을 바꿔 당신에게 유리한 방향으로 이끌어갈 것이다. 하나님은 이렇게 약속하셨다. "네가 나를 부르면 내가 네게 응답하리라!" 약속대로 하나님은 당신 곁에 계신다. 당신을 구원하시고, 당신을 높이시며, 당신에게 장수의 복을 주실 것이다. 하나님은 결코 당신을 무방비 상태로 내버려두지 않으신다. 이미 당신의 손에 전쟁 무기를 쥐여주셨다.

당신은 하나님께서 행하실 일을 신뢰해도 된다. 이미 그 계획을 문서로 남기셨다. 장차 그분이 행하실 일을 바라보며, 계획서의 내용과 비교하기만 하면 된다. 하나님의 작전 계획은 수 세기에 걸쳐 문서화되었다. 우리는 그것을 '성경'이라고 부른다. 성경은 강력한 무기다. 하나님의 말씀은 성령의 검이다. 하나님의 말씀을 읽고 연구하면 그 말씀이 우리의 마음에 각인된다. 언제든지 필요할 때마다 우리는 각인된 말씀을 꺼내 사용할 수 있다. 광야에서 사탄과 대면하셨을 때, 예수님은 마음에 각인된 말씀을 꺼내셨다. 단 세 번, 말씀의 검으로 사탄을 찌르셨다. 그랬더니 사탄은 이길 수 없음을 깨닫고 예수님 곁을 떠났다. 이후에 사탄은 적절한 공격 기회가 찾아오리라 생각하고 기다렸다. 어리석게도 예수님의 마음에 각인된 말씀의 검이 무뎌지거나, 혹은 예수님께서 전투 준비 태세를 늦추실 때가 도래하리라고 기대했던 모양이다. 야고보서 4장 7절의 말씀을 기억하는가? "그런즉 너희는 하나님께 복종할지어다 마귀를 대적하라 그리하면 너희를 피하리라." 당신이 해야 할 한 가지 일은 마귀를 대적하는 것이다. 그러면 마귀는 당신에게서 도망칠 것이다.

말씀의 검 외에도 주님께서는 아주 강력한 전쟁 무기들을 공급해주셨다. 이 가이드북의 주제 성구를 다시 한 번 읽어보자.

내가 또 보니 보좌와 네 생물과 장로들 사이에 한 어린 양이 서 있는

데 일찍이 죽임을 당한 것 같더라 그에게 일곱 뿔과 일곱 눈이 있으니 이 눈들은 온 땅에 보내심을 받은 하나님의 일곱 영이더라 계 5:6

하나님께서 당신과 당신의 자녀 세대를 위해 일곱 영을 보내셨다. 당신은 이 말씀을 자녀들에게 가르치라. 아이들의 마음과 삶 속에 이 말씀이 각인될 때까지 반복해서 선포하라. 그들에게도 '일곱 영'이라는 강력한 무기가 허락되었다. 하지만 그들이 효과적인 전사로 거듭나려면 먼저 무기의 사용법부터 알아야 한다. 그들에게 사용법을 가르치라.

잠시 복습해보자. 앞선 두 과에서는 일곱 영 중, 두 영에 대해서 배웠다. 먼저는 지혜와 계시의 영을 배웠는데, 누가 이 영을 대적하는가? 그렇다. 이세벨의 영이다. 다음으로는 진리의 영과 그의 사역에 대해 깊이 다루었다. 누가 진리의 영을 대적하는가? 그렇다. 발람의 영 혹은 거짓의 영이다.

이 과에서는 성결의 영에 대해 배울 것이다. 수많은 성경 번역가가 이 일곱 영을 성령의 다양한 면모로 이해했다. 그래서 대문자 'S'의 Spirit을 사용하여 번역했다. 바울은 로마로 보낸 서신(로마서)에서 성결의 영에 대해 이야기했다.

> 예수 그리스도의 종 바울은 사도로 부르심을 받아 하나님의 복음을 위하여 택정함을 입었으니 이 복음은 하나님이 선지자들을 통하여 그의 아들에 관하여 성경에 미리 약속하신 것이라 그의 아들에 관하여 말하면 육신으로는 다윗의 혈통에서 나셨고 성결의 영으로는 죽은 자들 가운데서 부활하사 능력으로 하나님의 아들로 선포되셨으니 곧 우리 주 예수 그리스도시니라 롬 1:1-4

이 구절에 의하면 성결의 영 역시 강력하다. 바울은 '성결의 영'과

'능력'을 불가분의 관계로 언급했다(Jesus Christ…declared to be the Son of God with power according to the Spirit of Holiness). 예수 그리스도를 죽음에서 일으킨 능력, 그를 하나님의 아들로 선포한 능력은 성결의 영이 지닌 능력이었다. 생각해보라. 누군가 사망해서 삼 일이나 지났는데, 그를 다시 살리려면 얼마나 큰 능력이 필요하겠는가? 예수님의 부활은 몸의 일부만 되살아나는 '소생'이 아니었다. 온몸의 각 부위가 제 기능을 다하는 '부활'이었다. 뇌 손상도 없었고 부패한 부위도 없었다. 부활의 능력은 실로 엄청난 힘이다. 이 모든 일은 성결의 영이 능력을 선포하셨을 때 일어났다.

성결의 개념을 이해하는 것은 매우 중요하다

성결의 의미에 대한 오해와 이로 인한 실수 때문인지, 많은 교회가 이 주제로 가르치는 것을 꺼린다. 하지만 다루기 어렵다고 해서 이 주제를 외면하면 문제가 해결되지 않는다. 이 주제와 관련하여 히브리서의 기자는 깜짝 놀랄 만한 기록을 남겼다.

> 모든 사람과 더불어 화평함과 거룩함을 따르라 이것이 없이는 아무도 주를 보지 못하리라 히 12:14

성결하지 않으면 주님을 볼 수 없다. 성결하지 않으면 주님을 기쁘게 해드릴 수 없다. 바울이 말한 그대로다. "육신에 있는 자들은 하나님을 기쁘시게 할 수 없느니라"(롬 8:8). 성결에 관하여 기억해야 할 중요한 점이 한 가지 더 있다. 의로운 일을 한다고 해서 성결을 얻거나 '거룩'의 경지에 도달하는 것은 아니다. 오직 예수님만이 성결의 원천이시다. "너희는 하나님으로부터 나서 그리스도 예수 안에 있고 예수는 하나님으로부터 나와서 우리에게 지혜와 의로움과 거룩함과 구원함이 되셨으니"(고전 1:30).

이 개념을 온전히 이해하려면 사전적 의미의 '성결'(거룩)과 성경이 말하는 '성결'(거룩)의 의미를 구분해야 한다. 먼저 웹스터 사전에서 '성결'(holiness)의 정의를 찾아보았다. 사전에 설명된 대로라면 성결은 '경건한 성품' 혹은 '교황에게 붙이는 칭호'다. 그러므로 holiness는 성경이 말하는 '성결'의 의미를 제대로 살리지 못한 번역이다. 구약성경은 히브리어로 기록되었는데, '성결'(holiness)로 번역된 히브리원어는 '카도쉬'(qadosh)다. 이 단어는 '특정한 목적에의 헌신', '특정 목적을 위한 구별'을 의미한다. 신약성경은 헬라어로 기록되었는데, '성결'(holiness)로 번역된 헬라원어는 '하기아소스'(hagiasos)이다. 이 단어는 '하나님을 위해 구별되다', '하나님의 몫으로 따로 떼어놓다'의 의미다.

많은 사람이 오해하는 부분인데, 성결은 '영혼의 질'(quality)을 의미하지 않는다. 내 영혼이 깨끗한지 아닌지의 문제가 아니라는 뜻이다. 성결은 내가 세상으로부터 구별되어 주님께 삶을 드렸는지의 문제다.

하나님의 몫으로 내 삶을 내어드린 상태가 '성결'이다. 자신의 삶을 하나님께 드렸기 때문에 성결한 사람은 더 이상 이 세상의 기준을 따라 살지 않는다. 당신이 성결한 사람이라면 당신은 주님을 위해 살아갈 것이다. 주님의 기준에 따라 살아갈 것이다. 이러한 변화가 일어났다면 당신은 더 이상 이 세상의 군중이 아니다. 세상의 흐름대로 따라가는 '많은 무리'에 속하지 않는다. 특별한 목적을 위해 성별(聖別)되었기 때문이다. 하지만 '성결'(거룩)하다고 해서 당신이 다른 사람보다 영적으로, 도덕적으로 우월한 것은 결코 아니다. 다만 하나님께서 그분의 목적을 위해 크신 은혜로 당신을 선택하신 것뿐이다.

성경을 보면 사람은 물론 장소, 사물, 심지어 날(day)까지 성결할 수 있음을 알 수 있다. 하지만 의미는 동일하다. 하나님의 특별한 목적 또는 하나님을 섬기는 일을 위해 따로 구별될 때만 '성결'할 수 있다. 성전이 성결(거룩)했다. 성전에서 사용된 금 기물이 성결(거룩)했다. 제사장들 역시 성결(거룩)했다. 안식일은 하나님께서 스스로를 위한 '휴식'의 날로 구별하셨다. 그래서 성결(거룩)하다. 이스라엘이라는 나라도 성결(거룩)하다. 하나님은 온 세상을 위한 복의 통로로서 이스라엘을 선택하시고 구별하셨다.

'성결'의 의미를 정의했으니 이제 이 단어를 오중 사역과 결부시켜 생각해보자. 오늘날 '성결'의 의미는 오중 사역의 직무와도 깊게 연관되는데 오중 사역자들은 하나님의 백성을 섬기도록 구별된 사람들이기 때문이다. 그들의 임무에 대해 바울이 말한 내용을 살펴보자.

> 그가 어떤 사람은 사도로 어떤 사람은 선지자로 어떤 사람은 복음 전하는 자로 어떤 사람은 목사와 교사로 삼으셨으니 이는 성도를 온전하게 하여 봉사의 일을 하게 하며 그리스도의 몸을 세우려 하심이라 우리가 다 하나님의 아들을 믿는 것과 아는 일에 하나가 되어 온전한 사람을 이루어 그리스도의 장성한 분량이 충만한 데까지 이르리니 엡 4:11-13

위의 구절에서 바울은 어떤 특별한 목적을 위해 따로 구별된 사람이 있다고 밝힌다. 성도를 섬기는 사역을 위해 구별되었을 때, 그들은 '주님께 성결'한 상태가 되었다. 그들 안에 순결, 선, 온전함, 의로움이 있어서가 아니다. 한 치의 실수도 없이 모든 일을 완벽히 수행해서가 아니다. 오직 하나님께서 그들을 구별하셨기 때문이다. 하나님께서 그분의 목적을 위해 그들에게 기름 부으시고, 그 일을 수행할 수 있도록 은사를 주셨기 때문에 그들이 '성결'한 것이다. 그들을 구분하신 분은 주님이

시다. 그러므로 그들을 성결케 하신 분 역시 주님이시다. 성결은 개인의 공로가 아니다.

그들이 성별된 이유는 '성도를 온전하게 하여 봉사의 일을 하게 하며'이다. 이것이 바로 제사장과 레위인이 해야 할 일이었다. 그들은 이스라엘 백성에게 하나님을 섬기는 법을 가르쳐야 했다. 이를 위해 하나님께서 그들을 구별하신 것이다. 물론 모든 레위인에게 동일한 임무가 주어진 것은 아니었다. 각자의 부르심은 다양했다. 제사장들의 직무도 서로 달랐다. 하지만 그들이 모두 성결하게 되었다는 점은 동일하다.

구약시대에는 하나님께서 제사장들을 구별하실 때 각 사람은 자신만의 고유한 임무를 부여받았다. 우리는 이를 신약시대에도 적용해볼 수 있다. 모든 성도가 사도로 부름 받은 것은 아니다. 모두 선지자인 것도 아니다. 제사장과 레위인과 마찬가지로 부르심은 우리의 '선택 사항'이 아니다. 우리는 하나님의 부르심을 자의로 결정할 수 없다. 기름 부음과 은사 역시 인간의 공로가 아니므로 만일 다른 사람에게 임한 기름 부음을 질투하거나 그들의 직무를 가로채려 한다면, 우리 역시 아론과 미리암처럼 심판받게 될지 모른다. 하나님이 주시는 복을 계속해서 누리기 원하는가? 다른 사람의 기름 부음을 넘보지 마라. 이 사실을 기억하기 바란다.

사람들을 구별하시는 하나님의 목적은 위의 말씀(엡 4:12)에 명확히 기록되어 있다. 바울은 이렇게 선포했다. "이는 성도를 온전하게 하여 봉사의 일을 하게 하며 그리스도의 몸을 세우려 하심이라." 하나님의 목적을 위해 구별되었으니 오중 사역자들은 '성결'하다. 이처럼 사람들을 구별하셔서 자신의 목적을 이루시는 분은 하나님이시다. 그러나 좀 더 구체적으로 말하자면 '성결의 영'이시다. 이를 이해하는 것이 중요하다.

하나님의 목적은 성도들을 통해 그리스도의 몸을 세우는 것이다. 그리스도께서는 머리이고 우리는 그분의 몸이다. 그렇다면 머리이신 주님께서는 어떤 몸을 원하시겠는가? 약하고, 아프고, 피곤하고, 망가진 몸을 원하실까? 아니다! 주님께서는 온전한 몸이 세워지기를 원하신다. 그래서 하나님은 그리스도의 몸 세우는 일을 사역자들에게 맡기셨다. 그들의 사역을 통해 예수님을 위한 건강한 몸이 세워지도록 말이다. 이것이 바로 오중 사역자들의 임무다.

다시 구약의 이야기로 돌아가 보자. 하나님께서는 그분의 목적을 위해 모세, 아론, 미리암을 구별하셨다. 각 사람은 하나님의 뜻에 따라 저마다 독특한 부르심과 기름 부음을 받았다. 모세는 지도자의 기름 부음을 받았다. 이것은 신약시대 사도의 기름 부음과 동등하다 할 수 있다. 아론은 주님을 섬기는 봉사 및 예법을 따른 제사장의 직무로 기름 부음 받았다. 이는 목사 혹은 교사의 기름 부음과 동등하다고 볼 수 있다. 미리암은 선지자의 기름 부음을 받았다. 그녀는 여 선지자로서 노래를 지어 백성에게 가르쳤다. 백성을 '예배'로 인도하는 워십 리더이기도 했다. 이렇게 각 사람은 특별한 목적에 따라 선택되고 구별되었다. 그러므로 하나님의 특별한 명령이 없으면 서로의 영역을 침범할 수 없었다. 하지만 잠깐이나마 아론과 미리암이 모세를 질투하여 그에게 임한 기름 부음을 가로채려 한 적이 있었다. 결과는 참담했다. 그들은 반역 행위에 대한 대가를 톡톡히 치러야 했다.

하나님은 이들 각 사람에게 놀라운 능력과 큰 은혜를 주셔서 맡은 바 임무를 수행하도록 지원해주셨다. 이스라엘 백성을 섬겨 '하나님 나라'로 만들라는 거룩한 부르심이었기에, 하나님의 지원이 절대적으로 필요했다.

하지만 하나님과 모세의 첫 대면을 기억하는가? "바로에게 가라"는 하나님의 명령을 듣고 모세는 주저했다. 자신이 그 일에 적합한 사람이 아니라고 생각했다. 그는 하나님께 되물었다. "제가 누구관데 이런 일을 하겠습니까?" 모세는 애굽에 대해 안 좋은 추억이 있었다. 애굽인을 살해한 뒤 광야로 도망쳤던 것이다. 이 일로 말미암아 그는 수배되었다. 아마 그의 목에 현상금까지 걸렸을지도 모른다. 이 사건이 있은 후 오랜 시간이 흐른 뒤에는 약간의 언어장애 증상도 보였다. 모세는 자신을 둘러싼 이 모든 악조건을 바라보았다. 그리고 스스로 부적격 판단을 내렸다. 심지어 성경은 이런 모세를 가리켜 '이 땅에서 가장 겸손한 사람'이라고 말할 정도였다(민 12:3 참조. "온유함이 지면의 모든 사람보다 더하더라").

그러나 하나님의 생각은 달랐다. 열 가지 재앙으로 애굽을 심판하심과 동시에 하나님은 모세를 다루셨다. 바로의 눈에 비친 모세의 모습은 마치 '신'과 흡사했다.

하나님은 모세를 통해 여러 가지 표적과 기사를 보여주심으로써 끈질기게 저항했던 바로를 심판하셨다. 결국 바로는 하나님의 뜻대로 이스라엘 백성을 내보낼 수밖에 없었다.

또한 하나님은 모세에게 큰 능력과 권위를 주셨다. 그가 홍해를 향해 지팡이를 내밀자 하나님은 바다를 가르셨다. 모세가 손을 높이 들자 이스라엘은 아말렉 원수를 무찌를 수 있었다. 또 그가 지팡이로 바위를 치자 물이 터져 나왔다. 이 모든 기사와 표적을 보며 이스라엘 백성은 하나님께서 모세를 구별하셨다는 사실을, 그가 주님께 '성결'한 사람임을 깨달을 수 있었다. 이 기름 부음은 매우 거룩하기 때문에 어떤 누구도 자의로 변개할 수 없다. 당신은 결코 다른 사람의 기름 부음을 가로챌 수 없다.

성결의 영을
대적하는 원수

하나님께서 그분의 특별한 목적에 따라 당신을 구별하고자 하실 때 성결의 영이 임할 것이다. 하나님은 그 목적을 완수할 수 있도록 당신에게 갖가지 영적 은사를 내려주실 것이다. 이러한 하나님의 뜻을 받아들인다면, 원수가 당신을 공격하기 시작할 것이다. 성결의 영이 임할 때마다 원수는 하나님의 일하심을 반대한다. 이를 위해 원수가 부리는 특정한 마귀가 있다는 사실을 주지하기 바란다.

성결의 영이 임하셔서 모세의 권위를 세우셨을 때, 옛 원수 사탄은 모세를 대적하도록 악한 영을 파송했다. 하나님께서는 모세에게 백성을 인도하는 능력을 주셨다. 그런데 사탄의 파송을 받은 마귀는 그의 능력과 권위를 저지하려고 했다. 마귀는 백성의 중간급 지도자 중에 성격에 결함이 있고 악한 영에 쉽게 유혹될 만한 사람을 선택했다. 그들은 하루 일찍 입대했다는 이유로 자신이 상급자임을 주장하며 권력을 과시했던 그 이등병과 같았다.

마귀의 공격에 넘어진 고라, 다단, 아비람, 온, 이렇게 네 명의 지도자가 모세의 권위에 반기를 들었다. 그들은 스스로를 '성결' 케 하고자 모세를 대적했다.

> 레위의 증손 고핫의 손자 이스할의 아들 고라와 르우벤 자손 엘리압의 아들 다단과 아비람과 벨렛의 아들 온이 당을 짓고 이스라엘 자손 총회에서 택함을 받은 자 곧 회중 가운데에서 이름 있는 지휘관 이백오십 명과 함께 일어나서 모세를 거스르니라 민 16:1-2

반역을 모의하는 사람은 자신의 목적을 이루기 위해 항상 주변 사람들을 동원한다. 이 무리의 우두머리가 '고라'였음은 명백하다. 그는 이러한 일을 수행하는 마귀와 동일시되어 신약성경에 '고라의 패역'(유 1:11)이라고 등장하기도 한다. 고라는 자신의 목적을 이루기 위해 이름 있는 가문 출신의 중간급 지도자들을 불러 모았다.

뜻을 공유한 네 명의 리더가 한자리에 모였다. 그들의 우두머리였던 고라는 성격에 결함이 있는 사람이었다. 그래서 자신처럼 성격에 문제가 많은 사람을 찾았다. 네 명 모두 자신에게 허락된 적이 없는 권위와 능력을 탐했다. 그들은 이른바 '성결하지 못한 욕심' 혹은 '불결한 정욕'의 소유자들이었다. 그들에게는 성숙한 리더로서의 자질이 없었다. 아마 하나님의 기름 부음도, 축복도 받지 못했음이 분명하다. 성숙한 리더라면 순종을 삶의 우선순위로 삼기 때문이다. 게다가 이들은 백성의 복지는 안중에도 없는 지도자들이었다. 다만 사악한 권력욕과 이기심에 쉽게 충동되는 소인배였을 뿐이었다.

'고라'에게 임했던 악령은 '반역의 영'이다. 오늘날에도 고라와 같은 성격 결함을 지닌 사람들은 고라가 했던 것과 동일한 일을 한다. 만일 주변에 이러한 사람들이 있다면 '고라의 영', '반역의 영'이 그들을 먹잇감으로 삼은 것이다. 반역의 영은 그들의 약점과 성격 결함을 악용하여 사탄의 뜻을 이루어간다. 그 영의 영향을 받은 사람들은 고라의 패거리들이 벌였던 짓을 그대로 답습한다.

사실 누가 밀어붙이는 것도 아닌데, 사람들은 계속해서 사탄의 함정에 걸려 넘어진다. 그러므로 사탄은 '게임 규칙'을 바꿀 필요가 없다. 열심히 교회 다니는 성도들을 지켜보아도 근신하여 깨어 있거나 사탄의 궤계를 분별하여 경계하는 것 같지는 않다. 아마 고라의 사건이 주는 교훈을 배우지 못해서일 것이다. 만일 교훈을 얻었다면 신속하게 문제를 진단하고 주님에게서 올바른 해결책을 얻어 사태를 진정시킬 수 있을 텐데, 안타깝게도 그들은 과거의 교훈을 철저히 외면한다.

사역자를 불만족스럽게 여기는 사람들 안에 종종 반역의 영이 도사리고 있음을 알 수 있다. 성숙한 성도라면 사역자에게 불만이 생길 때 그를 위해 중보하며 그에게 하나님의 도우심이 임하기를 기도할 것이다. 하지만 반역의 영에 유혹당한 성도들은 자신의 주변 사람들을 모아 반역을 공모한다. 아무리 참된 기름 부음을 따라 성도들을 섬기는 훌륭한 사역자라도 그들은 여전히 불신을 표하며 그를 벼랑 끝으로 몰아간다. 그러다가 뜻대로 일이 돌아가지 않으면 그들은 교회를 떠난다. 하지만 홀로 떠나는 법이 없다. 꼭 누군가를 꾀어 함께 떠나고자 안간힘을 다한다.

내가 개척했던 교회 중 한 곳에서 이러한 일이 발생했다. 어떤 남자 한 명이 사람들과 공모하더니 내게 불신을 표하며 교회를 떠났다. 차라리 일찍 떠났으면 좋았을 것을! 그들은 할 수 있는 한 시간을 끌며 갖은 폐를 다 끼친 후에 떠났다. 제발 당신은 반역의 영에 휘말리지 않도록 주의하라. 당신 편에 가담했던 사람들이 당신에게 등을 돌리는 일이 생길 수도 있다. 이처럼 반역의 영은 쉽게 해결되지 않는다.

이 남자에게 어떤 일이 일어났는지 궁금하지 않은가? 어느 날 그는 '뻔뻔한' 모습으로 나를 찾아왔다. 그의 눈에는 눈물이 주렁주렁 달려 있었지만 회개했기 때문이 아니었다. 그와 함께 교회를 떠났던 무리가 그를 배신했기 때문이었다. 그는 슬픔과 상실감을 치유받고자 나를 찾아왔다.

하지만 근본적인 문제는 그의 안에 머물던 반역의 영이었다. 그 영을 쫓아내지 않으면 그는 계속해서 패역한 행위를 할 것이었다. 문제는 그가 이러한 점을 인정하지 않는다는 데 있었다. 정작 자신에게 필요한 것이 위로가 아니라 축사였음도 깨닫지 못했다.

이렇게 그 남자가 나를 다시 찾기 전에 나는 어떤 교회의 사역자에게 다음과 같은 메시지를 받았다: "그가 떠났다니 참 다행입니다. 목사님은 이제 걱정하시지 않아도 될 겁니다." 그 남자는 우리 교회에 문제를 일으키기 전에 다른 교회에서도 이미 동일한 문제를 일으켰다고 했다. 좋은 '숙주'를 찾으면 곰팡이 같은 반역의 영은 오랫동안 기생한다. 반역의 영에 넘어간 사람들은 이 교회 저 교회, 이 단체 저 단체를 떠돌며 동일한 문제를 일으킨다. 나는 이 남자가 이후 네 곳의 단체를 떠돌며 동일한 문제를 일으켰음을 알게 되었다. 하지만 그는 자신이 벌인 일에 대해 책임을 지려 하지 않았다. 그에게는 반역의 영에게서 자유케 되려는 갈망도, 축사를 받을 생각도 없었다.

사탄은 약점 있는 사람들을 찾아 자신의 도구로 삼고 그로 하여금 기름 부음 받은 리더를 거역하게 만든다. 하지만 이 과정에서 가장 큰 피해를 입는 것은 리더가 아니라 거역하는 사람 자신이다. 부지중에 사탄의 유혹을 받았더라도 하나님의 역사를 가로막은 당사자는 자신이기 때문에, 그들은 하나님께서 허락하신 복과 보호를 누리지 못한다.

사탄은 이러한 사람들이 연약해진 순간을 놓치지 않고 하나님을 거역하는 일에 그들을 사용한다. 하지만 사탄에게 의리를 기대하지 마라. 토사구팽-일단 소기의 목적을 달성하면 사탄은 자기에게 가담한 사람들을 다음 공격 대상으로 삼는다. 이들의 복을 빼앗는 것은 물론 이들의 소망을 훔치고 꿈도 짓밟아버린다. 주님을 위해 효과적으로 쓰임 받을 수도 있었는데, 그들은 사탄의 꾐에 넘어가 이 모든 자격을 박탈당하고 만다.

반역이라는 게임의 특성상 참가자는 모두 패배자로 전락한다. 우리가 주님을 위해 고난을 받으면 고난 이후에 찾아올 복을 기대할 수 있다. 게다가 주님을 위해 받는 고난은 그 자체가 복이다. 하지만 반역의 영에 가담한 후에 받게 될 고난은 사탄의 공격이자 하나님의 심판이다. 고난 뒤에 감추어진 복도 없다. 상황은 점점 더 악화될 뿐이다. 오직 주님께 돌아와 회개하고 그분의 회복하시는 은혜를 겸손히 구할 때에만 문제가 해결된다.

반역의 영에 가담하는 사람들은 스스로가 성령의 능력을 받았노라고 주장한다. 하지만 그들의 주장이 사실이 아님을 쉽게 분별할 수 있다. 잠시 동안 그들은 기름 부음 받은 지도자처럼 보이기도 한다. 그러나 이러한 착시현상은 모조(가짜) 영이 저지른 장난질일 뿐이다. 늘 그렇듯이 그 효과는 오래가지 않는다.

반역을 주도하는 사람들 대부분은 겁쟁이다. 그래서 그들은 항상 주변 사람들을 대동한다. 주변 사람들에게 격려를 받지 못하면 반역의 영이 시키는 일을 제대로 수행할 수 없기 때문이다. 주변의 충분한 지지를 얻은 후에야 비로소 그들은 사역자를 대적하기 시작한다. 그들이 혐오하며 무너뜨리기 원하는 것은 오중 사역이다.

다시 고라의 이야기로 돌아가자. 고라는 공동체 가운데에 나름 명성 있는 지도자들과 규합했다. "이스라엘 자손 총회에서 택함을 받은 자 곧 회중 가운데에서 이름 있는 지휘관 이백오십 명과 함께 일어나서 모세를 거스르니라"(민 16:2). 어떤 역본은 이들을 '유명한' 사람으로 소개한다. 유명한 사람들이었기에 대중은 그들을 따르면서 스스로 안전하다고 생각했을 것이다. 오늘날에도 상황은 마찬가지다. 교회 안에서 반역의 무리를 이끄는 것은 이름 있는 사람들이다. 그들은 목회자를 대적하기 위해 성도들에게 잘 알려진 장로들과 집사들을 규합하고자 노력한다. 앞으로도 이런 일들은 끊이지 않으리라.

성결의 영이 역사할 때마다 반역의 영이 등장하여 하나님의 역사를 방해한다. 성결의 영이 역사하시면, 누군가 반역을 주도하기 시작할 것이다. 사람들의 지지를 기반으로 삼아 하나님이 사용하시는 사역자들을 제거하려 할 것이다.

주님께서 구별하신 사람이 이미 사역하고 있는데, 누군가가 나타나 스스로 기름 부음 받은 자임을 자처하며 그의 직무를 빼앗으려 할 때, 반역의 영이 역사한다는 증거다. 이러한 사람들은 하나님의 뜻과 무관하게 스스로를 기름 부음의 자리에 올려놓는다. 또한 주님의 뜻에 따라 해당 직무를 감당하는 사역자처럼 본인 역시 '성결'하다고 주장한다. 이러한 사람이야말로 교회에서 가장 위험한 사람이리라.

이 점에 대해 사람들은 자주 반발의 목소리를 낸다. "하지만 목회자들이 잘못을 저지르기도 하지 않습니까? 잘못된 길로 행하는 리더들과 목회자들을 내보내는 것은 당연한 일이 아닌가요?" 얼핏 들으면 옳은 말 같다. 게다가 잘못을 저지르는 목회자들이 있는 것도 사실이다. 하지만 당신이 그들을 다루어서는 안 된다. 하나님께서 그들을 다루셔야 한다. 어쩌면 주님은 당신이 목회자에게서 발견한 문제점보다 당신 안에 있는 고라의 영을 더 심각한 문제로 여기실지 모른다. 당신이 할 일은 기도뿐이다. 리더들을 위해 기도하라. 교회의 리더가 잘못된 방향으로 가고 있다면 그들을 회복시켜달라고 하나님께 간구하라. 성령님께서 오셔서 더 강한 능력으로 교회의 리더들을 만져주시기를 기도하라. 사람을 대적하여 기도하는 것, 또 기름 부음 받은 사역자를 대적하는 일은 결코 복된 길이 아니다.

반역의 영에 가담한다면 당신은 하나님의 일을 가로막는 훼방꾼이 된다. 당신을 사랑하시는 하나님은 반역에 가담한 당신에게 혹독한 대가를 치르게끔 하셔서 당신의 죄를 하루빨리 깨닫게 하실 것이다. 당신이 공모하는 일을 막으시는 것은 물론이고 말이다.

하나님은 당신을 막으실 것이다. 때때로 경악할 만한 사건을 일으켜서 당신의 계획을 막으실 것이다. 심지어 교회의 안정을 위해 당신을 제거하실 수도 있다.

이제 이러한 정보를 머리에 입력한 후, 다시금 성경을 펴서 고라 일당이 모세에게 했던 말을 살펴보기 바란다. 그들이 어떻게 반역했는지 읽어보라. 백성 앞에서 모세를 고소하려고 그들이 사용한 증거들은 무엇인지 확인하라.

> 그들이 모여서 모세와 아론을 거슬러 그들에게 이르되 너희가 분수에 지나도다 회중이 다 각각 거룩하고 여호와께서도 그들 중에 계시

> 거늘 너희가 어찌하여 여호와의 총회 위에 스스로 높이느냐 민 16:3

고소 내용의 핵심을 이해했는가? "모세! 네가 무슨 자격이 있어? 너는 자기 혼자 잘났다고 생각하는가? 우리도 너만큼 거룩(성결)하다!" 그들은 모세가 자기 스스로를 천거하여 지도자가 된 줄로 착각했던 모양이다. 하지만 모세를 선택하신 분은 하나님이시다.

하나님께서는 참으로 오랫동안 모세와 동역하셨다. 심지어 그가 갓난아이였을 때부터 그를 보호해주셨다. 그의 모친이 모세를 조그마한 바구니에 담아 하수에 떠내려 보냈을 때, 하나님께서 그를 어떻게 보호하셨는지 기억하는가? 바로의 딸이 목욕하러 갔다가 모세를 발견하고 양자로 삼았다. 모세는 이집트의 왕궁에서 고등학문을 배우고 또 지도자 양성 훈련까지 받았다. 그가 미디안 광야로 도망쳐서 살았던 사십 년의 시간 동안 하나님께서는 그에게 양 떼(백성)를 돌보는 목자의 자질을 훈련시키셨다. 모세의 두 손에 큰 임무를 맡기셨던 떨기나무 사건 이전, 이미 하나님께서는 그와 함께 팔십 년의 시간을 보내신 것이다.

모세가 스스로 원했기 때문에 지도자로 기름 부음을 받은 것이 아니었다. 하나님께서 그를 구별하시고 성결케 하셨다. 하지만 고라와 그의 일당은 이렇게 말한다. "우리도 너만큼 거룩(성결)하다!", "우리도 네가 하는 일을 할 수 있다. 우리도 네 위치에 오를 수 있다!" 우리는 이러한 일이 교회 안에서 일어나는 것을 항상 목격해왔다. 사람들은 이렇게 말한다. "그 목사가 뭔데 그래? 그가 하는 일? 그까짓 거 나도 할 수 있어! 사실 내가 더 잘할 수 있지. 아니, 차라리 내가 하는 편이 낫지. 자, 이제 그를 내쫓자고!" 고라의 영이 수많은 교회에서 이러한 짓을 행하고 있다.

잠시, 고라와 그의 추종자들에 대해 생각해보자. 모세를 통해 하나님께서 일하실 때 그들은 어디에 있었는가? 무엇을 보았는가? 그들은 여든 살 된 모세가 지팡이 하나 손에 쥐고 애굽으로 되돌아가는 모습을 보았다. 하지만 모세가 그 지팡이를 들었을 때 하나님께서 열 가지 커다란 재앙을 애굽 위에 쏟으시는 것을 목격했다. 모세를 통해 애굽에 행하신 모든 일을 직접 경험했다. 그들은 모세가 바로를 무릎 꿇리는 장면까지도 목격했다. 하나님께서 모세를 통해 홍해를 가르신 것도 보았고, 실제로 마른 땅을 밟으며 홍해를 건너기도 했다. 고라와 그의 일당은 이 모든 것을 직접 체험했다. 홍해를 다 건넌 후, 바로와 그의 군대가 쫓아오는 것을 보고 이스라엘 백성은 겁을 집어먹었다. 하지만 모세가 다시 지팡이를 들어 바다를 향하자 갈라졌던 물이 합쳐져서 애굽 군대 위에 쏟아졌다. 이스라엘 백성은 손 하나 까딱 않고 애굽 군대와의 싸움에서 승리했다. 고라와 그의 일당도 그 현장에 있었다. 광야에 물이 없자 이스라엘 백성은 원성을 쏟아냈다. 모세가 간청하자 하나님께서는 물을 주셨다. 이백만 명이나 되는 백성이 한꺼번에 해갈할 만큼 엄청난 양의 물이 바위에서 터져 나왔다. 고라 역시 그 물을 맛보았다. 이스라엘 백성은 하늘에서 비처럼 내리는 만나를 주식으로 삼았다. 백성이 고기를 먹고픈 마음에 원성을 높였을 때 모세가 하나님께 간청했더니 하나님께서 메추라기를 내려주셨다. 그들의 무릎 높이까지 고기가 쌓일 정도였다. 고라와 그의 일당 역시 이 모든 광경을 지켜보았다. 하늘에서 내린 만나와 메추라기를 맛보았다. 그런데 이러한 그들이 반역을 모의했다! 이 모든 일을 직접 경험한 후에 반역을 결심한 것이다. 모세를 통해 역사하신 하나님의 능력과 권위를 체험하고도 대적할 마음을 먹었다니, 이 얼마나 어리석은 일인가?

  만일 당신이 당신 스스로를 기름 부음 받은 지도자인 양 가장하고자 한다면, 아마도 근사한 지팡이 생각이 간절할 것이다. 그래서 아무 막대기나 주워다가 예쁘게 장식하고 멋들어지게 광도 낼 것이다. 하지만 그 막대기는 하나님의 지팡이(출 4:20)가 아니다. 지팡이를 들어 바다를 향하고 바위를 내리친들, 아무런 일도 일어나지 않을 것이다. 그렇다. 능력은 지팡이에 있지 않다. 하나님께서 당신의 손에 지팡이를 쥐여주시지 않는 한, 그것은 그냥 쓸모없는 막대기일 뿐이다. 하나님은 모세에게 지팡이를 쥐여주셨다. 그 지팡이는 타인에게 양도될 수 없다.

고라는 주님께서 모세를 통해 행하셨던 놀라운 일들을 다 목격한 후에 반역을 일으켰다. 반역의 영이 '지혜'를 소유할 리 만무하다. 그 영에게 통솔권을 내준 사람 위에 주님의 지혜가 임할 리 없다.

반역의 영은 성결의 영을 따라 살아가는 사람을 대적한다. 특히 지도자의 위치에 서 있는 사도적 사역자들을 대적한다. 주요 대상은 사도적 사역자들이겠지만, 고라의 영은 성결의 영을 따르는 모든 사람을 공격 대상으로 삼는다. 만일 하나님께서 당신을 부르시고 성별하셨다면, 고라의 영이 당신에게 달려들 것이다. 그러므로 놀라지 마라! 혹여나 너무 놀란 나머지 방패를 떨어뜨릴까 염려된다. 고라의 영이 당신을 공격하더라도 새로운 일이 일어난 것처럼 의아해하지 마라. 대신 베드로의 경고를 기억하라. "근신하라. 깨어라." 고라의 영이 당신에게 달려들 것이다. 이 사실을 인식하기 바란다.

고라의 영을 다루는 법

먼저 자신을 살피라. 삶 속에 반역의 영에 영향을 받은 영역이 있는지를 확인하라. 스스로 자신의 삶을 살피는 과정에서 항상 주님 앞에 엎드리는 자세를 취해야 한다. 하나님이 세우신 지도자나 그들의 권위에 반역하는 성향이 발견된다면 즉시 회개해야 한다. 회개한 후에는 그들을 통해 하나님이 이루시는 일들을 지지하고 또 그들에게 순종하라. 스스로가 악한 영에게 자유롭지 못하면 다른 사람을 도울 수 없다. 내가 악한 영에게 자유롭지 못한데, 어떻게 다른 사람 안에 역사하는 영을 제대로 볼 수 있겠는가?

반역의 영이 당신에게 달려든다면 모세의 모범을 따르라고 충고하고 싶다.

> 모세가 듣고 엎드렸다가 고라와 그의 모든 무리에게 말하여 이르되 아침에 여호와께서 자기에게 속한 자가 누구인지 거룩한 자가 누구인지 보이시고 그 사람을 자기에게 가까이 나아오게 하시되 곧 그가 택하신 자를 자기에게 가까이 나아오게 하시리니 이렇게 하라 너 고라와 네 모든 무리는 향로를 가져다가 내일 여호와 앞에서 그 향로에 불을 담고 그 위에 향을 두라 그 때에 여호와께서 택하신 자는 거룩하게 되리라 레위 자손들아 너희가 너무 분수에 지나치느니라 민 16:4-7

모세가 하지 않은 일부터 살펴보자. 모세는 지팡이를 들지 않았다. 지팡이를 들어 반역의 무리를 혼내지 않은 것이다. 또 모세는 그들과 논쟁하지 않았다. 자신이 받은 부르심의 정당성을 주장하지 않았다. 자신이 옳다는 것을 피력하기 위해 오랫동안 하나님과 동역한 사실도, 하나님께서 자신을 통해 행하셨던 놀라운 일들을 일일이 나열하지 않았다. 반역의 무리와 정면으로 맞서지 않았다. 이 사건이 큰 말싸움으로 번졌다면 사탄은 더 많은 악령을 불러들일 기회로 삼았을 것이다. 그 결과 모든 폐해는 고스란히 이스라엘 백성에게 돌아갈 것이었다.

그렇다면 모세는 어떻게 하였는가? 엎드렸다. 그는 몸을 구푸려 엎드리고 고개를 숙였다. 이 행위는 무엇을 상징하는가?

모세는 하나님께 자신을 내어드렸다. '엎드림'은 복종의 자세다. 그는 하나님의 뜻에 자신의 삶을 일치시켰고 사탄을 대적했다. 만일 당신이 하나님께 순복하고 사탄을 대적하면 어떤 일이 일어나는가? 사탄이 떠난다(약 4:7).

그런 후에 모세는 하나님의 응답을 기다렸다. 하나님께 어떻게 이 사태를 해결하기 원하시는지 여쭈어보고 그분의 해결책을 기다린 것이다. 모세는 하나님께서 응답해주신 말씀을 고라와 그의 무리에게 그대로 전달했다. 그렇다. 하나님의 지혜를 따른 것이다. 하나님께 결정권을 내어 드린 것이다.

그런데 하나님의 해결책은 무엇이었는가? 이상하게도 모든 상황은 고라가 의도했던 대로 진행되었다. 그렇게 모든 일이 자신의 뜻대로 '척척' 맞물려 돌아갔지만, 고라는 이에 만족하지 않았다. 모세의 제안은 자신이 원하던 그대로였다. 그런데도 고라는 그의 제안을 두 차례나 거절했다. 끝까지 반역의 기치를 든 것이다. 반역의 영은 항상 이런 태도를 보인다. 만일 누군가가 당신을 대적하여 반역을 일으켰다고 하자. 당신은 그들을 반대하지 않고 오히려 그들이 원하는 대로 할 것을 제안한다. 하지만 그들은 여전히 불만을 표한다. 그들의 뜻을 100% 들어주더라도 당신이 듣게 될 답변은 다음과 같을 것이다: "싫어! 나는 결코 그렇게 안 할 거야. 나는 반역의 영이라고! 난 항상 반역을 일으켜야 해. 아무리 내가 원하는 것을 하자고 해도 네가 제안한다면 난 끝까지 반대할 거야!"

결론부터 말하자면 땅이 입을 벌려 고라와 그의 추종자들, 그들의 가족을 삼켜버렸다. 그들 모두는 산 채로 매장되었다. 하나님께서 모세와 함께하신다는 또 다른, 확실한 증표였다. 누군가는 이 부분을 이렇게도 해석했다: "그들은 그날 곧바로 지옥행이었지!" 이 사건이 기록된 말씀을 더 자세히 살펴보자.

> 여호와께서 모세와 아론에게 말씀하여 이르시되 너희는 이 회중에게서 떠나라 내가 순식간에 그들을 멸하려 하노라 그 두 사람이 엎드려

> 이르되 하나님이여 모든 육체의 생명의 하나님이여 한 사람이 범죄하였거늘 온 회중에게 진노하시나이까 여호와께서 모세에게 말씀하여 이르시되 회중에게 명령하여 이르기를 너희는 고라와 다단과 아비람의 장막 사방에서 떠나라 하라 민 16:20-24

당신이 이 사건의 현장에 있었다면 당신의 마음에는 어떤 생각이 떠올랐겠는가? 그동안 당신은 모세가 행한 모든 일을 목격했다. 이번에도 하나님께서 그분의 말씀대로 행하시리라고 예상하지 않겠는가? 그렇다면 이 반역의 무리가 사는 장막에서 최대한 멀리 도망쳐야 하지 않겠는가? 모세는 하나님께서 이 사태를 어떻게 마무리 지으실지 백성에게 설명했다.

> 모세가 이르되 여호와께서 나를 보내사 이 모든 일을 행하게 하신 것이요 나의 임의로 함이 아닌 줄을 이 일로 말미암아 알리라 곧 이 사람들의 죽음이 모든 사람과 같고 그들이 당하는 벌이 모든 사람이 당하는 벌과 같으면 여호와께서 나를 보내심이 아니거니와 만일 여호와께서 새 일을 행하사 땅이 입을 열어 이 사람들과 그들의 모든 소유물을 삼켜 산 채로 스올에 빠지게 하시면 이 사람들이 과연 여호와를 멸시한 것인 줄을 너희가 알리라 민 16:28-30

위의 구절을 읽으면 근본 문제가 무엇인지를 알 수 있다. 하나님의 기름 부음 받은 사역자를 대적하면, 당신은 하나님을 대적하게 된다. 모세가 이렇게 선포했을 때 백성은 뒷걸음쳤다. 고라의 거처와 그의 모든 소유물을 피해 멀리 달아나야 했다. 그가 저지른 반역은 저주를 불러들였다. 결국 반역으로 인한 저주는 고라의 생명은 물론 그의 모든 소유물과 그에게 가담한 무리의 생명까지 앗아갔다.

온 회중이 지켜보는 가운데에 땅이 갈라졌다. 땅이 입을 벌려 고라, 다단, 아비람, 온, 그리고 그들의 가족을 산 채로 삼켰다. 이후 갈라졌던 땅이 다시 합쳐졌다. 고라와 다단과 아비람과 온, 그리고 그들의 일가족은 산 채로 매장되면서 큰 비명을 질렀다. 그들의 비명을 들은 이스라엘 백성은 '걸음아 나 살려라' 도망쳤다.

하지만 고라와 뜻을 같이했던 이백오십 명의 추종자는 계속해서 반역의 의사를 표명했다. 그들은 각기 향로를 가져다가 여호와 앞에서 향을 피웠다. 바로 그때였다. 순식간에 여호와께로부터 불이 나오더니 분향하는 사람들 이백오십 명을 삼켜버렸다. 그 자리에 남은 것은 '쉬식' 소리를 내며 타들어가는 재와 대기를 가득 메운 연기, 그리고 이백오십 개의 향로뿐이었다.

하나님께서는 아론의 아들 엘르아살에게 명령하여 향로를 거두라고 하셨다. 여호와의 불이 닿았으므로 이백오십 개의 향로가 모두 거룩케 되었으니, 망치로 쳐서 편 후에 제단을 싸는 철판으로 사용할 것을 명령하셨다. 위에 나열된 일련의 사건은 반역의 영에 대한 하나님의 반응을 여실히 보여준다.

이스라엘 온 회중이 이 사건을 통해 중요한 교훈을 얻었다면 좋았으련만 현실은 그렇지 않다. 그들은 이 사건에서 아무런 교훈도 배우지 못한 것처럼 보인다. 바로 그 다음 날 온 회중이 모세와 아론에게 반역했다. 심지어 어떤 사람들은 모세와 아론에게 폭력을 가하기도 했다. 그때 하나님의 영광으로 가득한 구름이 성막을 덮었다. 이 광경은 이스라엘 백성의 이목을 집중시키기에 충분했으나, 하나님의 영광을 바라볼 여유마저 없었던 듯하다. 그들은 계속 노를 발하며 모세와 아론에게 반발했다. 이미 반역의 영에 휘말린 사람들 속에 어리석음의 영이 임했던 모양이다. 하나님께서는 모세와 아론에게만 명령하셨다. "너희는 이 회중에게서 떠나라. 내가 순식간에 그들을 멸하려 하노라." 하나님께서는 이스라엘 백성에게 회개할 기회를 주셨다. 하지만 그들은 하나님도, 하나님이 기름 부어 세우신 지도자도 받아들일 마음이 없었다.

여기서 잠시, 모세의 성품을 살펴보는 것이 좋을 것 같다.

모세는 이제 곧 엄청난 재앙이 닥칠 것을 직감했다. 그래서 아론에게 이렇게 명령했다. "향로를 가져다가 제단의 불을 담고 그 위에 향을 피워 회중에게로 가십시오. 어서 그들을 대신하여 속죄하십시오." 지금 백성은 말 그대로 '생사의 갈림길' 앞에 놓여 있다. 그리고 아론은 그 갈림길 한복판에 서 있다. 그는 용기를 내어 모세의 명령을 따랐다. 자신과 모세를 반역한 백성 죄를 대속하기 위해 하나님의 진노 속으로 뛰어든 것이다. 하지만 이미 늦었다. 아론이 속죄를 마치기 전, 하나님께서 백성 가운데에 역병을 보내셨다. 그날 전염병에 쓰러진 시체가 만 사천 칠백 구에 달했다. 이처럼 반역은 매우 심각한 죄다. 이 사실을 깨닫기 바란다.

오늘날과는 아무런 상관없는 옛이야기 같은가? 그렇지 않다. 고라의 반역 사건이 전하는 교훈과 메시지는 오늘날의 교회에도 유익하다. 바꿔 말하자면 이 교훈은 지금 우리 세대가 받아야 할 교훈이다. 신약의 후반부에 배치된 '유다서'에는 다음의 말씀이 기록되어 있다.

> 화 있을진저 이 사람들이여 가인의 길에 행하였으며 삯을 위하여 발람의 어그러진 길로 몰려 갔으며 고라의 패역을 따라 멸망을 받았도다 유 1:11

고라의 반역 사건이 전하는 교훈의 메시지는 케케묵은 옛이야기가 아니다. 그러므로 신약시대를 살아가는 하나님의 백성 역시 이 교훈의 메시지를 들어야 한다. 다시 한 번 강조하지만 반역은 심각한 죄다. 하나님은 반역의 영(정신)을 싫어하신다. 하나님은 반역 행위를 기뻐하시지도 않고 반역자들에게 복을 주시지도 않는다. 그러므로 우리는 자신에게서 또 교회 안에서 이러한 성향을 제거해야 한다. 지금도 하나님께서는 반역 행위를 엄중히 징계하신다.

히브리서에 기록된 성령의 말씀을 주의 깊게 들으라. 히브리서의 기자는 성례전(성만찬)을 사사로이 여기고 경거망동하다가 실제로 목숨을 잃은 사람이 있다고 밝힌다. 이처럼 '심판으로서의 죽음'은 구약에만 적용되는 교리가 아니다. 이 교리는 신약 신학에도 적용된다. 어떤 사람은 심판이 오직 구약의 전유물이라 생각하지만 실상은 그렇지 않다. 아마 예수님께서 그들의 생각을 전부 뒤집어놓으실 것이다. 그들은 예수님을 겸손하고 온유하신 분으로만 생각하며 교회가 하는 일이라면 무조건 "오냐 오냐" 해주실 것으로 착각하는데, 오산이다. 다시 오실 예수님은 철장(鐵杖)으로 만국을 다스리실 분이다. "예수님은 사랑이 충만하신 분이니까 반역에 대해 '죽음'이라는 무서운 형벌을 내리시지 않으실 거야"라고 기대한다면, 요한계시록 2장 20-23절을 읽어보라. 이러한 이유로 히브리서의 기자는 다음과 같은 경고의 메시지를 전한 것이다.

> 그러므로 성령이 이르신 바와 같이 오늘 너희가 그의 음성을 듣거든 광야에서 시험하던 날에 거역하던 것 같이 너희 마음을 완고하게 하지 말라 거기서 너희 열조가 나를 시험하여 증험하고 사십 년 동안 나의 행사를 보았느니라 그러므로 내가 이 세대에게 노하여 이르기를 그들이 항상 마음이 미혹되어 내 길을 알지 못하는도다 하였고 내가 노하여 맹세한 바와 같이 그들은 내 안식에 들어오지 못하리라 하였다 하였느니라 히 3:7-11

반역에 대한 하나님의 심판을 보여주는 좋은 예가 또 있다. 웃시야 왕은 위대한 왕이었다. 그는 주님을 존중한 왕, 백성을 잘 다스린 왕이었다. 좋은 업적도 많이 남겼다. 똑똑한 왕이었고 훌륭한 지도자였다. 어쩌면 그의 마음에 공학도의 정신이 깊이 깃들었는지도 모른다. 그는 강력한 신무기들도 많이 개발해냈다. 어쨌든 성경은 그에 대해 "스가랴 선지자(스가랴서의 저자가 아닌 또 다른 스가랴-역자 주)가 살아 있는 동안만큼은 하나님 앞에서 정직했다"라고 평가한다. 그는 스가랴의 멘토링을 받아들였다. 하나님께 집중하였고 그분께 깨끗한 마음을 올려드렸다. 하지만 스가랴가 죽고 나자 그의 태도는 180도 달라졌다. 집권 말기에 교만해진 것이다.

> 그가 강성하여지매 그의 마음이 교만하여 악을 행하여 그의 하나님 여호와께 범죄하되 곧 여호와의 성전에 들어가서 향단에 분향하려 한지라 대하 26:16

광야에서 고라와 이백오십 명의 무리가 저지른 실수를 그대로 답습한 것이다. 웃시야는 분향하고자 향로를 들고 성전에 들어갔다. 그는 제사장의 기름 부음을 가로챌 만큼 자신이 충분히 선하고 충분히 강하다고 생각했다. "나 역시 제사장처럼 구별된 사람인데, 나 역시 제사장처럼 성결한데 무엇 때문에 제사장이 필요하단 말인가?" 제사장들이 염려하는 마음으로 웃시야의 경거망동을 말리려 했다. 그러자 웃시야는 제사장들에게 노를 발했다. 어디서 본 것 같은 익숙한 상황이다. 그 결말도 비슷하리라 예측할 수 있지 않은가?

> 제사장 아사랴가 여호와의 용맹한 제사장 팔십 명을 데리고 그의 뒤를 따라 들어가서 웃시야 왕 곁에 서서 그에게 이르되 웃시야여 여호와께 분향하는 일은 왕이 할 바가 아니요 오직 분향하기 위하여 구별함을 받은 아론의 자손 제사장들이 할 바니 성소에서 나가소서 왕이

> 범죄하였으니 하나님 여호와에게서 영광을 얻지 못하리이다 웃시야가 손으로 향로를 잡고 분향하려 하다가 화를 내니 그가 제사장에게 화를 낼 때에 여호와의 전 안 향단 곁 제사장들 앞에서 그의 이마에 나병이 생긴지라 대제사장 아사랴와 모든 제사장이 왕의 이마에 나병이 생겼음을 보고 성전에서 급히 쫓아내고 여호와께서 치시므로 왕도 속히 나가니라 대하 26:17-20

웃시야 왕은 제사장 제도에 반기를 들었다. 그리고 제사장들의 기름 부음을 빼앗으려 했다. 한 나라의 국왕으로서 그는 자신이 원하는 모든 일을 할 수 있다고 믿었다. 교만 때문이었다. 웃시야는 제사장의 임무를 행하겠노라 결심했다. 그러나 나름 '선하다'는 평가를 받은 왕에게 얼마나 끔찍한 일이 발생했는지 보았는가? 그의 이마에 나병이 도졌다. 그 즉시 웃시야 왕은 불결(부정)하다는 판정을 받고 성전에서 쫓겨났다. 아래의 말씀은 그가 어떻게 생을 마감했는지를 설명해준다.

> 웃시야가 그의 조상들과 함께 누우매 그는 나병환자라 하여 왕들의 묘실에 접한 땅 곧 그의 조상들의 곁에 장사하니라 그의 아들 요담이 대신하여 왕이 되니라 대하 26:23

우리는 교회 안에서의 반역이 얼마나 중한 죄인지 잊지 말아야 한다. 반역과 관련한 성경의 예는 더 있다. 이스라엘의 초대 왕 사울 역시 고라와 웃시야처럼 반역의 죄를 범했다. 사울은 전쟁을 앞둔 상태여서 초조함이 극에 달했다. 하지만 사무엘 선지자는 자신이 도착하여 희생제를 드릴 때까지 잠잠히 기다리라고 말했다. 문제는 사울의 '초조함'이었다. 그는 불안한 마음을 견디지 못한 나머지 사무엘이 도착하기도 전에 하나님께 희생제를 드려버렸다. 교만하였기에 사울은 사무엘의 영역을 침범했다. 그는 이에 대한 대가를 톡톡히 치렀다. 다른 사람의 기름 부음을 침범한 죄 때문에 극심한 형벌을 받은 것이다. 사울의 반역 때문에 그날 전쟁에서 이스라엘은 대패했다. 결국 사울의 교만과 반역으로 사울 자신은 물론 다른 많은 사람도 고통을 겪었다. 반역에는 항상 대가가 따르게 마련이다. 그 피해는 우리 자신뿐만 아니라 가족, 동료 교인, 그리고 가까운 이웃과 친지에게까지 미친다.

반역으로 인해 얼마나 많은 사람이 제 명대로 살아보지도 못하고 일찍 죽음을 맞이했는지 생각해본 적이 있는가? 어쩌면 당신이 다니는 교회에도 반역의 죄 때문에 일찍 죽은 사람들이 있을 것이다. 반역의 영을 주제로 한 설교는 인기가 없다. 하지만 반역의 죄가 빚어낼 결과의 심각성을 알게 된 이상, 성도를 목양하는 사역자들은 반드시 이 주제를 가르쳐야만 한다. 예레미야 선지자의 말을 들어보자.

> 그러므로 여호와께서 이와 같이 말씀하시되 내가 너를 지면에서 제하리니 네가 여호와께 패역한 말을 하였음이라 네가 금년에 죽으리라 하셨느니라 하더니 렘 28:16

하나님은 반역을 심각하게 다루신다. 십계명에도 부모에게 반역하는 자녀는 이 땅에서 장수하지 못하리라는 약속이 나온다. 아무리 선한 일을 했더라도, 아무리 지혜로울지라도, 하나님께서는 반역하는 사람을 제거하신다. 그가 교만해져서 하나님을 대적할 때, 하나님은 그를 제거하신다.

성경을 읽으면 하나님께서 사람들을 선택하시고, 부르시고, 기름 부으시고, 그리고 제거하신다는 사실을 알 수 있다! 우리는 하나님께서 일하시도록 허락해드리며 또 하나님께서 시키신 일을 해야만 한다. 반역하는 무리에 가담하지 않기를 바란다. 반역자들은 오래 살지 못한다. 주님의 기름 부음을 대적하지 않기를, 기름 부음 받은 사람에게 반기를 들지 않기를 바란다. 반역의 영이 침투하지 못하도록 당신의 마음을 지키라. 이것은 무척 중요한 일이다.

주제넘지 마라!
반역하는 사람이 되지 마라!

교회의 결정이나 사역자의 방향에 동의할 수 없는데, 아무리 기도해도 문제가 해결되지 않는다면, 그 교회를 떠나는 것이 좋다. 떠나기로 결심했다면 하나님의 기름 부음 받은 사역자에게 반역하지 말고 조용히 떠나라. 목회자나 당회를 대적하지 마라! 장로나 집사들과도 부딪치지 말고 그냥 떠나라. 당신이 그들의 결정에 동의하지 못한다고 해서 그들에게 문제가 있는 것도 아니고, 그들에게 기름 부음이 없는 것도 아니다. 오직 하나님만이 기름 부음을 주관하신다. 그러므로 사람들을 규합하지 마라. 기름 부음을 공격하지도 마라. 이러한 행위를 가리켜 예수님은 "가시채를 뒷발질하는 것과 같다"고 말씀하셨다.

> (사울이) 대답하되 주여 누구시니이까 이르시되 나는 네가 박해하는 예수라…네가 어찌하여 나를 박해하느냐 가시채를 뒷발질하기가 네게 고생이니라 행 9:5, 26:14 참조

오늘은 가시채 뒷발질하기를 멈추기에 좋은 날이다! 그러니 반역의 영을 끊고 자유를 만끽하라!
다시 한 번 강조한다. 사람들과 모의하여 하나님이 기름 부어 세우신 지도자들을 대적하지 마라. 성경에 기록된 하나님의 충고를 받아들이

라. 하나님에게 대들었다가 제대로 한 대 얻어맞은 인물 중 애굽 왕 바로도 있다.

> 모세가 백성에게 이르되 너희는 두려워하지 말고 가만히 서서 여호와께서 오늘 너희를 위하여 행하시는 구원을 보라 너희가 오늘 본 애굽 사람을 영원히 다시 보지 아니하리라 출 14:13

이것이 바로 반역에 대한 하나님의 해결 방법이다. 1세기 초대 교회가 하나님께 반역했다가 다음의 경고를 들었다. "화 있을진저 이 사람들이여…고라의 패역을 따라 멸망을 받았도다"(유 1:11 참조).

반역을 처리하시는 하나님의 능력이 어떠한지 살펴보고, 제발 기억하기를 바란다.

> 성결의 영으로는 죽은 자들 가운데서 부활하사 능력으로 하나님의 아들로 선포되셨으니 곧 우리 주 예수 그리스도시니라 롬 1:4

성결의 영은 선포하는 능력을 대동하신다. 성결의 영이 우리 안에 임하시면 누가 옳은지 누가 그른지를 판단하시고 그 결과를 선포하실 것이다. 그러므로 만일 누군가가 당신을 대적하거나 반역한다면 성결의 영께 모든 상황을 맡기라.

성결의 영은 부활의 능력도 대동하신다. 아무리 이 세상으로부터 사망선고를 받았다고 해도 성결의 영은 살리신다. 세상이 '어리석음'으로 판결한 것을 성결의 영은 '하나님의 지혜'로 풀어주실 것이다. 세상이 '거짓'이라고 판결한 것을 성결의 영은 '하나님의 진리'로 소개해주실 것이다. 진리는 바로 우리가 성결의 영께 순복해야 한다는 것이다.

지치거나 사람들이 당신을 업신여길 때 성결의 영께 나아가라. 그분이 당신을 일으키실 것이다. 봉사의 일을 감당하도록 능력을 부어주실 것이다. 그러므로 사람들의 공격 앞에 고개를 숙이고 몸을 구푸려 엎드리기 바란다. 그러면 하나님께서 당신을 일으켜주실 것이다. 어려운 상황 속에서 당신이 꼭 기억해야 할 것은 하나님께서 당신을 부르셨다는 사실이다. '교회'로 번역된 원어의 의미를 잊지 마라. 우리는 부름을 받아 구별된 사람이다. 하나님의 목적과 계획을 위해 구별되었고, 그분의 뜻을 이루도록 기름 부음 받았다. 당신이 받은 기름 부음 안에서 사역할 때 당신은 최고의 기량을 발휘할 수 있다. 그렇다면 언제가 최악인가? 다른 사람의 기름 부음에 기웃거릴 때다.

항상 잊지 말아야 할 것은 하나님께서 반역자들에게 복을 내리시지 않는다는 사실이다. 하나님은 승리의 전략을 갖고 계신다. 그 전략은 '거룩한 전술서'에 기록되어 있는데, 우리는 그것을 '성경'이라고 부른다. 하나님의 계획을 따르는 사람들은 복을 받고, 은혜를 누리며, 성공하는 삶을 산다. 하나님의 계획을 따르는 사람은 지혜롭다. 그들은 온전한 복을 누리며 살아간다.

> 거기에 대로가 있어 그 길을 거룩한 길이라 일컫는 바 되리니 깨끗하지 못한 자는 지나가지 못하겠고 오직 구속함을 입은 자들을 위하여 있게 될 것이라 우매한 행인은 그 길로 다니지 못할 것이며 사 35:8

성결(거룩)의 대로에 머물면서 동시에 잘못된 방향으로 나아가는 일은 불가능하다. 성결의 대로에 머물면 올바른 방향으로 진행하게 된다. 그러므로 성결의 영께 여쭈어 당신이 해야 할 일을 듣기 바란다. 그가 말씀하실 때 귀 기울이기 바란다. "이것이 너의 부르심이다. 이것이 네게 임한 기름 부음이다. 이 안에서 내가 네게 복 내려주기를 원한다. 네가 이 길을 가면 나의 도움을 받을 것이다! 너는 내 능력을 받게 될 것이다.

하지만 네가 다른 사람의 기름 부음을 침범하거나 대적한다면 나는 너를 제거할 수밖에 없다. 먼저는 너를 훈계할 것이다. 네가 듣고 회개하면 내가 너를 회복하리라. 하지만 반역을 멈추지 않을 때는 나도 어쩔 수 없다. 그때는 너를 제거할 것이다." 하나님은 그분의 계획을 이루시기 위해 때때로 사람들을 제거하신다. 우리는 모두 이 중요한 사실을 인지해야만 한다. 끝까지 반항하는 사람에게 이러한 류(類)의 '제거'가 발생할 것이다. 나는 독자들이 모두 하나님께 순종하여 하나님의 뜻대로 행하기를 기도할 뿐이다.

성결의 영을 구하는 기도

하나님 아버지, 감사드립니다. 성결의 영을 보내셔서 우리를 거룩하게 구별해주시고 거룩한 사명과 능력을 허락하사, 이 땅에 하나님 나라를 확장할 수 있게 하시니 감사드립니다. 예수 그리스도께 순종하는 모든 이에게 성결의 영이 공급하시는 부활의 능력을 주시니 감사드립니다. 지혜와 계시의 영을 통해 삶의 방향과 지혜, 이해와 능력, 그리고 주님을 경외하는 마음을 주시니 감사드립니다. 진리의 영을 주사 모든 진리 가운데로 우리를 인도하시고 또 거짓의 영에게서 보호해주시니 감사드립니다. 우리를 강건케 하사 그리스도의 몸을 세우게 하시니 감사드립니다.

주님, 우리는 주님께 순복하기 원합니다. 주님을 따르기 원하며 주님께서 주신 모든 사명을 감당하기 원합니다. 이 시간 우리 각 사람 위에 특별한 기름 부음을 허락하사 성령님을 향해 마음을 열게 하옵소서. 특히 젊은이들에게 은혜 내려주시기를 간구합니다. 각 사람에게 복 내려주시고 성령의 거룩한 힘과 능력으로 그들을 붙들어주소서. 주님을 따르는 충성된 종들이 자신의 기름 부음을 확실히 깨달을 수 있도록 지혜로 도우시고, 이 부르심에 대한 주님의 뜻을 이루어낼 수 있도록 권위와 능력을 허락해주옵소서. 기름 부음 받은 주님의 제자들이 주님의 부르심을 완수할 수 있도록 도와주옵소서.

사탄이 반역의 영을 보낼 때, 그를 분별할 수 있는 능력과 대적할 힘을 주옵소서. 모든 반역의 영을 쫓아내시는 성결의 영을 더욱더 강력하게 인지하고 체험하기 원합니다. 우리에게 주신 사명에 충성하기 원합니다. 하나님 아버지의 눈에 기쁨이 되기를 원합니다. 예수님의 이름으로 기도합니다. 아멘, 아멘!

4과

⋮

생명의 영

The Spirit of Life

A Warrior's Guide To

THE SEVEN SPIRITS OF GOD

PART 1: BASIC TRAINING

4과
생명의 영

사 주차
영적 기초군사훈련

시원한 바람이 불어 텍사스 주 샌안토니오의 뜨거운 태양을 잠재운 어느 늦은 오후, 우리는 육군 의무중대 본대 건물과 육군 의학 대학 건물 사이에 집합했다. 맡은 임무를 훌륭히 수행해내고 이제 한 시대를 마감하는 전설적 '의무 요원'과 작별하는 의식을 거행하기 위해서였다. 그동안 수천 명의 부상자를 구조하고 치료했던 의무진들과 더 이상 하늘을 날지 못하는 메디박(MEDIVAC, medical + evacuation의 합성어. 즉 의료 및 구출 작전을 위한 헬기를 지칭한다-역자 주) 헬리콥터를 기념하기 위한 의전이었다.

이 휴이 헬리콥터(Huey Helicopter)는 베트남전에서 참으로 요긴하게 사용되었다. 휴이 헬리콥터를 마주할 때마다 거의 모든 월남전 참전용사는 홍수처럼 밀려드는 아련한 전쟁의 기억 때문에 눈시울을 붉히곤 한다. 그동안 수많은 부상자의 생명줄 역할을 해왔던 이 휴이 헬리콥터는 자신의 모든 임무를 다 마치고 전역하게 된다. 부상자들을 구하려고 위험을 무릅쓴 채 수없이 헬기에 올라 적진으로 침투했던 구조요원들을 생각하니, 감정이 북받쳐 올랐다.

의식이 끝나자 한 남자가 내 곁으로 와서는 눈물을 흘리며, 자신이 겪은 이야기를 쏟아냈다. "내가 지금까지 살아 있는 것은 이와 동일한 기종의 헬리콥터 때문입니다. 야전 병원에 도착했을 때 나는 거의 죽기 직전의 상태였죠. 하지만 헬기 안에서 의무병들이 출혈을 막았고 상처를 싸매주었습니다. 그들은 용기를 내어 나를 구조했고 제때에 야전 병원으로 이송해주었습니다. 자신의 목숨까지 걸고 치열한 전쟁의 포화 속으로 돌진하여 나를 구해준 그들이 있었기 때문에 내가 지금껏 살아 있습니다."

이 땅 어디에도 전쟁터만큼이나 생(生)과 사(死)가 밀착되어 존재하는 장소는 없다. 매 순간 총에 맞을 확률, 포격당할 확률, 포탄 파편에 목숨을 잃을 확률이 넘쳐나기 때문이다. 전투병은 이러한 위험성을 뼛속 깊이 인식하고 있다. 그러므로 부상당했을 때 구조 의료팀의 신속한 치료와 구조 활동을 신뢰할 수밖에 없다. 죽음이 임박했음을 느낄 때만큼 생명의 소중함이 더 크게 다가오는 시간은 없다. '훈련', '준비 태세', '생명 유지'는 구조 임무 수행의 기본 모토다.

그런데 생명의 힘과 죽음의 힘이 충돌하는 것은 비단 물리적 전쟁터뿐만이 아니다. 영적 전쟁터에서도 동일한 일이 발생한다. 용사라면 영적 전쟁 중 생과 사를 넘나들 순간이 있다는 사실을 알고 이에 대비해야만 한다. 만일 부상당한다면 후방으로 이송되어 치료받게 될 것을, 또 하나님의 은혜로 온전히 회복될 것을 확신해야 한다.

지금부터 사 주차 훈련을 시작하겠다. 독자들 모두를 환영한다. 이 훈련 과정을 통해 모두가 '준비된 용사'로 거듭나기를 기도하며 소망한다.

군 통수권자(Commander in Chief, CINC)이자 칠성 장군이신 예수 그리스도께서 우리에게 메시지를 보내셨다. 어떻게 영적 전쟁을 대비해야 할지 알려주시는 말씀이다.

> 또 어떤 임금이 다른 임금과 싸우러 갈 때에 먼저 앉아 일만 명으로써 저 이만 명을 거느리고 오는 자를 대적할 수 있을까 헤아리지 아니하겠느냐 만일 못할 터이면 그가 아직 멀리 있을 때에 사신을 보내어 화친을 청할지니라 눅 14:31-32

우리는 모두 지금이 전시 상황임을 인식해야 한다. 이 점을 끊임없이 각인해야 한다. 사탄이 선전포고했고 무차별 공격을 퍼붓고 있다. 매일, 매 순간, 사탄은 계속해서 공격 수위를 높여가고 있다. 그의 목표는 분명하다.

> 도둑이 오는 것은 도둑질하고 죽이고 멸망시키려는 것뿐이요 내가 온 것은 양으로 생명을 얻게 하고 더 풍성히 얻게 하려는 것이라 요 10:10

우리를 모두 완전한 죽음으로 몰아가는 것-이것이 사탄의 목표다. 하지만 사탄은 절대로 자신의 목표를 완수하지 못할 것이다. 군 통수권자이신 예수님께서 그렇게 말씀하셨기 때문이다.

어쨌든 위의 말씀을 통해 우리는 사탄의 목적이 훔치고, 죽이고, 파멸하는 것임을 다시 한 번 상기할 수 있다. 이 목적을 인지하기만 해도 우리의 싸움이 결코 가볍지 않음을, 아니 생과 사의 막중한 문제임을 쉽게 깨달을 수 있다. 가슴 아픈 일이지만 우리는 지금 생과 사를 넘나드는 전쟁 중이다. 그러므로 깨어 준비하라. 끝까지 이기고 살아남으려면, 전투 기술을 배워야 한다.

잠시 지난 과에서 배운 내용들을 복습해보겠다. 앞선 장에서 살펴보았듯이 우리는 기초 전술과 자기방어술을 익혀야 한다. 개인에게 지급된 무기의 특성과 그 사용법도 배워야 한다. 솜씨 있게 영적 무기를 다루려면 이를 위한 훈련을 통해 나름의 자격을 갖추어야 한다. 또한 올바른 보호 장비 착용법도 익혀야 한다. 이처럼 자신의 무기와 보호 장비를 연구하고, 그 특성과 사용법을 익힌 후에는 적군의 화기도 연구해야 한다.

생명을 위협하는 전쟁 속에서 생존하는 방법을 익히는 것도 중요하다. 이는 자신은 물론 전우의 생명을 위해서도 꼭 필요한 기술이다. 우리는 응급구조법을 배워 부상자들의 환부를 싸매며 치료할 줄도 알아야 한다. 또한 그들의 전투 능력을 회복시킬 방법도 강구해야만 한다.

적군의 전술과 전투 능력을 연구할 때 반드시 살펴봐야 하는 중요 요소가 몇 가지 있다. 먼저 적군의 공격 방법과 형태를 연구하라. 그래야 아군의 방어 체계를 구축할 수 있다. 또한 적의 방어 체계를 연구해야 한다. 그래야 적절한 공격 방법의 계획을 수립, 추진하여 승기를 잡을 수 있다.

그동안 교회는 방어 태세만 취해왔기에 사탄에게 공격을 가하면 그는 화들짝 놀랄 것이다. 이것이 우리에게는 유리한 점으로 작용할 것이다. 지금은 대대적인 응전을 펼칠 때다. 사탄에게 제대로 된 공격을 가하려면 먼저 기본적인 전술부터 배워야 한다.

아군 진영의 안보를 위해 항상 깨어 대비하는 습관이 절실하다. 그 중요성을 지난 과에서 배웠다. 언제 공격해올지 모르는 적에 대해 항상 방어할 준비를 갖추라. 적이 침투한다면 엄청난 손실이 예상되므로 적군이 아군 진영에 아예 발을 들이지 못하도록 사전에 예방하라. 그러므로 초병 근무 차례가 돌아오면 절대로 졸지 마라! 적의 기습 공격에 우리가 화들짝 놀라지 않도록 보안 유지에 각별히 주의해야 한다.

마지막으로 홀로 이 싸움을 싸우는 것이 아님을 명심해야 한다. 우리를 도우시려고 하나님께서는 가장 강력한 무기와 자원을 공급해주셨다. 그리고 우리 곁에는 항상 우리를 위해 싸워주시는 든든한 지원군이 있다. 사도 요한은 이 강력한 영적 지원군에 대해 다음과 같이 설명했다.

> 내가 또 보니 보좌와 네 생물과 장로들 사이에 한 어린 양이 서 있는데 일찍이 죽임을 당한 것 같더라 그에게 일곱 뿔과 일곱 눈이 있으니 이 눈들은 온 땅에 보내심을 받은 하나님의 일곱 영이더라 계 5:6

이 일곱 영은 우리를 돕기 위해, 또 우리와 함께 싸움터에 나가기 위해 보냄을 받았다. 바꿔 말하면 하나님은 우리에게 힘을 주시려고 성령을 보내셨다. 성령을 통해 힘을 얻은 우리는 싸움에서 이기고 마지막 날에 견고히 설 것이다. 일곱 영의 능력으로 우리는 넉넉히 이길 수 있다.

하나님의 일곱 영과 더불어 하나님의 일을 제대로 수행하려면 먼저 하나님이 우리에게 맡기신(부탁하신) 것들의 가치를 높이 인정해야 한다.

> 우리 안에 거하시는 성령으로 말미암아 네게 부탁한 아름다운 것을 지키라 딤후 1:14

당신이 하나님의 뜻을 이루려 할 때, 필요한 모든 능력은 하나님께서 공급해주실 것이다.

> 오직 성령이 너희에게 임하시면 너희가 권능을 받고 예루살렘과 온 유대와 사마리아와 땅 끝까지 이르러 내 증인이 되리라 하시니라 행 1:8

하나님께서는 일곱 영을 통해 사탄을 제압하고 승리하는 능력을 주신다. 승리를 경축하는 잔치에 참여하기 원하는가? 그렇다면 안락함의 자리를 훌훌 털고 일어나 싸움터로 나아가라. 그래야만 열방을 향해 복음을 전할 수 있다.

지금까지 우리는 하나님의 일곱 영 중 세 영에 대해 살펴보았다. 지혜와 계시의 영(대언의 영)을 공부했다. 누가 이 영을 대적하는가? 이세벨의 영이다. 또한 진리의 영을 공부했다. 누가 이 영을 대적하는가? 발람의 영, 곧 거짓의 영이다. 그리고 성결의 영을 공부했다. 누가 성결의 영을 대적하는가? 고라의 영, 곧 반역의 영이다.

출전하기 전, 군 사령관이 계획을 세운다

전쟁 계획이 발표되면, 이제 이 계획은 '작전 명령'이 된다. 작전 명령은 총 다섯 부분으로 구성되는데 먼저 현 '상황'에 대한 명확한 분석 결과가 제시되어야 한다. 이후 작전의 '목표'가 제시되고 작전 '수행' 절차가 설명된다. 작전 수행을 위한 '지원'(병참) 내용과 작전 수행 중 어떻게 '지휘명령 및 신호 체계'를 유지할 수 있는지에 대한 계획이 제시된다. 먼저 첫 번째 구성 내용, 즉 '상황 분석'에 대해 자세히 살펴보고자 한다.

상황 분석은 다시 세 부분으로 나뉜다. 작전 명령 수행 과정 중 가장 중요한 임무 중 하나는 아군의 전력 점검이다. 현대전에서 승리를 보장할 수 있는 최고의 방법은 여러 나라와 연합하여 아군의 전투력을 증대하는 것이다. 이는 영적 전쟁에서도 마찬가지다. 각 교회가 독자적으로 전술을 펴기보다는 연합 작전이 훨씬 더 효과적이다. 연합 전선을 구축하면 사탄을 제압할 수 있는 힘이 증강된다. 그러므로 전쟁이 시작되기 전에 아군 진영에 편제할 만한 국가, 부대, 전투 요원을 확인해야 한다. 그들과 연합했을 때 아군의 전력과 사기에 어떤 득이 될지 미리 계산하라.

둘째, 아군의 상황을 점검한 후에는 적군의 상황을 점검해야 한다. 이를 위한 몇 가지 기초적인 질문은 다음과 같다. 적의 전투력은 어떻게 구성되는가? 적군은 몇 명이고, 어떤 훈련을 받았는가? 전쟁이 발발할 때 즉시 동원될 수 있는 적군은 몇 명 정도인가? 적은 어떤 무기를 사용하는가? 특히 마지막 질문이 중요한 이유는 화력(무기)에서 우위를 점할 경우 전쟁에서 유리한 고지를 차지하게 되기 때문이다.

셋째, OCAKO라는 약자로 설명된다. O는 Observation and fields of fire의 첫 글자인데 이를 해석하면 '관측과 사격 범위'다. 교전 중에는 적의 동태를 관측하기 용이한 곳에 자리를 잡고 사선(射線)을 정한다. 사선에 선 병사들은 각자의 사격 범위를 지켜야 아군오살의 실수를 범하지 않는다. 각각의 병사는 보통 두 조각의 나뭇가지로 자신의 사격 범위를 표시하는데, 하나는 자신의 좌편에 다른 하나는 우편에 꽂는다. 오직 정해진 두 지점 사이의 공간에서만 총구를 움직일 수 있다. 높은 곳에 자리를 잡고 교전할 때 훨씬 선명한 관측 시야를 확보할 수 있어서 이득이다.

C는 Cover and concealment의 첫 글자인데 이를 해석하면 '은폐와 엄폐'다. 은폐는 당신과 적군 사이에 위치한 구조물이다. 나무나 바위 등이 여기에 해당한다. 당신은 그 뒤에 숨어 적의 소형 화기(소총) 공격으로부터 자신을 보호할 수 있다. 엄폐는 적의 시야를 완전히 가리는(그래서 당신의 움직임이 발각되지 않는) 지형, 혹은 구조(물)를 말한다. 이와 관련하여 중요한 질문을 던지겠다: 당신은 현재 원수의 눈에 발각되지 않을 장소에 은폐, 엄폐해 있는가?

A는 Avenues of approach의 첫 글자로, 이를 해석하면 '접근 가능 경로' 다. 혹시 당신이 선택한 경로는 적진을 급습하는 데 도움이 되는 지형인가? 은폐와 엄폐물이 많은 경로를 선택하는 것이 좋다. 또 다른 질문을 던지겠다: 현재 당신이 자리한 곳은 적의 진입이 어려운 곳인가? 적군에게 용이한 은폐, 엄폐물이 없는 곳이라면 적은 쉽게 진입하지 못한다(그들의 움직임이 훤히 보이는 경로로 당신이 사격을 집중할 수 있기 때문이다). 하지만 기억하라. 당신의 적 역시 이미 지형 관측을 끝낸 상태다. 당신이 접근할 만한 길목을 골라 집중 사격을 가할 수도 있다.

K는 Key terrain의 첫 글자로, '주요 지형'이다. 작전 수행에 있어 전쟁터의 지형이 당신에게 혹은 적군에게 유리한지 살펴보라. 당신은 주요 지형에 알맞은 작전 계획을 세워야 한다. 또한 지형 연구를 통해 적의 공격 경로와 공격 유형을 예측할 수도 있다. 가파른 산세, 바위 계곡, 호수, 강, 평지 등, 이 모두는 당신의 작전 수립에 영향을 주는 주요 지형이다.

마지막으로 O는 Obstacles의 첫 글자인데, 그 뜻은 '장애물'이다. 당신의 움직임을 방해하는 장애물이 있는가? 인조 장애물이든 천연 장애물이든 이동 능력을 저해하고 성공의 기회를 잠식하는 장애물이 있는가?

민수기를 보면 하나님께서 이스라엘 백성을 군대로 삼으시고 지휘하기 시작하시는 것을 알 수 있다. 이제 13장을 펴서 읽으라. 모세는 '약속의 땅'의 정탐을 명령받는다. 그 땅의 거주민들과 싸우기 전에 이스라엘 백성은 먼저 그곳을 정탐해야 했다. 그런데 하나님께서 왜 그 땅의 정탐을 명령하셨는가? 그곳의 정보를 모르시기 때문인가? 아니다! 하나님은 모든 것을 아시는 분이다. 심지어 모든 문제의 해결책을 다 아신다. 하나님께서 그들에게 정탐을 명령하신 이유는 위에 열거된 정보를 알아볼 수 있는 기회를 주시기 위해서다. 정탐꾼을 파견하라는 명령을 받은 후에 모세는 정탐꾼을 선별했다. 향후 전쟁에 필요한 정보 분석을 위해 어떤 정보를 수집해야 하는지도 일러두었다. 모세가 지시했던 정보 수집 지침은 오늘날 군사작전 계획을 세우기 위한 '상황' 분석 과정과 일치한다.

이제 다음 주제로 넘어갈 텐데 먼저 위에 제시한 정보들을 기억하라. 꼭 기억하기 바란다. 왜냐하면 지금까지 논의한 내용과 이제부터 논의하게 될 주제 사이에 연결 고리가 없는 것처럼 느껴질 것이기 때문이다. 물론 첫눈에는 그렇게 보일 것이다. 하지만 위의 내용과 아래의 내용은 긴밀하게 연관되어 있다. 그러니 아래의 긴 내용을 살펴보며 위의 내용과 어떤 연관성이 있을지 생각해보기 바란다.

흐름

지금부터 성경의 핵심 개념 한 가지를 살펴보고자 한다. 성경에는 다양한 핵심 개념이 나오는데 그중 여러 번 언급된 것 하나가 바로 '흐름'이다.

> 한 시내가 있어 나뉘어 흘러 하나님의 성 곧 지존하신 이의 성소를 기쁘게 하도다 시 46:4

여러 갈래로 나뉘는 시내가 있다. 시내가 있으니 그곳에 '흐름'이 있다. 하나님께서 성령을 부어주시는 현장에 가본다면, 당신은 실제로 그 흐름을 느낄 수 있을 것이다. 분별의 은사가 있다면 그곳에 '흐름'이 있음을 더욱 생생하게 인식할 수 있다. 예수님은 니고데모에게 '흐름'의 인식에 대해 가르쳐주시고자 했다. 하지만 물리 현상을 이해하는 데 어려움을 느낀다면 '거듭남'은 더더욱 이해할 수 없다는 것이 예수님의 말씀이었다.

> 바람이 임의로 불매 네가 그 소리는 들어도 어디서 와서 어디로 가는지 알지 못하나니 성령으로 난 사람도 다 그러하니라 요 3:8

예수님의 말씀처럼 거듭남은 바람이 '흐르는' 것과 같다. 당신은 바람이 어디에서 오고 어디로 가는지 알 수 없다. 하지만 바람이 분다는 사실만큼은 알 수 있다. 바람이 와서 몸에 닿기 때문에 바람의 존재를 아는 것이다.

마찬가지로 당신이 성령으로 거듭난 사람 곁에 있으면 그에게 성령의 '흐름'을 느낄 수 있을 것이다. 진지하게 예배드릴 때, 당신은 성령님께서 움직이시는 것을 느끼며 그곳에 '흐름'이 있음을 인식하게 될 것이다. 요한 역시 하나님의 보좌에서 발원하는 '흐름'에 대해 이야기한다.

> 또 그가 수정 같이 맑은 생명수의 강을 내게 보이니 하나님과 및 어린 양의 보좌로부터 나와서 계 22:1

요한은 그 흐름을 '생명수의 강'이라고 설명했다. 이로써 우리는 영적 '흐름'의 실체를 알게 되었다. 거듭난 사람에게서 느낄 수 있는 성령의 흐름은 바로 '생명'인 것이다. 본래 생명은 하나님에게서 발원하는데 마치 강처럼 흐른다. 하나님에게서 발원한 생명력이 강같이 흘러 살아 있는 모든 것에 닿는다. 그것은 온 세상의 모든 생명체를 '살아 있게' 만드는 영적 능력이다.

나를 믿는 자는 성경에 이름과 같이 그 배에서 생수의 강이 흘러나오

리라 하시니 이는 그를 믿는 자들이 받을 성령을 가리켜 말씀하신 것
이라 (예수께서 아직 영광을 받지 않으셨으므로 성령이 아직 그들에
게 계시지 아니하시더라) 요 7:38-39

위의 구절에서 예수님은 이 흐름과 그것이 가리키는 영적 실체를 명
확하게 연결하여 설명해주셨다. 실제로 사람의 배에서 물이 터져 나올
것을 말씀하신 것은 아니다. 만일 정말 배에서 물이 흐른다면 참으로 이
상한 일일 것이다. 예수님께서 말씀하신 '흐름'은 자신이 영광 받으신
후에 성도들이 받게 될 성령을 지칭한다. 그리고 그 성령은 바로 '생명'
(생수)이다. 예수님이 말씀하신 것은 '현실'이다: 우리는 예수님을 믿는
자에게서 실제로 성령의 흐름, 생명의 흐름을 느낄 수 있다.

이 개념은 하나님의 일곱 영과도 연관되어 있다. '흐름'의 개념을 염
두에 두고, 이 훈련 가이드의 주제 성구를 다시 한 번 읽어보자.

내가 또 보니 보좌와 네 생물과 장로들 사이에 한 어린 양이 서 있는
데 일찍이 죽임을 당한 것 같더라 그에게 일곱 뿔과 일곱 눈이 있으
니 이 눈들은 온 땅에 보내심을 받은 하나님의 일곱 영이더라 계 5:6

하나님의 일곱 영은 보좌로부터 '흘러' 나온 영들이다. 예수님께서는
이 '흐름'을 우리에게 선사하셨다. 이 흐름 덕분에 우리는 삶과 사역의
현장과 일터에서 하나님의 능력을 사용할 수 있게 되었다. 예수님은 이
'흐름'의 개념을 한 단계 더 발전시키셨다. "살리는 것은 영이니 육은
무익하니라 내가 너희에게 이른 말은 영이요 생명이라"(요 6:63). 이 구
절에서 예수님은 '생명'을 언급하셨는데, 생명의 개념이 '흐름'을 더욱
명확하게 설명해준다. 지금껏 이야기한 '흐름'의 실체는 바로 '생명'이
다. 이 생명은 우리의 육을 살려내기까지 한다. 정리하면, 하나님의 일

곱 영이 역사하셔서 하나님의 생명이 우리 안으로 '흘러' 들어 왔다. 예수님은 이 말씀을 전하고 계신다.

일곱 영 중 하나는 생명의 영이다

> 이는 그리스도 예수 안에 있는 생명의 성령의 법이 죄와 사망의 법에서 너를 해방하였음이라 **롬 8:2**

여기에 언급된 '생명'의 헬라원어는 '조에'(zoe)다. 이는 성도들에게 주시는 하나님의 생명을 지칭한다. 하나님의 생명은 강같이 흐른다. 이 생명은 하나님에게서 발원하여 우리에게 흘러들어 오고, 온 세상으로 퍼져 나간다. 모든 성도에게는 생명의 성령의 '흐름'이 내재해 있다. 그러므로 당신이 어떤 환경에 있든지 상관없이 그곳에는 생명의 흐름이 있다. 이 흐름은 당신을 통하여 당신 주변으로 흘러나간다. 이것은 일종의 '법칙'과 같다. 생명의 성령은 죄와 사망의 법에서 우리를 해방시키신다. 그 영향력이 주변 사람에게도 흘러간다.

> 자녀들은 혈과 육에 속하였으매 그도 또한 같은 모양으로 혈과 육을 함께 지니심은 죽음을 통하여 죽음의 세력을 잡은 자 곧 마귀를 멸하시며 또 죽기를 무서워하므로 한평생 매여 종 노릇 하는 모든 자들을 놓아 주려 하심이니 **히 2:14-15**

히브리서의 기자는 죄와 죽음의 세력을 마귀가 잡고 있다고 밝혔다. 죄와 사망은 그동안 모든 인류의 생명을 억압해온 두 가지 요소였다. 그러나 하나님에게서 발원하여 예수 그리스도를 통해 흘러들어 온 생명이 우리를 옭아매었던 사망의 세력을 완전히 끊어버렸다. 이에 우리는 죽음의 속박에서 자유롭게 되었다.

당신은 예수님께서 생명의 영을 통해 전해주신 생명의 흐름을 경험해 본 적이 있는가? 과거의 위대한 부흥을 공부해보거나 오늘날 성령님께서 역사하시는 현장을 찾아가보면 이 흐름의 운행을 발견할 수 있다. 그것은 마치 하나님의 생명력이 봇물처럼 터져 나와 각 사람을 흠뻑 적시는 것과 같다. 그 흐름의 영향력은 사람들의 삶에 일어나는 모든 일에까지 미친다. 현재 어떤 단계의 우울증을 겪든지 어떤 형태의 파멸을 경험하든지 상관없다. 일단 생명의 영이 우리의 삶에 파고들면 저주와 죽음이 끊어진다. 죽어가는 사람에게 생명이 임한다.

만일 당신이 이와 같은 성령의 역사 속에 있다면 하나님의 영이 당신 안에서 운행하시는 것을 생생하게 느낄 수 있을 것이다. 과거에는 알지 못했던, 이전보다 훨씬 더 높은 차원의 존재로 거듭나는 느낌을 받을지도 모른다. 이처럼 생명의 돌파구가 열릴 경우, 어쩌면 생명의 영이 당신을 압도하여 그 자리에 서 있는 것조차 힘들지도 모른다. 생명의 영은 큰 힘으로 당신을 압도하여 바닥에 내동댕이칠 수도 있다. 그 자세 그대로 당신은 한동안 꼼짝달싹 못할 것이다. 마치 누군가 당신에게 핀을 꽂아 바닥에 고정시킨 것처럼 말이다.

처음에는 사망과 의혹의 영에 붙들린 채 못마땅한 표정으로 당신을 쳐다보는 사람들도 있을 것이다. 그러나 이후에 그들 역시 생명의 영에 압도되어 바닥을 나뒹굴 것이다. 그들의 변화 과정을 지켜보노라면 참으로 재밌고 흥미롭다. 그들이 다시금 자리에서 일어설 때, 얼굴에서 풍기는 분위기 자체가 변해 있는 것을 보게 될 것이다. 그러면 그들과 함께 새 생명을 기뻐하며 찬양할 수 있다.

나는 성령의 넘쳐나는 역사를 기뻐하고, 생명의 영을 사모한다. 성령님께서 넘치도록 역사하시는 곳이라면 어디든지 달려갈 것이다. 그곳을 떠날 즈음, 나는 생명의 영으로 재충전되고 또 그 흐름을 마음 깊이 간직하게 되리라!

하지만 생명의 흐름이 왕성한 때에 어떤 불미스러운 일들이 터지는 바람에 성령의 역사가 중단되는 것을 수없이 목격해왔다. 과거의 위대한 부흥 운동을 공부해본다면 이 같은 일들이 반복되었음을 알 수 있다. 부흥의 현장에서 이처럼 안타까운 일이 눈앞에 벌어지는 것을 지켜보면서도 당신은 이를 쉽게 인정하기 어려울 것이다. "아니야. 말도 안 돼. 이래서는 안 돼!"

사실 생명의 흐름은 결코 저지될 수 없다. 그러므로 당신은 그러한 사태 앞에서 의아해할 것이다. "도대체 무슨 일인가?", "방금 막 하나님의 영광을 체험한 사람들에게 어떻게 이런 일이 일어날 수 있지?", "생명의 강줄기를 맛본 사람들에게 어떻게 이런 일이?", "그토록 강력했던 부흥의 불길이 어떻게 이리도 쉽게 사그라질 수 있단 말인가?"

원수는 항상
생명의 영을 대적한다

사탄은 생명의 영을 경험한 사람들에게 공격을 가한다. 기습 공격은 물론 온갖 방법을 동원하여 생명의 흐름을 가로막는다. 부흥 운동을 이끄는 사람들을 대적하는 것은 물론, 생명의 영에게 선한 영향을 받은 모든 사람을 공격 대상으로 삼는다. 이것이 바로 우리가 상대하는 적군이다. 기억하라. 사탄의 목적은 훔치고, 죽이고, 파멸시키는 것이다.

생명의 영을 대적하기 위해 사탄이 파송하는 정사와 권세가 있다. 그에 대해 더 자세히 알기 원한다면 유다서를 연구하라.

이 사람들은 무엇이든지 그 알지 못하는 것을 비방하는도다 또 그들은 이성 없는 짐승 같이 본능으로 아는 그것으로 멸망하느니라 화 있을진저 이 사람들이여 가인의 길에 행하였으며 삯을 위하여 발람의 어그러진 길로 몰려 갔으며 고라의 패역을 따라 멸망을 받았도다 유 1:10-11

침투하기 좋아하는 이 영은 우리의 보안 시스템을 뚫고 침투하여 성도 중 약한 사람을 대상으로 공격을 개시한다. 내부에서의 공격은 아군에게 큰 피해를 안긴다. 유다는 그렇게 공격당하여 넘어가는 사람들을 '이성 없는 짐승'으로 묘사했다. 다른 말로 하면, 그들은 성령을 따라 사는 사람이 아니라 육신을 따라 사는 사람이다. 이러한 사람은 자신이 속한 그룹을 대적하는, 사탄의 도구로 이용되기 쉽다. 그러므로 사전에 위험을 미리 계산해두어야 한다. 그룹 멤버나 교인 중에 사탄에게 이용당하여 교회 안에서 더러운 일을 수행할 가능성이 있는 사람들을 미리 파악해두라. 유다는 그러한 사람들이 어떤 특징을 나타내는지 힌트를 주고 있다. "이 사람들은 원망하는 자며 불만을 토하는 자며 그 정욕대로 행하는 자라 그 입으로 자랑하는 말을 하며 이익을 위하여 아첨하느니라"(유 1:16). 나는 교회 안에서 이러한 사람들을 수없이 봐왔다. 끊임없이 원망하고 불평하며, 자신의 이(利)를 위해 남을 이용해먹는다. 하지만 조금의 거리낌도 부끄럼도 없는 사람들이다. 사탄은 이들을 통해 생명의 영을 대적한다.

이러한 위험성을 나타내는 사람들의 특징은 19절에서도 나온다. "이 사람들은 분열을 일으키는 자며 육에 속한 자며 성령이 없는 자니라"(유 1:19). 사탄은 성격에 결함 있는 사람을 찾아 그를 사용하여 공동체를 분열시킨다. 이들은 주변 사람들에게 불평과 불만의 태도를 전염시킨다. 그래서 멀쩡하던 사람도 이들의 영향을 받고 불평하기 시작할 것이다. 이 점에 대해 예수님께서 하신 말씀을 들으라. "예수께서 대답하여 이르시되 너희는 서로 수군거리지 말라"(요 6:43). 군더더기 하나 없는, 참으로 깔끔한 명령이다. 더군다나 유다는 이런 부류의 사람들에게 '성령이 없다'라는 평가를 내렸다. 육을 따라 살아가는 사람들은 생명의 영을 가진 사람들에게 적대감을 표출하고 공격을 가한다.

유다의 증언에 의하면 생명의 영을 방해하는 사탄의 수하는 '가인의 영'이다. 가인의 영은 '살인의 영'이다. '사망의 영'이라고도 말할 수 있다.

이세벨의 영이 이세벨이 아니듯이 '가인의 영' 역시 '가인'이 아니다. 가인은 아주 오래전에 죽었다. 하지만 가인에게 악영향을 미쳤던 영은 지금도 존재한다. 유다서는 신약시대의 저술인데, '가인의 영'에 대한 언급이 나오는 것으로만 봐도 이 영이 구약시대를 지나 신약시대에도 존재한다는 사실을 알 수 있다. 지금 이 시대도 마찬가지다. 우리는 이 영의 영향력으로부터 자유롭지 못하다. 가인의 영을 이해하기 위해 성경에 기록된 최초의 살인 사건을 살펴보자.

> 가인이 그의 아우 아벨에게 말하고 그들이 들에 있을 때에 가인이 그의 아우 아벨을 쳐죽이니라 창 4:8

당시에 아벨은 어떤 일이 일어나게 될지 감조차 잡지 못했다. 그저 형 가인의 제안에 따라 들판으로 나선 것뿐이다. 아마 재미있는 일을 함께 하리라 예상했을는지도 모른다. 하지만 가인의 의도는 아벨의 예상과 달랐다. 가인은 동생을 죽일 작정이었다. 이것이 바로 사탄의 업무 수행 방식이다. 사탄은 아벨에게 일어났던 일을 당신에게도 동일하게 행하기 원한다. 그는 당신을 죽이기 원한다. 동생을 죽인 가인처럼 사탄 역시 당신을 '들판'으로 꾀어낼 것이다. 당신은 그곳에서 무언가 재미있는 일이 일어나리라 기대할 것이다. 하지만 사탄이 당신을 위해 준비한 것은 '재미'가 아니라 '사망'이다. 우리는 이러한 원수가 존재한다는 사실조차 생각하기 싫어한다. 하지만 어쩔 수 없는 현실이다. 날마다 이 사실과 부딪치며 살아야 한다. 왜 수많은 나쁜 일이 그토록 빈번히 발생하는가? 사탄이 자신의 입맛에 맞는 사람들을 교묘하게 이용하여 무고한 사람을 죽이게끔 만들기 때문이다. 특히 생명의 영을 따라 살아가는 사람들을 말이다.

대부분의 사람은 자신이 사탄에게 이용당하지 않으리라 자부한다. 자신은 결코 다른 사람을 살해하지 않으리라 확신하며 이 영이 자신을 지배할 확률 따위는 생각조차 않는다. 사실 아무도 살해한 적이 없지 않은가? 그러므로 당신 스스로는 무고하다고 생각할지 모른다.

그런데 예수님의 말씀이 마음에 걸린다. 왜냐하면 당신은 매일같이 독한 말로 영적 살인을 저지르고 있기 때문이다. 칼이 아닌 혀로 사람들을 죽이는 것이다. '실제로' 죽인다. 지금도 수많은 사람이 자신의 혀를 잘 단련하여 다른 사람의 인격을 짓밟는 무기로 사용한다. 소속 그룹 내에서 다른 사람이 자신보다 더 '잘 나가는' 꼴이 보기 싫어서 그들의 업무 능력을 세 치 혀로 말살시켜버린다. 혀를 놀려 다른 이의 명성이나 평판을 바닥에 내동댕이치기도 한다. 말이 상처를 내고, 말이 사람을 죽인다. 당신의 언어 습관은 어떠한가?

사탄이 이러한 일에 당신을 사용하지 못하도록 근신하라. 깨어 있으라. 갈라디아의 성도들에게 사도 바울이 전하는 경고의 말씀을 집중해서 들으라.

> 만일 서로 물고 먹으면 피차 멸망할까 조심하라 갈 5:15

서로 물어뜯고 서로 못 잡아먹어 안달이 나면 우리가 속한 공동체는 망한다! 반드시 망할 것이다. 사람들이 이렇게 말하는 것을 들어본 적이 있는가? "저 사람은 완전히 씹어야 정신을 차릴 거야!" 농담같이 들리지만 이런 말을 내뱉는 사람은 실제로 그렇게 한다.

사람들은 누군가를 코너로 몰아 물어뜯고 집어삼킨다. 게다가 이를 자랑스럽게 여기기까지 한다. 혀로 남의 영혼을 때려눕히고, 부수고, 죽이는 것도 불사한다. 이처럼 서로 물어뜯는 것만으로도 교회는 완전히 파괴될 수 있다. 그래서 바울은 가인의 영에 짓눌려 있는 갈라디아 교회에 이러한 내용으로 경고를 보낸 것이다.

만일 당신이 원수의 속임수에 넘어가 남을 물어뜯는다면 그 피해는 당사자에게만 돌아가지 않을 것이다. 사탄의 도구가 되어 당신은 공동체 전체를 공격하게 될 것이기 때문이다. 이에 공동체가 무너지면 구성원이 모두 넘어진다. 당신의 혀가 빚어낸 참담한 결과를 직접 맛보게 될 것이다.

> 죽고 사는 것이 혀의 힘에 달렸나니 혀를 쓰기 좋아하는 자는 혀의 열매를 먹으리라 잠 18:21

당신의 혀가 빚어낼 폐단이 얼마나 끔찍할지 생각해본다면 당신은 하나님께서 왜 중상모략, 거짓말을 그토록 혐오하시는지(문자 그대로 혐오) 알 수 있을 것이다. 성경에 의하면 하나님은 이러한 언어 습관을 싫어하신다. 잠언 6장 16-19절을 읽어보라.

> 여호와께서 미워하시는 것 곧 그의 마음에 싫어하시는 것이 예닐곱 가지이니 곧 교만한 눈과 거짓된 혀와 무죄한 자의 피를 흘리는 손과 악한 계교를 꾀하는 마음과 빨리 악으로 달려가는 발과 거짓을 말하는 망령된 증인과 및 형제 사이를 이간하는 자이니라 잠 6:16-19

왜 하나님께서는 이러한 것들을 혐오하시는가? 이러한 습관 자체가 생명의 영에 대한 직접적인 공격이기 때문이다. 성령보다는 악한 영에게 더 많은 영향력을 받는 사람들이 이러한 습관을 보인다. 그들은 사탄의 속임에 넘어가 공동체의 내부부터 공격한다. 결국 예수 그리스도의 뜻을 저버리고 그분을 배반하기에 이른다. 공동체에 큰 해악을 끼치는 것은 물론 복음의 전파를 방해하며 선교의 걸림돌이 되기도 한다.

세상에 복음을 전하는 최상의 방법은 '사랑'이다. 이웃에 대한 사랑을 보여주는 것이 가장 효과적인 선교법이다. 반대로 복음 전파를 저지하는 최상의 방법은 서로 물어뜯는 모습을 보여주는 것이다. 이러한 모습을 보고 그 공동체의 일원이 되고픈 사람이 도대체 어디 있겠는가?

교회 안에서 생명의 영이 역사하실 때, 사탄은 항상 가인의 영을 파송한다. 가인의 영은 지체함 없이 공격을 개시한다! 장담하건대 이러한 일은 반드시 일어날 것이다. 교회가 살아 움직이고 역동하여 성장할 때, 가인의 영이 항상 개입한다. 그러면 공동체의 구성원들은 서로를 물어뜯고 잡아먹으려 안달할 것이다. 그들 스스로가 공동체의 성장을 가로막게 된다.

시편 기자는 가인의 영을 따라 행하는 악한 사람들의 습성을 이야기했다(시 10편 참조). 어쩌면 시편 10편은 시편 9편의 연장선상에 있다고 볼 수 있다. 시편 9편에서 다윗은 살인으로 이어지는 악(惡)의 깊이에 대해 논했는데, 9편과 10편은 이합체 시(영어로는 acrostic psalm이라고 한다. 히브리 원어로 보면 9편과 10편을 구성하는 각 문장의 첫 글자가 히브리 알파벳 순서로 되어 있다. 이런 형태의 시를 이합체 시라고 한다-역자 주)로서 서로 연결되어 있다. 그러므로 9편과 10편을 한 편의 시로 간주하고 이해해야 올바르게 해석할 수 있다. 이 시를 통해 가인의 영에 의해 지배를 받는 사람들의 특징을 자세히 살펴보자.

> 그의 입에는 저주와 거짓과 포학이 충만하며 그의 혀 밑에는 잔해와 죄악이 있나이다 그가 마을 구석진 곳에 앉으며 그 은밀한 곳에서 무죄한 자를 죽이며 그의 눈은 가련한 자를 엿보나이다 시 10:7-8

가인의 영은 파괴하는 영이다. 그의 목표는 살인이다. 그는 하나님의 백성을 삼키고 파멸하기를 좋아한다. 그는 정갈한 맛에 풍미를 더하는 중상과 모략을 미끼로 하나님의 백성을 깊은 함정에 빠뜨린다. 당신도 이 점에서는 자유롭지 못하다. 당신이 싫어하는 사람에 대한 헛소문이나 추문을 들었을 때를 생각해보라. 그러한 소문은 한입 베어 물기에 '딱' 이다. 싫어하는 정치가에 대한 추문은 참 맛있는 '한입' 이 아닌가? 하지만 이런 식으로 한입씩 계속 베어 문다면 어떻게 되겠는가? 주의하라! 얼마 지나지 않아 당신 역시 가인의 영이 발하는 최고의 능력 안에서 사탄에게 조종당할 테니까 말이다. 사태가 이 정도까지 되면 이제 당신 스스로가 풍문을 제조해낼 것이다. 당신은 맛좋은 먹잇감이 나타날 때까지 매복해 있다가 맘에 안 드는 사람을 세 치 혀로 감아 꿀꺽 삼켜버릴 것이다.

그러나 당신에게 어떤 일이 일어났는가? 실은 사탄의 매복에 당신이 걸려 들어간 것이다! 우리가 이 정도로 어리석어야 되겠는가? 이보다는 더 현명해야 하지 않겠는가? 더 이상 사탄의 저급한 계략에 넘어가서는 안 된다.

가인의 영을 허락한다면 일단 당신의 언어부터 변할 것이다. 사악한 말, 지독한 말들을 내뱉기 시작할 것이다. 만일 이러한 사람이 주변에 있다면 그들의 말을 분석해보라. 아마 누군가가 죽어야만 그들의 직성이 풀릴 것이다. 그들의 말에 담긴 미움과 적대감은 실로 깊다. 사람들을 미워하는 발언, 그들을 "파멸시키겠다"는 발언의 수위는 점점 더 높아져만 간다.

가인의 영은 교회를 찢어 분열시킨다. 가인의 영이 바라는 바다. 성도 간의 교제를 파괴한다. 이것은 그의 또 다른 목표다.

그는 그리스도의 몸 된 교회 안에 생명의 영이 흐르는 것을 혐오한다. 최선을 다해 그 흐름을 막는다. 성도들이 사탄의 꾐에 넘어가 이러한 소모전에 휘말릴 경우 사탄은 더 큰 승리를, 교회는 더 큰 패배를 안게 된다. 이에 바울은 로마 교회의 성도들에게 다음의 충고를 전했다: "너희를 박해하는 자를 축복하라 축복하고 저주하지 말라"(롬 12:14).

원수의 전략과 전술을 연구하여 그의 공격에 대비하라. 사전에 방어진을 구축하라. 가인의 영이 침투했을 때 곧바로 식별할 줄 알아야 한다. 그리고 온 교회가 연합하여 그 영을 축출해야 한다. 근신하여 깨어 있으라. 가인의 영은 당신이 방심할 때, 영적으로 잠들어 있거나 무방비 상태일 때, 공격할 것이다.

전시에 초병 근무 중 잠든 병사가 받게 될 형벌을 생각해보라. 대부분 국가의 군법에 의하면, 전시 중 초병 근무를 소홀히 한 병사는 사형을 언도받는다. 사안 자체가 심각하기 때문이다. 그동안 우리는 교회에서의 일들을 너무 쉽게 생각한 나머지 주님의 경고를 진지하게 받아들이지 않았다. 물론 하나님은 은혜로우시고 자비가 풍성하사 우리를 용서해주신다. 문제는 우리가 하나님을 너무 쉽게 생각한다는 것이다. 예수님은 언제 원수가 공격할지를 가르쳐주시고자 다음의 비유를 말씀하셨다.

> 예수께서 그들 앞에 또 비유를 들어 이르시되 천국은 좋은 씨를 제 밭에 뿌린 사람과 같으니 사람들이 잘 때에 그 원수가 와서 곡식 가운데 가라지를 덧뿌리고 갔더니 마 13:24-25

전쟁 중 일어날 수 있는 최악의 상황은 적이 아군 진영에 잠입하는 것이다. 이때는 적 방향으로 사격을 가해야 한다. 물론 아군을 향해 사격해서는 안 된다. 하지만 어쩔 수 없이 아군끼리 총격을 가하는 사태가 발생할 수도 있다. 참으로 비극이 아닐 수 없는데, 너무나 안타깝게도 이러한 일이 반복되고 있다. "이런 일은 절대 발생하지 않을 거야. 특히 나한테는…" 그러나 이렇게 생각하는 사람들이 가장 위험하다. 사탄은 이런 생각을 가진 사람들부터 공격한다. 거만한 태도와 교만 때문에 그들은 그 누구보다 먼저 사탄의 유혹에 넘어갈 것이다. 이러한 가능성 자체를 가장 강력히 부인하는 사람이야말로 가장 쉽게 넘어진다. 그러므로 근신하라. 깨어 있으라. 적군이 아군 진영에 침투하려는, 치열한 전쟁 중이기 때문이다.

하나님께서는 우리에게 파수꾼들을 보내주셨다. 그들은 성벽에 올라가 적의 움직임을 살핀다. 파수꾼과 초병은 항상 긴장해야 한다. 경계 태세를 늦추지 말아야 한다.

적이 침투하면 사람들은 불평한다. "왜 하나님은 미리 그들을 제거하시지 않는가?", "그냥 하나님이 오시면 모든 문제가 해결될 텐데… 하나님이 오셔서 그들의 입을 닫으시면 되는 것 아닌가?", "왜 하나님은 그렇게 안 하시는가?"

물론 하나님이 신경을 안 쓰시는 것은 아니다. 그러나 하나님은 우리를 신뢰하시기 때문에 우리에게 초병의 임무를 맡기셨다. "근신하고 깨어 있으라"라고 명령하시며 그 중요성을 연거푸 강조하셨다. 그러므로 초병 근무를 서다가 잠들어버려서 적의 침투를 허용했다면 그것은 우리 잘못이지 하나님의 잘못이 아니다.

하나님은 교회 안에서 문제를 일으키는 사람들을 곧바로 제거하시지 않는다. 여기에는 몇 가지 이유가 있는데, 첫 번째는 방금 말한 것처럼 우리에게 초병의 책임을 맡기셨기 때문이다. 문제를 일으키는 사람을 식별하여 우리가 해결할 때까지 가만히 놔두시는 것이다.

또 다른 이유는 하나님께서 나름의 계획을 갖고 계시기 때문인데, 예수님의 비유에 그 계획의 핵심이 잘 설명되어 있다.

> 주인이 이르되 가만 두라 가라지를 뽑다가 곡식까지 뽑을까 염려하노라 둘 다 추수 때까지 함께 자라게 두라 추수 때에 내가 추수꾼들에게 말하기를 가라지는 먼저 거두어 불사르게 단으로 묶고 곡식은 모아 내 곳간에 넣으라 하리라 마 13:29-30

하나님은 가라지가 제거될 때 알곡까지 같이 제거될까 봐 염려하신다. 이러한 이유로 문제를 일으키는 사람들을 오래도록 내버려두시곤 한다. 사람들은 서로 연결되어 있다. 만일 어떤 사건을 빌미로 교회가 누군가를 내보내면, 그것을 본 마음 약한 성도들이 상처를 받고 교회를 떠나기도 한다. 그의 잘못 때문에 어쩔 수 없이 내보내는 경우일지라도, 누군가가 쫓겨나는 모습을 본 사람들은 마음에 지워지지 않는 큰 상처를 입곤 한다.

보통 한 교회에서 상처를 받으면 다른 교회를 찾아 신앙생활을 유지하지만, 간혹 사탄이 이를 방해하기도 한다. 그는 우리가 아예 교회 근처에는 얼씬도 하지 못하게 막는다. 이러한 이유로 몇몇 교회에서 상처를 받은 후, 기독교 전체를 비난하는 사람들이 부지기수다. 하지만 하나님은 단 한 명의 영혼도 잃어버리는 것을 원치 않으신다.

하나님께서 가라지를 일찍 제거하지 않으시는 또 다른 이유는 장차 알곡으로 변화될 가능성이 있기 때문이다. 생명의 영이 임하면 주님의 알곡으로 변모할 가능성이 있는 가라지는 일찍 제거하지 않으신다. 하나님은 우리가 못 보는 것을 보시는 분이다. 하나님은 미래를 아신다. 우리 각자의 이야기가 어떻게 '결말' 날지도 아신다. 하나님은 그분의 지혜로 아직 제 시즌을 만나지 못한 사람들을 분별하시고 그들에게 은혜를 베푸신다. 그래서 가라지를 일찍 솎아내지 않으시는 것이다.

예배 중에 이런 일이
발생하곤 한다

예배의 스타일을 놓고 서로 비난의 말을 내뱉는 것을 들어보았는가? 사람들은 자신의 예배 스타일에 대해 누군가 왈가왈부하는 것을 싫어한다. 자신의 예배 스타일에 민감하기 때문이다. 반면에 다른 사람의 예배 방법 때문에 상처를 받곤 한다. 부흥 운동에 대동되는 여러 가지 현상으로 인해 부흥 자체를 비난하는 사람도 있다. 혹시 '거룩한 웃음' 혹은 '웃음 부흥'으로 대변되는 현상들을 기억하는가? 지금까지도 이에 대한 비난의 목소리가 높은데, 이를 비난하는 사람들은 그러한 웃음이 품위 없어 보이고 어리석어 보인다고 말한다. 하지만 참을 수 없는 웃음, 멈추지 못하고 웃는 사람들은 오히려 사랑스러워 보인다. 또 어떤 이들은 특정한 찬양과 멜로디가 여타의 다른 찬양보다 훨씬 더 성스럽고 거룩하다고 생각한다. 봉헌 방법을 불평하는 사람, 헌금 설교를 못마땅하게 생각하는 사람도 있다. 성령의 임재 때문에 뒤로 넘어지는 사람들을 보면서 화를 내는 이도 있고, 방언으로 기도하는 사람을 보며 마음에 상처를 입는 사람도 있다. 그런데 이 모든 불만과 불평의 배후에는 엄청난 독선과 교만이 자리하고 있다. 가인의 영에 의한 첫 번째 공격을 기억하라.

세월이 지난 후에 가인은 땅의 소산으로 제물을 삼아 여호와께 드렸고 아벨은 자기도 양의 첫 새끼와 그 기름으로 드렸더니 여호와께서 아벨과 그의 제물은 받으셨으나 가인과 그의 제물은 받지 아니하신지라 가인이 몹시 분하여 안색이 변하니 여호와께서 가인에게 이르시되 네가 분하여 함은 어찌 됨이며 안색이 변함은 어찌 됨이냐 네가 선을 행하면 어찌 낯을 들지 못하겠느냐 선을 행하지 아니하면 죄가 문에

엎드려 있느니라 죄가 너를 원하나 너는 죄를 다스릴지니라 **창 4:3-7**

　얼핏 보면 하나님께서 왜 가인과 그의 제물을 받지 않으셨는지 도통 이해할 수가 없다. 하지만 자세히 읽어보면 가인은 자신의 수확물 중 일부만(some)을 하나님께 바쳤음을 알 수 있다(NIV역본에는 Cain brought some of the fruits of the soil 로 번역되었다-역자 주). 성경은 가인이 첫 번째 수확이나 최고의 수확물을 하나님께 드렸다고 말하지 않는다. 단지 '일부분'만을 드렸다고 언급한다. 하나님을 향한 가인의 태도는 올바르지 않았다. 이러한 가인이 제물의 중요성을 이해했을 리 만무하다. 제물의 중요성을 모르는 사람은 드리는 행위 자체를 대수롭지 않게 생각하게 마련이다. 결국 하나님을 향한 잘못된 태도가 제물의 문제로 이어진 것이다. 하나님은 제물을 중요하게 여기신다. 제물에는 하나님을 향한 태도가 담겨 있기 때문이다. 결국 가인은 하나님의 축복을 스스로 제한한 것이다.

　반면에 아벨은 하나님을 기쁘게 해드리려고 최선을 다했다. 제물을 고르고 하나님께 드리는 일을 진지하게 받아들였다. 하나님을 향한 그의 올바른 태도는 정성 담긴 제물로 이어졌다. 아벨은 자신이 기르던 양의 첫 새끼와 그 기름으로 하나님의 마음을 기쁘게 해드렸다. 이에 하나님은 아벨을 받으시고, 또 그의 제물을 받으셨다.

　하지만 가인은 이 사건에서 교훈을 배우는 대신 동생을 시기하기로 마음먹은 듯하다. 하나님을 향한 자신의 태도가 문제의 핵심이었는데도 가인은 오히려 아벨을 문제의 발단으로 삼았다. 이미 질투심에 사로잡힌 것이다. 이제 그의 눈에 비친 동생은 자기의 복을 가로채간 원수일 뿐이다. 이내 그의 질투는 분노로 이어졌다. 가인은 동생을 죽이고 이 경쟁 시합을 끝내겠다고 마음먹었다. 물론 자신의 승리로 끝나리라 예상했다. 하지만 아벨처럼 가인 역시 처참한 최후를 맞이해야 했다. 사탄이 주도하는 게임의 특성상 승자는 없다.

　사탄은 예배를 볼모로 사람들을 조종하는 법을 잘 알고 있다. 특히 이 영역에서 탁월한 재능을 보인다. 그것도 그럴 것이 사탄은 과거 한때 워십 리더로 활동했던, 화려한 경력이 있지 않은가? 그래서 예배자들이 어떤 유혹에 잘 넘어가는지를 알고 있다. 사탄은 워십 리더들을 교만한 자의 자리에 앉히려고 부단히 노력한다. 일단 성공하면 가만히 기다린다. 그들 스스로 자멸하는 것만 남았기 때문이다.

　그리고 사탄은 예배 분야에서만큼은 '분열을 제조해내는' 특허기술 보유자라고 할 수 있다. 사탄의 유혹에 넘어간 수많은 예배자가 예배의 형식을 놓고 전쟁 아닌 전쟁을 벌인다. 심지어 자신과 다른 형식으로 예배드리는 사람들을 모조리 싸잡아 '이단' 으로 낙인찍는 경우도 많다. 이러한 행위가 증오의 말로 사람들을 죽이는 작업이 아니고 무엇이겠는가? 아마도 사람들의 뇌 속에는 '상대방의 신뢰성을 무너뜨리면 논쟁에서 이길 수 있어' 라는 생각이 깊이 자리한 모양이다. 그러나 그것은 사탄의 속임수일 뿐이다. 이 싸움에서는 누구도 승자가 될 수 없다. 진흙 던지기 싸움과 같다고나 할까? 싸움이 끝난 후 참가자 전원은 흙투성이가 되어 있을(더럽힘을 입을) 뿐이다. 모든 사람이 패배자다. 하지만 모두 멍들고 피투성이가 될 때, 사탄은 그 광경을 지켜보며 회심의 미소를 지을 것이다. 모두를 패배자로 만드는 일에 큰 성공을 거두었으니 자축할 만도 하다.

　기억하라. 사탄은 예수님과의 전쟁에서 이미 패배했다. 혼자만 패배자가 되는 것이 아쉬운 모양인지 그는 할 수 있는 한 많은 사람을 자신과 같은 패배자로 만들려고 한다. 그러므로 사탄과 한편이 된다면, 당신은 항상 패배할 수밖에 없다.

　성경에 등장하는 사람 중에 최초로 저주를 받은 사람은 가인이다. 창세기 4장의 기록을 살펴보자.

> 땅이 그 입을 벌려 네 손에서부터 네 아우의 피를 받았은즉 네가 땅에서 저주를 받으리니 **창 4:11**

이 구절의 말씀을 마음에 새기라. 저주받고 싶거든 가인의 영을 따라 행하라. 아담과 하와는 죄를 지었어도 저주는 받지 않았다. 아담과 하와의 죄 때문에 저주를 받은 대상은 땅과 짐승, 그리고 다른 모든 짐승보다 더 많이 저주를 받은 뱀이었다. 아담과 하와는 하나님에게 훈계를 받았고 죄에 대한 대가로 벌을 받았을 뿐, 저주를 받지는 않았다. 그러나 가인은 저주를 받았다.

동생을 죽이기 전, 가인에게는 두 가지 선택 사항이 있었다. 첫째, 자신의 태도와 예배 방법을 바꾸는 것, 둘째, 동생을 죽이는 것. 그의 선택은 현명하지 못했다. 심지어 하나님께서는 가인에게 죄를 다스리라고까지 경고하셨다. 그러나 가인은 하나님의 말씀도 거절했다. 이 대목에서 가인의 태도가 어떠했는지 분명히 알 수 있다.

하나님의 말씀에 순종하는 대신 가인은 하나님을 기쁘게 해드리는 예배자를 죽이기로 결심했다. 가인의 이러한 결심이 하나님을 기쁘게 해드렸을까? 이는 상상조차 할 수 없는 일이다. 그런데 이상하게도 수많은 사람이 매일같이 이와 동일한 일을 행한다. 서로 공격하고 물어뜯고 집어삼키면서도 그것이 하나님께 드리는 더 나은 예배라고 생각한다. 어쩌면 그들의 눈에 비늘이 덮였는지도 모르겠다. 어떤 이유에서인지 그들은 하나님께서 이러한 행위를 혐오하신다는 사실조차 알지 못한다. "혀로 남을 죽이면 하나님의 축복을 받는다?" 이런 일은 전에도 없었고 앞으로도 없을 것이다.

지금도 가인의 영은 동일한 수법으로 사람들을 속인다. 그가 신형 무기라고 내세울 만한 전략은 별로 없다. 그것도 그럴 것이 과거의 수법이 여전히 잘 먹히기 때문인데, 만일 우리가 자기중심으로 상황을 판단하고 다른 사람이 하는 일을 못마땅하게 여긴다면, 사탄의 손쉬운 먹잇감이 될 것이다. 사탄의 가장 강력한 공격 전략은 내부 불화를 조장하는 것이다. 무방비 상태로 사탄의 공격을 받은 후 우리는 서로를 향해 무차별 공격을 가한다. 부부 사이에서도 이런 일이 일어나는 것을 심심찮게 볼 수 있다. 남편과 아내가 경미한 말로 서로의 신경을 건드리기 시작한다. 그러다가 조금 더 '심한' 말로 서로의 마음에 상처를 낸다. 곧이어 싸움이 시작된다. 결국 돌이킬 수 없을 정도로 확장되면 어쩔 수 없이 파경에 이른다.

가정은 하나님께서 신적 주권으로 디자인하신 가장 강력한 소집단으로서 인간은 가정을 통해 하나님의 사랑을 체험할 수 있다. 가정을 통한 사랑 체험-하나님께서 가정을 창조하신 목적이다. 그러므로 사탄은 하나님의 사랑과 은혜를 부서뜨리기 위해 가정부터 파괴하려고 시도한다. 부모에게 상처를 받은 자녀들은 반항의 길을 걷거나 가족 간의 유대를 끊고 도망쳐버린다. 교회라는 '가족 공동체'는 어떠한가? 누군가에게 상처 입은 성도들은 복수할 대상을 찾는다. 일단 마음에 상처를 받으면 입이 거칠어지고 영적인 저주의 말도 서슴지 않게 된다. 이로 인해 모두가 겪어야 할 피해를 계산해보면, 이는 실로 심각한 일이 아닐 수 없다.

이처럼 가인의 영이 발동하면 하나님의 가정은 와해되기 시작한다. 중요성이 큰 만큼 가정은 사탄의 공격에 가장 많이 노출되어 있다. 그러므로 우리는 모든 적(내부의 적이든 외부의 적이든)에게서 우리의 가정을 지켜내야 한다.

"적의 어떤 공격에도 우리의 가정은 내가 지켜낸다!"-이는 하나님의 군사로 부름 받은 우리 모두의 선서이어야 한다.

사탄이 성도들에게
전쟁을 선포했다

이쯤에서 당신은 이렇게 말하고 싶을 것이다: "난 평화를 원해. 더 이상 싸우고 싶지 않아! 전쟁은 끝났다고!" 만일 당신의 입장이 이렇다면, 당신에게 안 좋은 소식을 전해야겠다-당신이 뭐라고 말하든지 상관없다! 당신이 무엇을 원하든지 상관없다! 당신이 어떤 결정을 내리든지 상관없다! 사탄이 전쟁을 선포했다면 원하든지 원치 않든지, 당신은 전쟁을 치러야만 한다! 지금이 전시라면 당신은 문제의 해결책이든지, 문제의 원인이든지 둘 중 하나일 것이다. 영적 전쟁에서 중간지대는 없다.

하지만 원수의 원대한 계획 중 하나는 성도들의 마음에 '중간지대'의 존재를 각인시키는 것이다. 이에 성도들은 후방으로 물러나 전쟁을 관망하려 할 것이다. 안타깝게도 당신이 최전선에 서 있든지 후방으로 물러나 있든지 원수의 계획과 목표에는 변함이 없다. 사실 당신이 어디에 있는지는 그리 중요하지 않다. 어쨌든 원수가 당신에게 달려들기는 매한가지이기 때문이다.

몬머스(Monmouth) 기지에서 근무할 때였다. 당시에 나는 나이 지긋한 유대교 랍비와 좋은 친분 관계를 맺고 있었다. 그의 이름은 모드카이 데이나(Mordecai Daina)로, 내가 만나본 사람 중에 가장 온화하고 친절한 분이었다. 그는 종종 나를 만나러 부대로 찾아오곤 했다. 그와의 만남은 하루 중 최고의 기쁨이었다. 정말로 그의 방문이 무척이나 기뻤다. 그런데 어느 날, 그처럼 자상하고, 친절하고, 온화했던 사람이 크게 격분하며 당장이라도 싸울 것 같은 기색으로 내 앞에 나타났다. 군대를 소집하려는 모양인지, 6일 전쟁의 참전 용사들에게까지 연락을 취한 상태였다. 그에게 이런 면모가 있을 줄 누가 알았겠는가? 그는 매우 화가 나 있었다. 무기까지 소지한 상태였다.

"데이나 랍비, 도대체 무슨 일입니까? 왜 그렇게 화가 나셨습니까?" 그가 대답했다. "뉴스 못 들었소? 뉴욕 시가 정부청사와 공공기관 건물에 예수 탄생을 축하하는 그림이나 장식물이 게시되는 걸 금했다지 뭐요?" 랍비 데이나는 정통 유대교도였기 때문에, 그가 예수 탄생 기념 장식물의 금지 법안에 화를 낼 필요는 없었다. 그런데 그토록 화를 내다니… 나는 도무지 이해할 수 없었다.

하지만 그의 성장 배경을 알고 나니 그의 행동을 이해할 수 있었다. 그는 폴란드에서 자랐다. 2차 대전 중, 독일 나치군은 폴란드를 침공하여 폴란드 내 유태인들을 집단 수용소에 가두었다. 랍비 데이나도 그곳에 갇혔다가 기회를 틈타 수용소를 탈출하여 학살을 면했고 이후 미군에 연결되어 기지 내 회당에서 보조 랍비로 일했다.

그가 탈출한 곳은 거의 초창기에 세워진 유태인 집단 수용소 중 한 곳이었다. 그곳에서 그는 자기 민족과 이웃, 그리고 가족이 당했던 끔찍한 일들을 목격했다. 랍비 데이나는 그 경험을 통해 깨달은 바를 내게 이야기해주었다. "폴란드에서 배운 것입니다. 만일 오늘 원수가 내 이웃을 공격할 때 수수방관하면, 내일 그 원수가 다시 찾아와 나를 공격할 것입니다." 그가 말을 이었다. "정부가 오늘, 기독교인들의 예수 탄생 기념물들을 제거한다면, 내일은 유태인들의 전통을 앗아가지 않겠습니까?"

당신은 사탄의 존재를, 또 그가 우리를 대적한다는 사실을 알고 있다. 만일 그가 오늘 우리의 이웃을 침공했는데 가만히 앉아서 지켜만 보았다면, 내일은 여지없이 우리 차례다. 가인의 영이 공격하는 것을 보고도 아무런 조치를 취하지 않았다면, 당신은 적군과 동맹을 맺은 것이나 다름없다.

우리는 연합하여 싸움터로 나가야 한다. 가인의 영을 무찌를 수 있는 무기는 항상 그래왔듯이 생명의 영이다. 생명의 영을 흘려보낼 때 죽음의 영은 설 자리를 잃는다. 생명의 영은 가장 강력한 무기 중 하나다.

더 이상 물어뜯는 일은 없어야 한다. 다른 사람에 대한 중상모략은 말하지도 듣지도 마라. 원수가 전해준 증오의 말과 거짓 소문은 퍼뜨리지 마라. 어떤 사람이 누군가에 대해 수군거리기 시작하면 다음과 같이 말하라: "저는 듣고 싶지 않습니다. 당사자가 지금 이 자리에 없으니 그에 대한 비방은 멈추십시오. 더 이상 듣고 싶지 않습니다." 물어뜯는 일은 멈춰야 한다. 단지 "싫습니다"라고 말하라. 그러한 대화에는 아예 귀와 입을 닫아두라.

본래 이 메시지는 이천 년 전의 교회에 전달되었다. 하지만 그 후 이천 년이 지난 지금도 교회는 동일한 문제로 씨름하고 있다. 도대체 그 이유가 무엇인가? 하나님의 자녀라면 서로를 물어뜯고 집어삼키는 것보다는 현명하게 처신해야 옳지 않은가? 그보다는 더 나은 모습이어야 하지 않은가?

이제 우리는 무기에 대해서 배워야 한다. 생명의 영은 강력한 무기다. 얼마나 강력한지는 요한계시록 11장에 등장하는 두 증인이 설명해줄 것이다. 이 두 증인은 장차 적그리스도가 나타나 천이백육십 일(한 때와 두 때와 반 때, 삼 년 반) 동안 자신에게 가할 모든 공격을 견뎌낼 것이다. 이후 주님께서는 이들의 죽음을 허락하신다. 두 증인의 사망 소식에 온 세상은 축제 분위기가 된다. 사람들은 적그리스도가 승리했다고 믿고 기뻐한다. 세상 사람들이 얼마나 악한지 심지어 그들은 크리스마스 때처럼 선물을 나누며 두 증인의 사망을 기념하고 즐거워한다. 장례를 치러줄 사람도 이들을 묻어줄 사람도 없다. 그렇게 두 증인의 시신은 삼 일 반 동안 길거리에 나뒹군다. 사람들은 그들의 시체를 보며 조롱한다. 그러나 삼 일 반 후에, 하나님께서는 두 증인의 죽음을 영광스러운 승리로 바꿔주신다.

삼 일 반 후에 하나님께로부터 생기가 그들 속에 들어가매 그들이 발

로 일어서니 구경하는 자들이 크게 두려워하더라 계 11:11

원수의 반응은 어떠한가? 큰 두려움이 그들 위에 임했다. 적진에 있는 모든 원수에게 두려움이 임한 것이다: 사탄의 모든 군사, 모든 마귀와 지옥의 악령들, 모든 무당과 주술사, 적그리스도와 한편을 이룬 모든 사람… 그들은 두려움에 떨었다. 생명의 영은 강력한 전쟁 무기로서 예수님을 대적하는 모든 원수의 마음에 두려움을 불어넣는다. 이 영의 현존 앞에 마귀는 낯을 들지 못한다. 하지만 안타깝게도 대부분의 성도는 이 영의 존재조차 알지 못하는 채로 신앙생활을 한다. 이 무기를 언제 어떻게 사용해야 옳은지 아는 이는 거의 없다.

바로 지금이다! 살아 계신 하나님의 군대에 편제할 때가 바로 지금이다. 지금은 공격할 때이며 원수에게 빼앗긴 영토를 회복할 때다. 더 이상 수비 자세만 고집하지 말고 경계선 긋는 것에 급급해하지 말고, 원수를 향해 한 방 날려야 한다. "철조망 건너편에 있는 것은 사탄의 소유니까 건들지 맙시다. 철조망 안에 있는 것은 우리 소유니까 이것만 지켜내면 그만입니다!" 이러한 생각도 금물이다. 사탄은 쟁탈전을 좋아한다. 조금씩, 조금씩 우리의 영역을 침범하여 자기 영토를 늘려나갈 것이다. 그러므로 그에게 영토 확장의 기회조차 주지 마라. 철조망 밖이든 안이든, 그 모든 영역이 전부 하나님의 소유다. 하나님께서 이 모든 영역을 우리에게 맡기셨다. 알겠는가? 지금은 주님께 속한 모든 것을 되찾을 때다. 더러운 영들을 대적하고 그들을 묶어서 쫓아내야 한다. "한 치의 땅도 포기하지 않겠노라" 선포하라. 우리는 한 사람의 영혼도 포기하지 않을 것이다. 선제공격은 우리가 한다. 우리는 사탄의 진영 깊숙이 침투하여 그에게 공격을 가할 것이다. 모든 영토를 하나님 나라에 복속시킬 때까지 우리는 결코 안주하지 않으리라! 아멘!

이곳은 영적 기초군사훈련소다. 훈련소라고 해서 안전할 것이라고 생각하지 마라. 이러한 내용을 배울 때, 원수가 당신을 공격할 것이다. 그러므로 적에 대해 연구하라. 그가 사용하는 무기와 전술에 대해 학습하라. 그의 힘과 능력이 어느 정도인지 확인하라. 그에게 약점이 있다는 사실을 명심하고 그의 약점을 파악하라. 공략하라. 우리는 반드시 그 약점을 공략해야 한다.

기선을 제압하여 원수를 놀라게 하라. 선제공격은 우리 몫이다! 강력한 무기(생명의 영)를 들고 마귀의 일을 섬멸하라. 당신이 사탄의 전략을 연구하고 그의 공격을 사전에 대비하지 않더라도 사탄은 당신을 공격할 것이다. 어차피 적의 공격이 닥친다면 미리 예상하여 대비하고, 깨어 감시하는 편이 낫지 않겠는가?

생명의 영은 부활의 능력이다. 이 사실을 명심하라. 생명의 영은 참으로 놀라운 생명의 능력, 곧 하나님의 생명력(조에, zoe)이다. 우리는 모든 상황과 모든 어려움 속에서 이 능력을 발산해야 한다. 항상 생명의 흐름 안에 머물며 예수님과 함께 일어서야 한다. 요한은 우리에게 이렇게 경고한다.

> 가인 같이 하지 말라 그는 악한 자에게 속하여 그 아우를 죽였으니 어떤 이유로 죽였느냐 자기의 행위는 악하고 그의 아우의 행위는 의로움이라 요일 3:12

사탄은 생명의 영을 두려워한다. 생명의 영이 온전한 빛으로 오실 때가 본인의 마지막 날임을 알기 때문이다. 마지막 날 사탄을 기다리는 것은 오직 불의 연못(지옥)뿐이다. 모든 마귀와 모든 정사가 이 사실을 알기 때문에 생명의 영을 두려워한다. 그러므로 당신은 생명을 발산하라. 주님을 향해 흔들림 없는 마음 자세를 유지하라. 모든 것을 마치고 마지막 날, 생명의 능력으로 일어서라.

생명의 영을
구하는 기도

주 하나님! 예수 그리스도의 놀라우신 이름을 의지하여 하나님 앞에 나아갑니다. 이 시간 전갈과 뱀과 원수의 모든 권세를 압도하시는 주님의 권세로 가인의 영을 묶습니다. 살인의 영을 파쇄합니다! 죽음, 파멸의 언어와 함께 우리 입에서 나오는 악한 영들을 묶습니다! 예수님의 이름으로 물어뜯고 삼키는 영을 묶습니다. 아버지, 오늘 우리에게 생명의 영을 부어주옵소서. 생명의 강물을 흘려주옵소서. 하나님 아버지에게서 발원한 생명의 강물을 마시기 원합니다.

우리의 심장에 담긴 것은 작은 물줄기이지만 그 생명의 물줄기를 세상으로 흘려보내기 원합니다. 우리가 세상으로 흘려보내는 이 작은 흐름이 오늘부터 영원까지 멈추지 않기를 주님의 이름으로 기도합니다. 하나님, 우리가 여기 있습니다. 우리를 사용하여 주옵소서. 영적 전쟁을 수행하는 특수부대로 우리를 불러주옵소서. 우리는 메시아이신 예수님의 영광스러운 이름으로 사탄을 대적합니다. 하나님께 우리의 전 존재를 내어드립니다. 아멘, 아멘!

5과

아들(양자)의 영

The Spirit of Adoption

A Warrior's Guide To

THE SEVEN SPIRITS OF GOD

PART 1: BASIC TRAINING

5과

아들(양자)의 영

    몇 년간 군복무를 해왔던 사람들은 흔히들 이렇게 말한다. "입대한 후에는 이곳이 집처럼 느껴집니다." 병사들은 함께 일하고, 함께 놀고, 더불어 살며, 함께 싸운다. 그래서 친밀감이 깊어진다. 조국과 민족, 이웃과 가족의 수호를 위해 때때로 큰 위험을 감수해야 한다. 편안한 일상에서 벗어났기에 군인들 상호 간에는 모종의 특별한 신뢰가 쌓인다. 전쟁 중에는 당신의 생명을 바로 옆의 동료에게 의존해야 한다. 그러므로 당신은 동료를 신뢰해야 한다. 끔찍한 전투 현장으로 갈 것을 자청하는 군인들이 이해되는가? 그들의 심리를 살펴보면 충분히 이해할 수 있다. 그들의 마음에는 '내 동료가 이 끔찍한 일을 당하도록 가만히 지켜볼 수 없다. 차라리 내가 겪는 편이 낫다'라는 생각이 지배적이다. 그러므로 어떤 면에서 군 입대는 '또 다른 가정' 안으로 입양되는 것과 같다. 그곳에서 병사들은 동일한 정체성을 공유한다. 공동의 목표를 소유한다. 소속감은 인간의 삶에 꼭 필요한 기초 요소다. 인간은 사회를 이루어 살도록 '특별히' 창조되었다. '가족애', '공동체 의식'을 형성하는 것은 인간의 필수 조건이다.

우리는 '하나님 가족'의 구성원이다. 동일한 목적을 위해 이 가정으로 부르심 받았다. 또한 하나님의 목적을 성취하기 위해 서로 협동하며 가족으로서 서로의 필요를 채워주어야 한다.

그뿐만이 아니다. 우리 각 사람은 군인으로 부름 받았기 때문에 동료 병사와의 끈끈한 유대를 형성한다. 영적 전쟁에서의 생존과 승리를 위해서는 상호 간의 유대가 필수다. 군대든 교회든 동료와 유대 관계를 맺지 못하는 사람은 그 집단 안에 오래 머물지 못한다.

브룩 육군 의무 센터(Brooke Army Medical Center)에서 군목으로 근무하던 때였다. 그곳에서 나의 일상은 각각의 병실을 방문해서 입원한 병사들을 만나는 것이었다. 그런데 어느 날, 병원의 로비에서 수년 전에 나와 함께 복무했던(지금은 퇴역한) 군목 한 분을 만났다. 그는 아내와 함께 병원에 왔다. 하지만 어디가 아파서 온 것 같지는 않았다. "목사님, 어디가 편찮으십니까? 예약은 하셨나요? 제가 도울 일이 있으면 말씀해 주세요." 나의 질문에 그의 아내가 대답했다. "아, 아닙니다. 가끔씩 제 남편이 군인들 곁에 있고 싶다기에 이렇게 병원을 찾아온 겁니다. 국방일보가 배달되면 제 남편은 '와~ 드디어 고향 신문이 도착했네'라고 말한답니다." 전역 이후 한참이 지나더라도 대부분의 직업군인은 군대를 가족처럼 생각하며 여전히 소속감을 느낀다.

이제 영적 기초 훈련소에서의 오 주차 훈련이 시작된다. 이 과에서는 인간의 기초 필요 요소인 소속감을 다룰 것이다. 또한 소속감을 미끼로 원수가 어떤 공격을 펼치는지도 살펴볼 것이다. 본 과정을 시작하기에 앞서 주제 성구를 다시 한 번 반복하겠다.

내가 또 보니 보좌와 네 생물과 장로들 사이에 한 어린 양이 서 있는

데 일찍이 죽임을 당한 것 같더라 그에게 일곱 뿔과 일곱 눈이 있으니 이 눈들은 온 땅에 보내심을 받은 하나님의 일곱 영이더라 계 5:6

우리가 전쟁 중임을, 그것도 엄청난 역경과 고난을 동반한 전쟁 중임을 다시 한 번 상기하라. 이 전쟁에서 승리하려면 연합 방어선을 구축해야 한다. 이를 위해 우리는 근신하고 깨어야 한다. 우리의 영적 가족들은 자신의 생명과 안전을 우리의 두 손에 의존한다. 그러므로 우리가 준비하지 않으면 모두 패배할 것이다. 사실 전쟁의 참상과 '전시'(戰時)라는 현 상황을 제대로 이해하기란 쉽지 않다. 그것도 그럴 것이 전쟁은 흠모할 만한 대상이 아니기 때문에 시간과 공을 들여 연구하는 것도, 직접 체험하는 것도 썩 내키지 않는다. 이성적인 판단을 내릴 줄 아는 사람이라면 전쟁을 회피하려 할 것이다.

삼십 년 넘는 군복무 생활에서 깨달은 점이 있다. 어떤 사령관이나 지휘관도 전쟁을 좋아하지 않는다는 것이다. 전쟁은 그야말로 '참사'다. 전쟁의 대가는 너무도 크다. 물론 전쟁 영화나 드라마에는 자신의 명예를 위해 혹은 옳지 않은 동기로 전쟁을 일으키려 혈안이 된 사령관들이 등장한다. 하지만 실전 경험이 있는 지휘관 중에는 다시금 전장에 나가 그 끔찍한 참사를 반복하고 싶어 하는 사람은 아무도 없다. 적어도 내가 아는 사람 중에는 없다.

당신이 전쟁을 싫어한다면 다행이다. 적어도 이성적인 사람이라는 뜻이니까 말이다. 하지만 원수가 전쟁을 선포하고 끊임없이 공격을 가해 올 때는 우리에게는 선택권이 없다. 반드시 치러야 하는 전쟁이라면, 전투 기술을 배우고 맡은 바 임무를 제대로 수행하여 손실을 최소화하고 이득을 최대화하여야 할 것이다. 이를 위해 우리는 모두 근신하고 깨어 준비해야 한다.

병사들을 깨우고 보안 상태를 유지하는 것은 끊임없는 도전 과제다.

몇 년 동안 전기 통신 중대(Communications and Electronics Command)에 배치받아 근무한 적이 있다. 중대원은 모두 보안과 첩보에 대한 훈련을 매년 한 차례씩 받아야 했다. 훈련 교육을 받으면서 KGB 요원들이 미국 전역의 클럽, 술집, 식당 등에서 점원, 종업원 등의 신분으로 위장 잠복해 있음을 알게 되었다. 그들은 재정 문제 혹은 개인사 등으로 고민하는 청년들에게 끊임없이 접근하여 다양한 정보를 수집해갔다. 심지어 이들의 꾐에 넘어가 국가의 중대한 기밀을 누설하는 사람도 더러 있었다-한마디로 자국에 대해 간첩 노릇을 한 것이다! 그러다가 붙잡힌 사람들 대부분은 동일한 변명을 늘어놓는다. "잠깐 일하면 큰돈을 벌게 해준다기에 그랬습니다. 하루 빨리 빚을 갚고 싶었거든요."

그러나 그들이 생각했던 '잠깐'은 애초부터 없었다. 몇 가지 정보만 팔아넘기고 손을 떼려고 했지만 그때부터 KGB는 그들의 영혼을 쥐고 흔들기 시작했다. 탈출구는 없었다. 그만두려고 할 때마다 KGB 요원들은 그의 국가 반역 행위 사실을 만방에 폭로하겠다고 엄포를 놓았다. 결국 이 가련한 청년들은 두려움에 사로잡혀 더 깊은 구렁으로 빠져들었다. 유일한 탈출구는 미국 정보 요원에게 붙잡히거나, 체포되거나 혹은 평생 수감되는 것뿐이었다.

적군이 파송한 첩자들은 당신을 끌어들이기 위해 온갖 달콤한 약속을 제시한다. 하지만 당신이 그들의 함정에 발을 들여놓는 순간 그 모든 약속은 거짓으로 변해버린다. 그들은 어떻게 하면 당신을 좀 더 이용해먹을지 고민할 뿐이다. 당신의 신변에 어떤 변화가 생길지에 대해서는 조금도 신경 쓰지 않는다. 당신이 체포되어 형벌을 받더라도 그들은 잃을 것이 없다. 당신의 삶이 피폐해지고 명성에 금이 가더라도 그들은 개의치 않는다. 어쨌든 그들은 외교상 면책특권을 갖고 있지 않은가? 최악의 경우를 상정해봤자 추방이다. 하지만 당신은 어떠한가? 당신의 삶이 피폐해질 즈음 그들은 당신을 내팽개칠 것이다. 더 이상 쓸모가 없기 때문이다.

　이것이 사탄의 전략이다. 사탄은 당신의 영혼을 쥐고 송두리째 흔들기 원한다. 물론 사탄이 당신을 걱정해주거나 배려해주리라 기대하면 오산이다. 그는 단지 당신을 이용해먹고, 더 이상 쓸모없으면 내팽개칠 뿐이다. 당신을 고발하여 체포당하게 한 후, 뒤에서 음흉한 미소를 짓는다. 당신이 고통스러운 재판 과정을 겪고 과중한 형벌을 언도받을 때에도 사탄은 아무렇지도 않은 듯이 다음 목표물을 물색할 것이다. 그에게서 사랑이나 의리를 찾으려 하지 마라. 사탄은 당신 말고도 이용해먹을 사람이 세상에 널렸다고 생각한다. 만일 당신이 사탄의 계략에 넘어가 그가 시키는 대로 더러운 일을 하기 시작한다면, 당신은 이미 그의 일회용품으로 전락한 것이다. 유혹할 때는 온갖 아양을 떨다가 당신이 넘어오면 그 즉시 본색을 드러낸다. 당신의 소망과 꿈을 앗아가고 당신을 향한 하나님의 부르심을 짓밟는다. 그동안 주님을 위해 행한 일, 장차 행하려고 계획했던 모든 일은 무너져버린다. 참된 자유를 만끽할 유일한 방법은 당신이 섬기는 하나님께만 충성을 다하는 것이다. 사탄의 계략에 넘어가지 않기 위해 근신하여 깨어 있는 것뿐이다. 우선순위를 하나님께 두는 것만이 유일한 해결책이다.

　'우선순위'를 빼앗고자 사탄은 고군분투한다. 예수님도 사람들의 마음속에서 벌어지는 이 치열한 갈등에 대해 알고 계신다. 예수님이 이끄셨던 공동체 안에서도 이 싸움이 일어났다. 결국 열두 제자 중 한 명이 사탄에게 우선순위를 넘겨주며 예수님을 배신했다. 예수님은 이 고통을 잘 아신다.

　오늘날의 첩보전 희생자들의 말로와 마찬가지로 유다 역시 사탄의 소굴에서 빠져나오기가 힘들었다. 결국 그가 선택한 해결책은 끔찍한 '자살'이었다.

　비단 유다만이 우선순위를 빼앗겼던 것은 아니다. 예수님의 공생애 중 가장 중요했던 순간에 그분의 최측근이었던 제자들 모두 깊은 잠에 빠졌다. 사탄이 예수님을 죽이려고 아군 진영에 침입했을 때 보초병들이 꾸벅꾸벅 졸았던 것이다. '무자비'한 사탄은 예수님에게 화력을 집중하느라 제자들에게는 나름의 '자비'를 베풀었던 듯하다. 제자들은 틈을 얻어 도망칠 수 있었으니까 말이다. 마가는 자신의 복음서에 당시의 상황을 이렇게 증언했다.

> 돌아오사 제자들이 자는 것을 보시고 베드로에게 말씀하시되 시몬아 자느냐 네가 한 시간도 깨어 있을 수 없더냐 시험에 들지 않게 깨어 있어 기도하라 마음에는 원이로되 육신이 약하도다 하시고 막 14:37-38

잠자는 제자들을 향한 예수님의 목소리에 고통이 서려 있다. 안타깝게도 그들에게 하신 말씀은 지금도 유효하다: "마음에는 원이로되 육신이 약하도다." 깨어 기도하라는 예수님의 부르심은 인간 본연의 모든 연약함까지 딛고 일어서라는 명령이다. 그렇다면 어떻게 이 명령을 수행할 수 있단 말인가? 게다가 지금은 전쟁 중이다. 전쟁에 지쳐 피곤한데 어떻게 깨어 일어날 수 있을까? 그런데 한번 바꾸어 생각해보자. 위협이 없다면 근신하고 깨어 기도하는 것이 가능한가? 전쟁에 지쳐 피곤하여 졸든지, 아무런 위험도 없고 위협도 없어서 평안한 마음으로 졸든지… 어떤 상황이든지 잠을 잘 이유는 충분하다. 그러나 잠들면 그것으로 끝이다. 전투 준비 태세를 잃고 원수의 공격에 넘어갈 것이다.

바울은 자신의 영적 아들 디모데에게 충고했다: "너는 진리의 말씀을 옳게 분별하며 부끄러울 것 없는 일꾼으로 인정된 자로 자신을 하나님 앞에 드리기를 힘쓰라"(딤후 2:15). 언제든지 하나님이 받으실 만한 상태로 자신을 준비하라. 이를 위해 근신하고 깨어 있어야 한다. SMART 지침서(Soldier's Manual of Readiness Training, 준비 태세 훈련을 위한 군사 지침)를 공부하라. 이 책은 다름 아닌 성경이다. 하나님의 말씀을 마음에 담으라. 하나님의 말씀은 성령의 검이다. 우리는 영적 전쟁에 사용될 수 있는 모든 전쟁 무기를 쓸 줄 알아야 한다. 하나님의 일곱 영은 우리에게 주어진 좋은 무기다.

지금까지 일곱 영 중 네 영을 살펴보았다. 또 각 영에 대해 대립각을 세우는 마귀들도 살펴보았다.

첫째는 지혜와 계시의 영이다. 이 영은 대언(예언)의 영이라고도 불린다. 선지자의 기름 부음이 배가될 경우, 특정인이나 교회 위에 예언의 기름 부음이 임할 경우, 마귀는 이를 강력하게 저지할 것이다. 이처럼 예언의 영을 대적하는 영은 '이세벨의 영'으로 불린다. 특히 선지자와 목사를 공격하고 결국에는 온 교회를 집어삼키려고 시도한다. 우리는 이 영을 반드시 쫓아내야 한다. 그렇지 않으면 예수님께 책망을 듣게 될 것이다.

두 번째로 배운 것은 진리의 영이다. 여러 성경 구절을 살펴본 결과, 하나님의 일곱 영은 모두 '성령'의 여러 가지 면모(특징)라는 사실을 알게 되었다. 진리의 영도 마찬가지다. 진리의 영이 오시면 우리는 하나님의 뜻과 목적을 분별하고 깨닫게 된다. 이때 사탄도 자기 수하의 마귀를 보내는데 그 이름은 '발람의 영'이다. 일반적으로 '거짓의 영'이라 불린다. 이 영은 진리의 영이 역사하실 때 반박하고 나선다. 사탄의 거짓말을 부수기 위해 우리는 더 많은 진리로 이 영을 대적해야 한다.

다음으로 배운 것은 성결의 영이다. 성결의 영은 교회의 오중 사역을 돕고 강하게 세우시는 역할을 한다. 특히 사도적 사역 위에 강한 기름 부음을 허락해주신다. 하나님께서는 성도들의 훈련과 교육을 책임지고 인도할 수 있는 사역자들을 성별하신다. 이는 성도들로 '봉사'의 일을 감당케 하기 위해서다. 교회 안에서 이러한 움직임이 태동하면 사탄은 이를 방해하기 위해 자기 수하의 마귀를 보낸다. 이때 파견되는 영은

'고라의 영'이다. 반역의 영으로도 불린다. 이 영은 교회 안에서 성령의 역사를 방해한다.

네 번째로 배운 것은 생명의 영이다. 성령님께서 오시면 수많은 죄인이 새 생명을 얻고, 지친 성도들이 회복되고, 미지근한 교회들이 뜨거운 열정을 갖게 된다. 하지만 마귀는 이를 그냥 보고만 있지 않는다. 성령의 일을 무너뜨리려 한다. 가인의 영 혹은 죽음/살인의 영이 성령을 대적하기 시작한다. 사역자의 평판을 무너뜨리거나 교회 모든 성도의 사역을 잠식시키는 방해 공작을 펼친다. 서로 물어뜯고 집어삼키는 일을 멈추라는 사도 바울의 경고를 들어야 한다.

다섯 번째는 지금 배우게 될 '양자의 영'이다. 성령은 '양자의 영' 또는 '아들의 영'으로 불린다.

> 너희는 다시 무서워하는 종의 영을 받지 아니하고 양자의 영을 받았으므로 우리가 아빠 아버지라고 부르짖느니라 성령이 친히 우리의 영과 더불어 우리가 하나님의 자녀(아들)인 것을 증언하시나니 자녀이면 또한 상속자 곧 하나님의 상속자요 그리스도와 함께 한 상속자니 우리가 그와 함께 영광을 받기 위하여 고난도 함께 받아야 할 것이니라 롬 8:16,17

하나님 나라의 건설을 통한 관계의 회복

'양자의 영'이 인도하시지 않으면 우리는 하나님을 '아버지'라 부르지 못한다. 하나님과 당신의 관계는 양자의 영을 통해 회복된다. 죄와 사망의 억압에서 당신을 자유롭게 풀어주고 하나님의 생명을 당신에게 보내주시는 분 역시 양자의 영이다. 당신이 하나님을 떠나서 그 관계가 소원(疏遠)해지거나, 외로움, 분리불안, 고립의 감정을 느낄 때, 당신을 회복시켜주실 분 역시 양자의 영이다. 주님과 다시 연결되는 것이 얼마나 중요한지는 애써 언급하지 않아도 잘 알 것이다. 양자의 영이 얼마나 중요한 분인지 쉽게 이해할 수 있으리라 생각한다.

> 너희가 아들이므로 하나님이 그 아들의 영을 우리 마음 가운데 보내사 아빠 아버지라 부르게 하셨느니라 갈 4:6

'양자의 영'이 없으면 당신은 상속을 받을 수도 없다. 상속의 가부(可否)는 하나님의 가정 안에서 당신이 어떤 위치에 있느냐에 따라 결정되기 때문이다. 그런데 우리를 하나님의 가족으로 묶어주시는 분이 양자의 영이다. 하나님의 자녀라면 영적 유산을 마땅히 누릴 것이다. 반대로 우리가 하나님의 자녀가 아니라면, 하나님에게 아무것도 상속받지 못한다. 그러므로 양자의 영이 아니고서는 이 땅에서도, 하나님의 나라에서도 상속받을 방법이 없다.

'양자의 영'이 없으면 우리는 여전히 두려움, 죄, 사망의 노예일 뿐이다. 양자의 영이 없으면 이 땅은 당신이 두려워할 만한 것들로 가득한 곳이다. 그러나 하나님께서 그 아들 예수님을 우리에게 보내주셨다. 예수님의 공로로 우리는 모두 양자의 영을 받고 하나님의 가족이 되었다. 우리를 영적 곤경에 내버려두시지 않은 하나님께 감사드린다! 죄와 사망의 구덩이에서 건져주신 하나님께 감사드린다! 탕자처럼 살아가다 생을 마감했을 우리를 다시 붙잡아주신 하나님께 감사드린다.

예수님은 우리의 믿음을 시작시키신 분(믿음의 주)이자 완결시켜주실 (온전케 하실) 분이다(히 12:2 참조). 하나님께서 이 아들을 보내주셨기에 우리는 다시금 영원한 가정의 구성원이 되었다. 예수님 안에서 우리는 '영원한 가정'을 발견하게 되었다. 하나님께서는 그 아들 예수님을 보내주사 우리를 구원해주셨고 '아들의 영'(양자의 영)을 보내주사 우리를 가족으로 삼으셨다. 이에 예수님께서는 우리를 향해 선포하신다: "너는 내 형제요!"

혹시 '아들의 영'이라는 명칭을 성차별적인 표현으로 생각할 수도 있기에 미리 말해두는데, 주님께 성별(性別)은 그리 중요한 사안이 아니다. 예수님은 우리를 모두 '하나님의 아들'로 부르신다. 그뿐만 아니라 우리를 모두 자신의 '신부'로 삼으실 것이다. NIV역본에는 갈라디아서 4장 6절이 '아들의 영'으로 번역되어 있고, 다른 역본에는 '양자(입양)의 영'으로 번역되어 있다. 전자보다 후자가 좀 더 포괄적인 번역이라 할 수 있다. 하나님의 은사는 결코 성별을 가리지 않는다. 이는 갈라디아서 3장에 나오는 바울의 가르침과도 맥을 같이한다.

> 너희가 다 믿음으로 말미암아 그리스도 예수 안에서 하나님의 아들이 되었으니 누구든지 그리스도와 합하기 위하여 세례를 받은 자는 그리스도로 옷 입었느니라 너희는 유대인이나 헬라인이나 종이나 자유인이나 남자나 여자나 다 그리스도 예수 안에서 하나이니라 너희가 그리스도의 것이면 곧 아브라함의 자손이요 약속대로 유업을 이을 자니라 갈 3:26-29

아들의 영(양자의 영) 안에서 우리는 모든 것을 할 수 있다. 하나님의 자녀가 되었기 때문에 우리는 아들의 영 안에서 주님의 모든 선물(은사)을 누릴 수 있다. 아들의 영은 우리가 하나님과의 친밀함(관계)을 유지하는 데 무척 중요한 역할을 담당하신다. 하지만 이 사실을 아는 사람은 그리 많지 않다.

> 때가 차매 하나님이 그 아들을 보내사 여자에게서 나게 하시고 율법 아래에 나게 하신 것은 율법 아래에 있는 자들을 속량하시고 우리로 아들의 명분을 얻게 하려 하심이라 너희가 아들이므로 하나님이 그 아들의 영을 우리 마음 가운데 보내사 아빠 아버지라 부르게 하셨느니라 그러므로 네가 이 후로는 종이 아니요 아들이니 아들이면 하나님으로 말미암아 유업을 받을 자니라 갈 4:4-7

우리는 죄와 사망의 법에서 구원받았다. 죄와 사망으로 이끄는 두려움의 속박에서 해방되었다. 하나님은 우리가 사탄의 궤계에 빠지도록 내버려두지 않으셨다. 아들의 영(양자의 영)께서 이 사실을 우리에게 알려주신다.

아들의 영은 하나님과의 친밀한 관계 안으로 우리를 인도하신다. 즉 죄와 사망에서 우리를 인도해내셨고, 하나님과의 친밀한 관계 속으로 우리를 이끄신다. 그러므로 우리가 받은 구원은 죄와 사망에서 빠져나온 구원이며 동시에 하나님과의 관계 속으로 들어가는 구원이다.

아들의 영이 임하면, '입양' 사건은 '실제'가 된다. 입양된 후 당신은 '멀리 계신 하나님', '만날 수 없는 하나님'이라는 개념을 머릿속에서 지워버릴 수 있다. 이제는 당신을 무척이나 사랑하시는 '아버지'와 친밀한 대화를 나눌 수 있다. 어떤 사람은 하나님을 아버지로 받아들이기가 낯설지도 모르지만, 당신은 하나님을 향해 "아빠", "아버지"라고 외칠 수 있다. 이미 법적으로 당신은 그분의 아들이 되었기에 순전한 사랑을 나누는 관계 속에서 사랑스러운 하나님을 아빠라고 부를 수 있다. 하나님께 나아가 "아빠, 사랑해요"라고 표현해도 좋다.

당신에게 자녀가 있다면 자녀가 두 팔 벌려 당신에게 달려와 안기며 "아빠, 사랑해" 혹은 "엄마, 사랑해"라고 말할 때의 그 기분은 굳이 설명하지 않아도 잘 알 것이다. 하늘에 계신 아버지 역시 자녀로부터의 '허 그'를 원하신다. 예수님께서 이 점을 우리에게 알려주시지 않았는가? 우리가 하나님께 나아갈 때 하나님은 기뻐하신다. "사랑해요, 아빠!", "나도 널 사랑해!" 서로 부둥켜안으며 이렇게 교감하기를 원하신다.

 아들을 내어주시는 극단의 방법을 취하면서까지 하나님께서 자신의 사랑을 우리에게 인식시키고자 하신 이유는 그분이 '정말로' 우리를 사랑하시기 때문이다. 하나님은 자녀에게 "사랑해요, 아빠!"라는 고백을 듣기 원하시는 아버지이시다. 이러한 부성애로 인해 예수님은 아버지에게 다음의 질문을 받게 되었다. "아들아, 이 세상 사람들이 지은 모든 죄의 대가를 네가 치르겠느냐? 그들의 죄를 대신 짊어지고 그들이 느껴야 했던 죄의 수치심을 네가 해결하겠느냐? 그들이 져야 할 모든 대가를 대신 치르고 그들을 집으로 데려올 수 있겠느냐? 이 모든 것을 위해 십자가를 지겠느냐?"

 예수님은 대답하셨다.

 "네. 그렇게 하겠습니다. 제가 가겠습니다!"

 예수님은 그 고통의 크기를 아셨다. 얼마나 큰 아픔과 상처를 입게 될지 예수님은 알고 계셨다. 겟세마네 동산에서 기도하시는 예수님을 만나보겠는가? "아빠 아버지여! 다른 길은 없습니까? 이 고통이 너무도 큽니다. 그러나 다른 길이 없다면, 그 길을 걷겠습니다. 내게 주신 이 사람들이 무척 소중하기에 저는 이 길을 택하겠습니다. 우리가 모두 영원토록 한 가족이 될 수 있는 유일한 방법이기에 이 길을 걷겠습니다." 아들의 영은 매우 중요하다. 이를 사탄도 알고 있기 때문에 그는 이 영을 보고 그냥 지나치는 법이 없다.

양자의 영이 임할 때
사탄이 역사하기 시작한다

첫사랑이 회복되고 하나님의 사랑을 더 깊이 깨닫는다면 당신 주변에 있는 사람들도 영향을 받고 아들의 영에게 나아가려 할 것이다. 이는 사탄에게 큰 위협이 아닐 수 없다. 이러한 이유로 아들의 영(양자의 영)이 당신과 가정과 교회에 임하여 하나님과의 친밀한 교제가 시작될 때 어김없이 사탄이 역사하는 것이다. 그는 당신을, 가정을, 교회를 공격한다. 자신의 마지막 운명의 시간을 조금이라도 더 늦추기 위해 사탄은 성령의 역사를 방해한다. 모든 민족이 아들의 영 앞에 나아가면 사탄에게 허락된 시간은 현저하게 줄어들 것이다. 사탄 자신도 이를 알고 있다. 신부가 준비되고, 그들이 바알과 결별하여 아들의 영을 받아들일 때, 영계에는 커다란 변화가 일 것이다: 신부가 준비되면 그리스도께서 다시 오셔서 사탄을 패배시키실 것이다. 성도들은 그리스도와 함께 영원한 생명을 누릴 것이다. 사탄이 아들의 영을 대적하는 이유는 명백하지 않은가?

사탄은 마지막 날의 서막이 열리면 자신이 활동할 수 있는 시간이 몇 해 되지 않으리란 것(대략 칠 년 이하)을 잘 알고 있다. 큰 환란 이후 그는 천 년 동안 무저갱에 갇힐 것이다. 사탄은 자신이 감금될 '무저갱'이 얼마나 불쾌한 곳인지 잘 알고 있다. 너무나 기분 나쁜 장소이기에 마귀들마저 그곳에 들어가기를 심히 꺼려했다(눅 8:31 참조).

천 년이 지나면 사탄은 잠깐 풀려날 것이다. 하지만 그의 최후 거처는 '불의 연못'(우리가 흔히 말하는 '지옥')이다. 그는 그곳에서 영원히 불에 탈 것이다. 어떤 사람은 사탄이 불의 연못을 통치할 것이라고 말하지만, 이는 성경이 밝히는 것과는 다르다. 성경에 의하면 사탄은 불의 연못에서 영원한 형벌을 받게 된다. 그러므로 그곳에서의 통치는 가당치 않다.

더 이상 어떤 사람에게도 폐해를 끼치지 못하는 것은 물론 자신이 저지른 악의 대가로 고통받으며 신음하게 될 것이다. 이러한 이유 때문에 사탄은 아들의 영을 저지하며 자신의 마지막 운명을 지연시키려고 한다.

아들의 영(양자의 영)을 받고 끝까지 하나님을 붙든다면, 당신의 삶을 향한 사탄의 모든 계획은 좌초될 것이다. 확신을 갖고 이 사실을 믿으라! 당신이 아들의 영을 붙들면, 삶 가운데에 예수님이 승리하시고 사탄은 패배한다. 아들의 영을 붙들면, 주님은 당신에게 죄와 사망에 대한 승리를 경험케 하신다. 이때 사탄이 가져갈 수 있는 것은 아무것도 없다. 그도 이 점을 잘 안다.

어쩔 수 없이 사탄은 끔찍한 영을 파송하여 아들의 영을 대적한다. 이때 파송되는 영은 하나님의 자녀들을 다시금 공포와 죄와 죽음에 빠뜨릴, 아주 더럽고 사악한 영이다. 바울은 디모데에게 힘주어 이렇게 강조했다. "하나님이 우리에게 주신 것은 두려워하는 마음(영)이 아니요 오직 능력과 사랑과 절제하는 마음(영)이니"(딤후 1:7). '두려움의 영'과 '속박의 영'은 하나님으로부터 나오지 않는다. 사탄이 출처다. 아들의 영을 대적하기 위해 사탄은 이 두 더러운 영을 파송한다. 이미 하나님의 자녀가 된 백성을 다시금 그 오랜 속박의 상태로 몰아가기 때문에 이 영을 가리켜 '거절의 영'이라고도 부른다. 그의 주된 무기는 공포와 속박이다. 공포와 속박을 마음껏 활용하여 성도의 마음속에 "하나님은 나를 거절하셨어"라는 거짓말을 심어넣는 것이 이 영의 주특기다. 하지만 하나님은 당신을 거절하지 않으신다. 당신을 떠나지도, 버리지도 않으신다. 속박의 영으로 사람들을 겁주고 사망에 이르게 하는 것은 사탄이다. 이처럼 사탄은 사람들의 마음속에 '거절하시는 하나님'이라는 거짓 믿음을 심어넣는다. 에스겔서의 메시지에 이 사실이 기록되어 있다.

그런즉 너는 그들에게 말하여 이르라 나 주 여호와가 말하노라 이스라엘 족속 중에 그 우상을 마음에 들이며 죄악의 걸림돌을 자기 앞에 두고 선지자에게로 가는 모든 자에게 나 여호와가 그 우상의 수효대로 보응하리니 이는 이스라엘 족속이 다 그 우상으로 말미암아 나를 배반하였으므로 내가 그들이 마음먹은 대로 그들을 잡으려 함이라 겔 14:4-5

사탄에게 속아 그의 거짓된 길을 따르기로 결심하기 전에 대부분의 사람은 먼저 하나님 곁을 떠난다. 자신이 속았음을 깨닫거나, 회개하거나, 문제를 해결하려 하는 대신 그들은 하나님을 비난한다. 이것이 바로 사탄이 원하는 일이다.

사탄은 당신에게 "너는 노예인가, 아니면 아들인가?"라고 물으며 당신의 정체성을 뒤흔든다. 당신이 하나님과 맺고 있는 관계에 의문을 던진다. 조금이라도 흔들리는 기색을 보이면 사탄은 곧 당신의 약점을 공략한다. 하나님께서 당신을 사랑하신다는 사실을 의심하게 만드는 것이다. 또한 어려운 일이 닥칠 때 과연 하나님께서 당신을 돌보실지에 대해 확신이 안 서게끔 속인다. 결국 당신은 하나님에게 용서받았음을 의심하게 된다. 사탄이 예수님께 했던 일을 기억하라. 그는 동일한 질문을 연거푸 던졌다. "네가 만일 하나님의 아들이어든…", "네가 만일 하나님의 아들이어든…", "네가 만일 하나님의 아들이어든…" 이런 짓을 하다니 참으로 지저분한 영이 아닌가? 두려움과 속박의 영이 공격해올 때 우리는 바울이 말한 것을 기억해내야 한다.

너희는 다시 무서워하는 종의 영을 받지 아니하고 양자의 영을 받았으므로 우리가 아빠 아버지라고 부르짖느니라 롬 8:15

에덴동산에서의 유혹부터 광야에서의 시험에 이르기까지 사탄은 동일한 전술을 반복했다. 에덴동산에서 사탄이 하와에게 물었다. "정말 하나님께서 그렇게 말씀하셨더냐?" 그녀는 사탄의 속삭임에 정신을 잃고 하나님의 선한 뜻을 의심하기 시작했다. "정말 좋은 것을 주기 싫으셔서 금지하신 게 아닐까?", "어쩌면 가장 좋은 선물은 감추셨을지도 몰라!" 하와는 하나님의 말씀에 자신의 의심을 더한 채로 뱀에게 대답했다. 호시탐탐 기회를 노렸던 뱀은 '이때다' 싶어 하와가 보는 앞에서 하나님의 말씀을 내동댕이쳐버렸다. "결코 죽지 않으리라!"

  수차례의 질문 공세에 못 이겨 하와는 결국 하나님과의 결별을 선언하게 되었다. 하지만 원수가 약속했던 자유, 지혜, 능력은 없었다. 대신 그녀는 죄와 사망의 노예로 전락해버렸다. 이것이 사탄의 오랜 수법이다. 사탄은 하나님의 말씀에 불순종하도록 당신을 부추긴다. 그의 속삭임에 넘어간 당신은 하나님과 절연하고 사탄의 속박에 스스로의 목덜미를 내어준다.

  하나님에게서 성도(자녀)들을 분리시키려는 원수의 궤계는 성경에 수없이 많이 기록되어 있다. 특히 강력한 기름 부음을 받은 성도들이 이러한 위험에 처한다. 사울과 다윗의 관계 속에서 두려움과 속박의 영이 저질렀던 일을 살펴보자.

  그 이튿날 하나님께서 부리시는 악령이 사울에게 힘 있게 내리매 그가 집 안에서 정신 없이 떠들어대므로 다윗이 평일과 같이 손으로 수금을 타는데 그 때에 사울의 손에 창이 있는지라 그가 스스로 이르기를 내가 다윗을 벽에 박으리라 하고 사울이 그 창을 던졌으나 다윗이 그의 앞에서 두 번 피하였더라 여호와께서 사울을 떠나 다윗과 함께 계시므로 사울이 그를 두려워한지라 그러므로 사울이 그를 자기 곁에서 떠나게 하고 그를 천부장으로 삼으매 그가 백성 앞에 출입하며 다윗이 그의 모든 일을 지혜롭게 행하니라 여호와께서 그와 함께 계시니라 사울은 다윗이 크게 지혜롭게 행함을 보고 그를 두려워하였

으나 삼상 18:10-15

계속되는 불순종 때문에 하나님은 사울에게서 은총을 거두셨다. 사울은 마치 하나님께서 자신을 버리신 것처럼 느꼈을 것이다. 상황이 이 정도로 심각해지면 그는 겸손하게 행하거나, 회개하거나, 혹은 하나님의 뜻을 구하고 올바로 살아가는 모습을 보여야 마땅했다. 하지만 그는 어떤 길을 선택했는가? 사울은 다른 사람을 비난하기 시작했다. 우리는 여러 사람에게서 이러한 모습을 자주 볼 수 있다. 자신의 죄 때문에 하나님에게 은총을 얻지 못하지만 그들은 이에 대해 스스로 책임지기를 싫어한다. 대신 주변 사람이나 주변에서 일어나는 일들을 탓하곤 한다. 결국, 점점 더 하나님에게서 멀어진다.

나름 역사가 오래된 질문이 있는데, 당신은 혹시 이런 질문을 받아본 적이 있는가? "하나님과 사이가 멀어졌다면, 둘 중 누가 움직인 것인가?" 사울의 경우를 보자면 하나님은 '거기 그곳에 여전히 그대로' 계셨다. 그가 움직였다. 사울 자신이 하나님에게서 멀리 떠난 것이다. 하나님께서 은총을 거두시기 훨씬 전에 사울이 먼저 하나님과 거리를 두었다. 그는 충성 대신 불순종을 선택했다. 하나님은 어쩔 수 없이 사울을 향한 소망과 계획까지 거둬들이셨다.

그런데 이러한 사울의 눈에 다윗이 들어오기 시작했다. 그는 다윗에게 하나님의 영이 임한 것을 보았다. 사울은 다윗을 질투했고 또 그를 두려워했다. 성격 결함과 부족한 분별력 때문에 사울은 두려움의 영에게 쉽게 사로잡혔다. 하나님의 영이 다윗과 함께하시는 것을 보고 사울은 하나님께서 자신을 떠나셨음을 깨달았다. 또한 성령의 사람이 자신의 권좌에 가장 큰 위협을 가하리라는 사실도 알게 되었다. 이제 사울은 다윗의 일거수일투족에 촉각을 곤두세웠다. 하나님께서 다윗을 왕좌에 앉히실 경우 다윗이 자신과 자신의 후손에게 행할 법한 일들을 일찌감

치 상정하고 겁부터 집어먹기 시작한 것이다. 심지어 사울은 다윗에게 이런 부탁도 건넸다.

> 보라 나는 네가 반드시 왕이 될 것을 알고 이스라엘 나라가 네 손에 견고히 설 것을 아노니 그런즉 너는 내 후손을 끊지 아니하며 내 아버지의 집에서 내 이름을 멸하지 아니할 것을 이제 여호와의 이름으로 내게 맹세하라 하니라 삼상 24:20-21

두려움과 속박의 영은 또 다른 악령을 데리고 사울을 찾았다: 가인의 영! 거짓의 영! 반역의 영! 가인의 영이 임하자 사울은 수차례나 다윗을 죽이려고 시도했다. 거짓의 영이 임하자 사울은 온갖 거짓말로 다윗의 충성심을 폄훼했다. 반역의 영이 임하자 사울은 하나님의 길을 버리고 스스로의 뜻대로 행하기 시작했다.

두려움의 노예로 전락할 때까지 사울의 마음에 자리한 공포심은 날이 갈수록 커져만 갔다. 그는 다윗을 해하려 온갖 노력을 다했다. 하지만 하나님이 다윗을 보호하셨으므로 사울의 모든 시도는 좌초되었다.

다윗은 아들의 영(양자의 영)을 받았기 때문에 최악의 상황에서도 강한 용사로, 또 충성된 종으로 남을 수 있었다. 사울에게 공격을 받았지만 결코 보복하지 않았다. 살의(殺意)에 사로잡히지 않은 것이다. 하나님의 마음을 헤아렸기에 기름 부음 받은 왕에게 손을 대서는 안 된다는 원칙을 고수했다. 부하들은 사울을 암살하자고 제안했으나 다윗은 그 모든 제안을 거절했다.

일찍이 사무엘을 통해 왕의 직무를 임명받았던 다윗이다. 하지만 기름 부음을 받은 이후 곧바로 왕이 된 것은 아니었다. 다윗은 하나님께서 정해놓으신 시간이 도래할 때까지 기다렸다. 오랜 기다림의 시간 동안 하나님께서 자신과 함께하신다는 사실을, 하나님께서 약속을 지키신다는 사실을 믿을 수 있었던 것은 그에게 아들의 영이 함께했기 때문이었다.

사울이 어떻게 타락했는지를 살펴보면 속박과 두려움의 영이 사람들을 얼마나 처절하게 무너뜨리는지 알 수 있다. 결국 사람들은 사울처럼 구제불능의 상태로 전락한다.

성경은 하나님을 버린 사람들의 이야기로 가득하다. 에덴동산에서 하나님을 불신했던 아담과 하와, 자신이 원하는 것을 얻지 못하자 예수님을 버리고 배신했던 유다, 두려움 때문에 가장 중요한 시간(체포, 재판, 십자가 형)에 예수님을 부인했던 베드로… 시편 기자는 이 모든 사람을 한데 모아 다음과 같이 묘사했다. "그들의 조상들 같이 배반하고 거짓을 행하여 속이는 활 같이 빗나가서"(시 78:57).

전쟁에 나가려는데 결함이 있는 활을 들고 나가겠는가? 시위를 있는 힘껏 당겼더니 활 자체가 부러지는 일이 생기기를 원하는가? 그런 활을 의지할 수 있겠는가? 주님은 얼마나 우리를 신뢰하기 원하시겠는가? 우리는 신뢰할 만한 활인가? 앞의 시편의 말씀을 읽은 모든 사람은 아마도 자신의 심령을 살피고자 할 것이다. 우리 마음 안에는 배반과 거짓의 성향이 얼마나 깊게 자리하고 있는가? 배반과 거짓의 성향이 분별된다면 그것을 어떻게 제거하겠는가? 두려움에 짓눌리고 사탄의 속박으로 이어지는 이 끔찍한 패턴을 얼마나 오랫동안 반복할 텐가?

예수님의 말씀처럼 우리는 뱀처럼 지혜롭고 비둘기처럼 순전해야 한다. 매 순간 깨어 기도함으로 원수의 모든 함정을 피해야 한다. 누군가가 다시금 두려움에 사로잡혔다면, 그의 배후에는 두려움과 속박의 영이 도사리고 있을 것이다. 두려움의 영이 그의 마음에 상처를 입혔을 확률은 거의 100%이다.

사탄은 성도들의 마음 안에 불충(不忠)과 불순종을 빚기 위해 '상처' 라는 효과적인 도구를 사용한다. 예수님께서 사역하실 때 수많은 사람이 예수님 때문에 실망하고 또 마음에 상처를 입었다. 상처 입은 사람들은 그 길로 주님과 멀어졌다. 결국 주님과 대면할 기회 자체를 잃어버린 것이다. 이에 예수님은 이렇게 말씀하셨다. "누구든지 나로 말미암아 실족하지 아니하는 자는 복이 있도다"(눅 7:23).

예수님의 고향 사람들과 바리새인들은 예수님의 언행 때문에 실족했다. 예수님께서 성찬(자신의 살과 피)에 대한 예언의 말씀을 전하셨을 때 수많은 무리가 마음에 상처를 입고 주님 곁을 떠났다. 그때 예수님은 남아 있는 제자들에게 물으셨다. "너희도 가려느냐?"(요 6:22-67 참조) 그때 시몬 베드로는 이렇게 대답했다. "주여 영생의 말씀이 주께 있사오니 우리가 누구에게로 가오리이까 우리가 주는 하나님의 거룩하신 자이신 줄 믿고 알았사옵나이다"(요 6:68-69). 사람들은 무결하신 예수님 때문에도 마음에 상처를 입고 예수님을 떠난다. 그렇다면 우리 때문에 얼마나 큰 상처를 입겠는가?

아주 작은 일에도 사람들은 쉽게 상처받는다. 교회에 자신만의 지정석을 만들어놓고 주일마다 그 자리를 고수하는 사람도 있다. 누군가가 그 자리를 '침범'하더라도 성숙한 태도로 그냥 웃어넘기면 될 것을 그들은 꼭 마음에 상처받기를 선택하는 듯하다.

때때로 불공정한 대우를 받는다고 생각될 때 상처받는 사람도 있다. 이를테면 직장 동료가 윗선의 칭찬을 독점한다든가 자신보다 먼저 승진하면 상처를 받는다. 이러한 감정을 마음에 담아두고 끊임없이 '묵상'하면 질투는 곧 상처로 변한다. 상처는 분노로, 분노는 회사에 대한 불충으로, 불충은 이내 두려움으로, 또 반역으로 이어진다. 얼마 지나지 않아 그들은 회사를 그만둘 것이다. 혹은 특혜를 받는다고 생각되는 동료에게 해를 입히기도 한다.

가정에서도 이와 같은 일이 벌어진다. 남편과 아내는 상대방이 '했을 법한'(실제로 했는지는 알 수 없는) 끔찍한 일을 상정한 후 서로 대립각을 곤두세운다. 부모와 자녀 사이에서도 마찬가지다. 학교나 교회에서도 상처 입은 사람들을 심심찮게 만날 수 있다. 그들은 자신에게 상처를 입힌 친구를 헐뜯거나 교회 리더를 비난한다. 자신이 받은 상처를 가해자에게 고스란히 되돌려주는 사람도 있는데, 그들은 종종 더 강렬한 말투에 비난과 분노의 감정까지 실어 앙갚음한다. 이에 불신과 불충(不忠)이 모든 관계 속으로 스며든다.

목사의 설교에 상처를 받은 성도들은 교회 봉사에 충성을 다하지 않는다. 사람들 서로가 서로에 대한 불신을 토로할 때 사태는 매우 추해진다. 더러운 영에 의해 추한 사태가 빚어지는 것을 지켜보는 일은 매우 끔찍하다. 사람들은 아무것도 모르는 채 두려움과 죄와 사망의 구덩이로 되돌아간다.

과거에 비해 현대인의 신뢰도나 충성도가 약해진 것이 사실이다. 상점에 들어가 점원에게 말을 걸어보라. 몇 분 지나지 않아 그들은 '자원'하는 마음으로 상사에 대한 험담을 자연스럽게 늘어놓을 것이다. 하지만 그들의 험담 내용을 자세히 들어보면 원인은 그들이 받았던, 아주 조그마한 상처임을 알 수 있다. 이러한 현상이 거국적인 단위로 일어나기도 한다. 한 나라의 뉴스, 언론, 정치인, 지도자들, 교사들이 남에 대한 험담과 불신의 말을 늘어놓을 때가 있다.

이처럼 오늘날의 세상에는 더 이상의 충성도 신의도 없는 것 같다. 이는 사탄이 우리를 공격한 것이다. 그가 우리에게서 순수성을, 미덕을, 신뢰를 빼앗아간 것이다. 이 세상에 남은 것은 극도로 민감한 사람들이 마음에 간직하고 있는 적대감, 분열, 두려움의 잔해뿐이다. 거의 전염병 수준의 불신이라고 말할 수 있다. 리더에 대한 신뢰, 기관에 대한 신뢰를 잃으면 사람들은 가정, 친구, 지역사회, 그리고 하나님에게서 버림받았다고 느낀다.

속박의 영을
어떻게 다루어야 하는가?

사람들은 다른 사람에게 사랑받기를 원하고, 인정받고 싶고, 또 총애 받기를 원한다. 이것은 인간의 기본 욕구다. 그러므로 우리는 모두 가족과 친구와 동료에게 사랑받고 또 인정받고 있다는 점을 깨달아야만 한다. 특히 하나님에게 사랑받고 있다는 사실을 알 필요가 있다.

우리를 창조하실 때 하나님은 우리의 마음에 사랑을 향한 갈증을 깊이 심어 넣으셨다. 그 이유는 우리를 그분에게로 이끌기 위해서다.

냉전 시대, 이 나라의 사회주의자들은 사람들의 지지를 얻고자 인간의 기본 욕구를 전면에 내세웠다. 사랑, 인정, 총애의 기본 욕구를 충족시켜줄 만한 조직을 만들었노라 홍보하며 사람들을 끌어 모았다. "이 조직에 가입하면 당신은 존중받고, 사랑받고, 인정받습니다!" 그 조직의 모집 기술에 농락당한 채 사람들은 너 나 할 것 없이 가입 신청서에 서명했다.

하지만 조직이 약속한 축복은 전부 거짓말이었다. 사회주의자들은 자신이 원하는 사람들을 모집한 후, 태도를 바꿔 잔인한 노예 상인처럼 굴기 시작했다. 가입 사실이 발각될까 봐 두려운 마음, 처벌받을까 봐 두려운 마음에 신청자들은 그들의 노예로 전락해버리고 말았다.

우리의 원수인 사탄 역시 이와 동일한 전술을 사용한다. 기본 욕구를 충족시켜줄 것처럼 속인 후에 거짓의 거미줄로 사람들을 옭아맨다. 일단 유혹에 넘어가면 사탄이 약속한 달콤한 모든 것은 이내 두려움과 공포의 대상으로 돌변한다. 한때 자유로웠던 성도들이 다시금 두려움의 속박으로 내던져진다.

하나님께서는 인정받고자 하는 욕구를 인간의 마음 안에 넣어두셨다. 이는 하나님께서 직접 그 욕구를 채워주시기 위해서다. 하나님은 자녀들에게 복주시고, 은혜 베푸시는 분이다. 또한 자녀들을 인정하고, 사랑하기를 좋아하신다. 우리에게는 복과 은혜와 인정과 사랑이 필요하고, 하나님은 이 모두를 채워주시며 기뻐하신다. 그러므로 하나님은 어떠한 복도 감추지 않으신다. 못 믿겠는가? 그렇다면 예수님을 바라보라. 그분은 우리를 향한 하나님 사랑의 살아 있는 증거이시다. "예수의 증언은 예언의 영이라"(계 19:10 참조). 하나님의 사랑을 확인하기 원하는가? 그렇다면 증거를 찾으러 여기저기 기웃거릴 필요가 없다. 예수님이 그 증거이시기 때문이다.

하나님께서 그 아들 예수를 통해 당신에게 행하신 선한 일을 당신이 다른 사람에게 선포한다면, 당신은 예언의 영을 통해 하나님의 사랑과 은총과 용납을 '예언적'으로 전파하는 것이다(다른 사람들이 하나님의 사랑을 예언적인 이해로 인식하게 될 것이다). 예수님은 온 땅에 아들의 영을 보내셔서 모든 사람이 두려움과 사망의 속박에서 벗어나 하나님의 가정으로 되돌아올 수 있도록 길을 열어주셨다.

지금 우리는 전쟁 중이다. 사탄은 이 모든 좋은 것을 당신에게서 빼앗고자 한다. 일단 빼앗는 데 성공하면, 이후에 사탄은 당신의 귀에 "하나님이 빼앗아 가신거야!"라는 거짓말을 속삭일 것이다. 그의 속임수에 넘어가면 당신은 자신도 모르게 하나님을 원망하게 된다. 사탄은 당신이 하나님의 복을 누리는 것을 몹시 못마땅하게 여긴다. 그래서 당신의 소망과 꿈을 말살하려는 것이다. 주님께서 당신에게 주신 유업과 소명을 훔치려 하는 것이다.

사람들을 속박으로 이끄는 두려움의 영은 어떻게 다루어야 하는가? 그 첫 번째 단계는 스스로를 살피는 것이다. 이 영이 내 삶 속에서 얼마나 강하게 역사하는가? 나는 다른 사람의 언행에 쉽게 상처받는가? 받은 상처가 심하게 덧날 때까지 오랫동안 묵상하며 고이고이 간직하는가? 하나님에게 은총과 복을 받은 사람들을 질투하며 그들에게 공격을 가하는가? 질투의 구름이 다른 사람과의 관계를 와해시키는가? 이런 일들을 겪을 때 하나님으로부터 멀어진 느낌을 받는가? 하나님에게 버림받은 느낌인가? 두려움이 나를 속박으로 몰아갈 때, 속절없이 끌려가는가?

먼저 자신이 속박에서 자유롭지 못하면 다른 사람의 삶 속에서 일어나는 일을 제대로 보지 못한다. 자신이 불편한 상태인데 다른 사람을 돕는 것은 불가능하다. 자신의 내면에서 다른 사람을 질투하거나 미워하는 기식이 일어나면 무조건 주님 앞에 나아가 치유받기를 구하라. 빨리 주님께 나아가 성령의 도우심을 구하라. 하나님께서 아들(양자)의 영을 보내셔서 우리의 마음을 가득 채우실 때에만 문제가 해결된다.

전쟁 중 우리가 수행할 임무는 먼저, 스스로를 위해 아들(양자)의 영을 구하는 것이다. 그래야만 다른 사람에게 이 영의 영향력을 흘려보낼 수 있다. 두려움의 영이 활개 치며 사람들의 마음속에 거절감을 양산해낼 때마다 당신은 아들의 영이 임재하여 역사하시기를 간구하라. 당신 스스로가 버림받은 느낌을 받는다면, 혹은 다른 사람에게서 이러한 거절감의 기식이 발견된다면 역시 아들의 영이 임하기를 간구하라. 아들의 영은 사탄의 일을 무너뜨리는 핵폭탄 급 무기이며 모든 두려움과 속박을 끊어내는 강력한 병기다. 자주 사용하고 또 잘 사용해야 한다. 거절의 느낌이 찾아올 때마다 아들의 영은 사탄의 일을 무너뜨리기 위해 출동하실 것이다.

하나님을 원망하고 싶을 때, 아버지를 향한 아들 예수님의 마음을 기억하기 바란다. 철저히 하나님을 사랑했기 때문에 예수님은 그분의 뜻에 순종하셨다. 순종의 행위로 '죽음'을 받아들이셨다. 예수님은 우리의 모범이시다. 예수님께서 아버지의 뜻에 충성하셨듯이 우리 역시 성령의 인도하심을 따라 충성된 자녀, 순종하는 아들과 딸로 거듭나야 한다.

예수님이 우리에게 보내신 성령님(하나님의 일곱 영)은 이 땅에서 가장 강력한 분이다. 하지만 이 일곱 영은 결코 '과시용'이 아니다. "자, 내가 무엇을 할 수 있는지 보여주마!" 이처럼 쇼 윈도우에 전시하기 위한 목적도 아니다. 예수님은 영적 전쟁을 치르는 우리를 위해 실용적인 무기를 보내주셨다. 하나님의 일곱 영은 사탄의 일을 무너뜨리실 것이다. 우리를 위해 싸우고, 우리와 함께 싸우실 것이다. 아들의 영은 지금도 역사하신다. 언제, 어디에서든지 보냄을 받은 곳에서 자신의 임무를 완수하신다. 과거에도, 지금도, 그리고 앞으로도!

보는 것이 중요하다
-우리는 성령의 인도를 받아야 한다

> 무릇 하나님의 영으로 인도함을 받는 사람은 곧 하나님의 아들이라 너희는 다시 무서워하는 종의 영을 받지 아니하고 양자의 영을 받았으므로 우리가 아빠 아버지라고 부르짖느니라 성령이 친히 우리의 영과 더불어 우리가 하나님의 자녀인 것을 증언하시나니 자녀이면 또한 상속자 곧 하나님의 상속자요 그리스도와 함께 한 상속자니 우리가 그와 함께 영광을 받기 위하여 고난도 함께 받아야 할 것이니라
>
> **롬 8:14-17**

성령의 인도하심을 계속 거절하는데 여전히 하나님의 자녀일 수 있을까? 참으로 중요한 질문이니 이 질문을 마음 깊이 곱씹으라. 성경은 이에 대해 뭐라고 말하는지 다시 한 번 살펴보자: "무릇 하나님의 영으로 인도함을 받는 사람은 곧 하나님의 아들이라."

그렇다. 성령의 인도하심을 받지 않으면 하나님의 아들이 될 수 없다.

그동안 교회는 사람들의 편의를 생각해서 예수님을 영접하는 일을 '쉽고 빠른' 속성 과정으로 조작해놓았다. 어떤 사람은 영접에 대해 아예 거짓 가르침을 전하기도 했다. 이러한 사람들 대부분은 구도자 중심의 성향이 짙다. 물론 많은 사람을 주님께로 인도하고자 하는 열정 하나는 높이 살 수 있다. 그러나 그들은 '가르침'의 영역에서만큼은 크나큰 잘못을 저질러왔다. 그것도 아주 고집스럽게!

새신자나 기신자에게 우리는 항상 진실만을 말해야 한다: "성령의 인도를 받아야 하나님의 아들이다." 제자도(弟子道)에는 지름길이 없다. 이 진리를 가르치지 않으면 사람들은 무장하지 않은 채로 전쟁터에 나갈 수밖에 없다.

이것 말고도 오늘날의 교회 안에는 여러 가지 문제가 존재한다. 그중 하나는 다른 사람들의 언행에 너무 민감한 반응을 보인 나머지 다시금 속박의 굴레를 뒤집어쓰는 성도가 늘어가고 있다는 것이다. 이것이 바로 성도들 사이의 관계, 성도와 하나님의 관계 사이에 '고립'이 발생하는 주된 원인이다. 사람들은 성령의 인도하심을 따르는 대신 상처의 인도를 따른다. 성령보다는 두려움을 추종한다. 그러나 성령의 인도하심을 계속 무시하고 거절하면, 하나님과의 간격은 점점 더 커질 것이다.

하나님은 당신을 사랑하신다. 언제나 자신의 자녀를 보듬으시고 안아주시는 아버지이시다. 우리가 하나님의 선하심과 신실하심을 계속해서 고백하고 선포하면, 그 고백이 마음 깊은 곳에 터를 잡게 된다. 그러므로 지금 고백하라. "하나님은 언제나 내게 신실하셨습니다!" 이 고백을 나누고픈 사람이 있다면 지금 그와 함께 하나님의 선하심을 선포하라. "하나님은 당신에게도 항상 신실하셨습니다!" 우리는 항상 하나님의 선하심을 고백해야 한다. 다시 한 번 자신의 영에게 선포하라. "하나님은 내게 선하신 분이다!" 이 약속의 말씀을 공유할 사람들을 찾아 그에게도 전하라. "하나님은 당신들 모두에게 선하신 아버지이십니다!" 하나님의 선하심을 고백할수록 우리의 신앙은 '성결한 믿음' 안에서 점점 더 견고히 세워져갈 것이다. 다른 사람에게 이 사실을 선포할수록 당신은 물론 그들 역시 점점 더 견고해진 믿음을 소유하게 될 것이다. 하나님은 선하시다! 우리가 신실하지 못할 때에도, 하나님은 우리에게 신실하신 아버지이셨다. 하나님과 거리를 두고자 할 때에도 하나님은 우리를 버리지 않으셨다. 하나님은 우리가 빚어놓은 관계의 단절을 회복시켜주시고자 아들의 영을 보내셨다. 하나님 아버지께 감사드리자!

잠시 멈추고 생각해보라. 만일 누군가가 당신을 배신했는데 그와 다시 만나야 한다면, 어떤 기분이 들겠는가? 사랑의 감정? 긍휼? 기쁨? 인내? 당신을 배신한 사람과 다시 만난다면 그와 아주 긴 시간을 보내고 싶겠는가? 다시 만난 기쁨에 겨워 친밀한 관계를 맺고, 그에게 모든 비밀을 털어놓겠는가? 그를 축복해줄 수 있는가? 다른 사람 앞에서 그의 장점을 버젓이 자랑할 수 있겠는가? 우리 대다수는 이렇게 하지 못한다. 인간의 성향 자체가 '보복'과 '복수' 지향적이기 때문이다. "상처에는 상처로 맞대응한다"-이것이 우리의 기본 원칙이다. 어떤 사람은 복수하려고 치밀한 계획까지 세운다.

하지만 이러한 유혹에 걸려 넘어지는 순간 우리는 지옥 구덩이로 내던져진다. 하나님께서 우리에게 주신 모든 좋은 것이 부패하기 시작한다. 어떤 것은 증발해버리기도 한다. 그러므로 우리는 이런 상태가 되면 안 된다. 물론 쉽지 않은 일이다. 하지만 이 시간 솔직한 마음으로 자신의 모습을 바라보라. 자신의 큰 죄를 용서하시고 덮어주시는 하나님의 은혜를 기억하기 바란다. 하나님의 선하심을 깨닫고 다른 사람의 잘못을 용서하기 바란다. 하나님은 우리 삶의 최악의 순간에도 선대하셨다. 그러므로 좀 더 나은 태도로 아버지 앞에, 이웃 앞에 서야 하지 않겠는가?

그러나 그들이 입으로 그에게 아첨하며 자기 혀로 그에게 거짓을 말하였으니 이는 하나님께 향하는 그들의 마음이 정함이 없으며 그의 언약에 성실하지 아니하였음이로다 오직 하나님은 긍휼하시므로 죄악을 덮어 주시어 멸망시키지 아니하시고 그의 진노를 여러 번 돌이키시며 그의 모든 분을 다 쏟아 내지 아니하셨으니 그들은 육체이며 가고 다시 돌아오지 못하는 바람임을 기억하셨음이라 시 78:36-39

성경의 등장인물 중에 위의 말씀에 지적된 모습을 여실히 보여준 사람들이 많다. 그들은 하나님께 불충했다. 하지만 하나님은 그들을 회복시키셨다. 아담과 하와가 범죄한 후에 숨었을 때에도 하나님은 에덴동산을 찾아가 그들을 만나주셨다. 그들과의 관계를 정리하고 그냥 죽게 놔두셨을 수도 있었다. 만일 하나님께서 이렇게 말씀하셨다면 어땠을까? "이런! 내가 이렇게까지 보살펴주었는데 나를 이런 식으로 취급해? 지금 이후로 너희를 내칠 것이다. 자연의 힘이 너희를 휩쓴다 해도 나는 눈 하나 꿈쩍 안 할 테다. 어차피 새로운 종족을 만들면 그만 아닌가? 아무리 못해도 그들이 너희보다 나을 것이다!" 하지만 이것은 하나님께서 아담과 하와를 다루신 방법이 아니었다. 하나님은 직접 그들을 찾아가셔서 그들의 행위가 빚어낸 결과를 알려주셨다. 그리고 새로운 환경에서 하나님께 충성할 수 있는 기회, 사명을 감당할 기회를 제공해주셨다.

예수님의 수제자 베드로는 스승이 가장 힘들어하던 시간에 배신했다. 물론 예수님은 이렇게 될 것을 예견하셨지만, 배신당하는 순간 마음 깊이 상처받으셨을 것이다. 너무도 큰 상처였기에 예수님은 베드로와의 관계를 깨끗이 청산하실 수도 있었다. 만일 그렇게 하셨다면 베드로는 반역자, 인생 실패자로 낙인찍힌 뒤 역사의 뒤안길로 쓸쓸히 사라졌을 것이다. 그러나 예수님의 선택은 인간의 그것과 달랐다. 예수님은 베드로를 회복시키기 위해 특별한 무대를 만드시기까지 하셨다. 무덤을 찾은 여인들에게 예수님의 부활 소식을 전했던 천사의 말을 기억하는가? "가서 그의 제자들과 베드로에게 이르기를 예수께서 너희보다 먼저 갈릴리로 가시나니 전에 너희에게 말씀하신 대로 너희가 거기서 뵈오리라 하라 하는지라"(막 16:7). 예수님의 명령대로 천사가 여인들에게 전한 말을 주목하기 바란다. "그의 제자들과 베드로에게…" 예수님께서는 베드로가 자괴감에 빠진 채 스스로를 제자로 여기지 않으리라는 것을 알고 계셨다. 그래서 베드로를 따로 호명하여 이 기쁜 소식을 전하라고 명령하신 것이다. 이후에 예수님은 베드로를 만나셨다. 그를 온전히 회복시키셨다. 베드로는 예수님의 교회를 세우는 일에 크게 쓰임 받았다.

싸구려 냄새나고 거짓말을 풀풀 날리는 배반의 영이 하나님을 폄훼하는 말을 던지려 할 때 귀를 막으라. 그의 말을 듣지 마라. 하나님 아버지에 대해 사탄이 내뱉는 거짓말에 귀 기울이지 마라. 에덴동산에서 사탄은 하나님에 대해 거짓말했다. 이후로도 계속, 입만 열면 거짓말이었다. 사탄은 당신이 하나님을 불신하게 되기를, 당신과 하나님의 관계가 소원해지기를 간절히 바란다. 당신이 하나님을 버리고 두려움과 사망의 굴레 안으로 들어가기를 갈망한다. 그러므로 그의 말을 듣지 마라! 하나님은 우리에게 신실하신 아버지이시다. 다시 한 번 큰 소리로 외치라. "하나님은 언제나 내게 선하신 아버지이십니다!" 당신의 마음에 이 고백이 자리 잡을 때까지 계속해서 외치라. "하나님은 한 번도 나를 실망시키신 적이 없으십니다." 이 사실이 당신의 영에 깊이 뿌리내릴 때까지 반복해서 고백하라. 불못의 사탄이 다시는 이 고백을 흔들지 못하도록 선포하고 또 선포하라.

"하나님으로부터 떠나라." 사탄이 당신에게 유혹의 말을 건넬 때, "나는 하나님께 더 가까이 나아가리라. 나는 하나님만을 찬양하고 하나님만을 예배할 것이며 내 삶을 다해 그분께 충성을 다할 것이다"라고 대응하라. 아마 당신은 욥처럼 충성된 자세로 하나님 앞에 나아갈 것이다. "그가 나를 죽이실지라도 나는 그를 의뢰하리니"(욥 13:15, 개역개정판에는 이 구절이 "그가 나를 죽이시리니…그러나 그의 앞에서 내 행위를 아뢰리라"로 번역되어 있다. 그러나 이 구절의 난하주(欄下註)에는 "그가 나를 죽이실지라도 나는 그를 의뢰하리니"가 첨부되었다–역자 주).

한번 시험해보라. 큰 소리로 이렇게 외치라. "나는 담대히 일어서서 하나님을 신뢰하리라! 어떤 일이 일어나든지 하나님의 신실하심을 굳게 의지하리라!" 하나님은 항상 신실하시다. 그분은 결코 당신을 버리지 않으신다. 당신을 실망시키지도 않으신다. 하나님께 가까이 머물라. 그러면 하나님께서 당신을 가까이 두실 것이다. 신실하신 하나님을 찬양하라. 하나님의 신실하심을 인정하고 찬양할 때 당신의 믿음이 견고해질 것이다.

일말의 생각이라도 불순종은 버리라. 하나님에게 버림받을까 두려워하는 마음도 그냥 흘려보내라. 아무리 작은 생각이라도 그것을 용납하면 문제가 커진다. 물고기의 입을 꿰어버린 바늘처럼 역사할 것이기 때문이다. 사탄은 낚싯줄을 깊은 물에 드리우고 당신이 물기를 기다린다. 미끼를 덥석 물면, 입에는 바늘이 박힌다. 당신은 도망칠 수 없다. 이에 사탄은 릴을 감아 낚아챈 후에 당신을 속박의 어망에 가둬놓는다. 그의 목적을 기억하는가? 당신을 훔치고 죽이고 파멸시키는 것이다. 단 한 순간이라도 사탄에게 틈을 내어주지 마라. 그저 하나님 아버지께 영원토록 충성을 다하라. 지금 당장 서약하라.

마귀가 당신의 마음에 틈타지 못하도록 깨어 기도하라. 접근하는 즉시 대적하라. 그리고 아들의 영이 임하기를 간구하라. 아들의 영은 강력한 무기이자 두려움과 속박의 영에서 자유롭게 될 수 있는 유일한 해결책이다. 먼저 당신이 자유로워야 다른 사람의 형편이 눈에 들어올 것이다. 자신부터 자유를 획득한 후에라야 다른 사람을 돌볼 수 있다. 자유의 몸이 된 후에 다른 사람을 어떻게 도와야 할지 전략을 세우라.

오늘 시험을 본다면, 충성도 테스트를 통과할 수 있겠는가? 군인이라면 언제든지 이 시험에 통과할 준비가 되어 있어야 한다. 내게 이 시험은 고통스러웠다. 정기적으로 나는 보안, 첩보, 사보타주(내부 첩자의 고의적 방해)에 대한 훈련을 받아야 했다. 나라를 배신한 사람들의 사진과 그들의 행동이 담긴 동영상을 보며 그들과 연루된 사건의 전말을 낱낱이 분석하고 암기해야만 했다.

훈련이 끝나면 테스트가 시작된다. 출제자는 나라를 배신할 만한 상황을 세팅한 후에 테스트를 진행한다. 테스트의 초점은 고의로든지 실수로든지 나라를 배신해서는 안 된다는 것이다. 다양한 상황을 상정한 질문이 쉴 새 없이 쏟아졌다. 나는 그 질문에 일일이 대답해야 했다. 충성도 테스트는 한마디로 '곤욕'이었다. 여태껏 미국을 위험에 빠뜨린 외국의 첩보 단체 및 내부 소행 단체는 굉장히 많다. 나는 그들의 명칭도 일일이 암기해야 했다. 이후 각 단체의 명칭이 호명될 때마다 "나는 결코 그 단체에 가입하지 않을 것이며, 그들과 동역하지 않을 것이고, 그 그룹의 모임이나 활동에 관여하지 않을 것입니다"라고 연거푸 외쳐야 했다.

그런데 이런 생각도 해보았다. "교회에서도 이와 같은 훈련과 테스트를 실시해야 하지 않을까?"

물론 교회에도 이러한 훈련이 있다. 테스트는 매우 간단하다-오직 한 가지 질문만 있을 뿐이다. "당신은 성부 하나님, 성자 예수 그리스도, 그리고 성령님께 충성을 다할 것입니까?" 당신의 대답이 "네"라면 끝까지 그 대답을 유지하기를 바란다. 절대로 흔들리지 마라. 만일 당신의 대답이 "아니오"라면 오늘 새롭게 시작하기 바란다. 하나님은 당신을 회복시켜주실 것이다. 진실한 마음으로 회개하고 하나님의 용서를 구하라. 하나님은 항상 신실하시며 공의로우신 분이다. 당신을 용서하시고 회복시켜주실 것이다.

하나님께서 당신에게 행하신 일들을 기억하기 바란다. 당신을 위해 하나님께서 행하신 일, 또 지금 행하고 계신 일에 대해 감사와 찬양을 드리라. 하나님께서 이루신 일을 높이는 데에는 조금도 인색할 수 없다. 차라리 더 많은 감사와 찬양을 드리는 편이 낫다. 그러므로 나는 하나님께서 행하신 모든 일, 곧 하나님의 은총에 대해 감사드린다. 내가 믿는 바, 감사가 많아지면 받을 복도 많아진다. 당신이 하나님의 선하심을 인정할수록, 하나님 역시 당신을 더욱더 인정해주실 것이다.

당신에게 자녀가 있다면 이 점을 쉽게 이해할 수 있을 것이다. 감사할 줄 아는 자녀에게 무언가를 선물하는 기쁨은 이루 말할 수 없다. 물론 아이가 감사할 줄 모른다고 해도 당신은 그 자녀의 필요를 채워줄 것이다. 하지만 아이가 선물을 받고 사랑과 감사를 표현한다면 부모는 기뻐할 수밖에 없다. 아이의 감사 표현 습관에 기쁜 나머지 당신은 더 많은 것을 선물하고자 할 것이다.

불충을 피할 수 있는 가장 좋은 방법은 감사다. 그러므로 주님께 꾸준히 감사와 찬양을 드리기 바란다. 모든 복을 주님의 선물로 인정하고 주님께 감사드린다면, 그리고 이러한 습관이 몸에 밴다면 당신은 주님을 향한 더 큰 신뢰와 충성을 나타내 보일 수밖에 없다. 하나님을 기쁘게 해드리고자 하는 열정이 자연스럽게 차오르지 않겠는가? 이것이 삶의 습관으로 굳어진다면 사탄은 도무지 침입할 기회를 얻지 못할 것이다. 항상 하나님의 선하심을 마음으로 시인하고 입술로 고백하는데, 어떻게 불순종의 영이 침입할 수 있단 말인가?

찬송하리로다 하나님 곧 우리 주 예수 그리스도의 아버지께서 그리스도 안에서 하늘에 속한 모든 신령한 복을 우리에게 주시되 곧 창세 전에 그리스도 안에서 우리를 택하사 우리로 사랑 안에서 그 앞에 거룩하고 흠이 없게 하시려고 그 기쁘신 뜻대로 우리를 예정하사 예수 그리스도로 말미암아 자기의 아들들이 되게 하셨으니 이는 그가 사랑하시는 자 안에서 우리에게 거저 주시는 바 그의 은혜의 영광을 찬송하게 하려는 것이라 엡 1:3-6

하나님께서는 이미 당신에게 하늘의 모든 신령한 복을 주셨다. 이 사실을 명심하라. 창세전부터 하나님은 당신을 향한 놀라운 계획을 세우셨다. 우리가 하나님의 모든 신령한 복을 누리는 것-이것은 하나님의 뜻이다. 위의 구절의 후반부를 묵상하기 바란다. 창세전부터 당신은 그리스도 안에서 하나님의 아들로 입양되었다. 이 위대한 진실을 묵상할 때마다 나는 기쁨을 주체하지 못해 큰 소리로 찬양하곤 한다. 이 땅에서 사는 날 동안 나는 매 순간 하나님께 충성을 다할 것이다. 영원한 처소에서도 하나님을 찬양하기 원한다!

하나님은 당신에게 어떤 복도 감추지 않으신다. 물론 당신이 간절하게 원하던 것을 다른 사람이 받는 경우도 있다. 그럴 때마다 하나님께 불평하고픈 마음이 생길 수도 있을 것이다. 그렇다면 위에 적어둔 에베소서의 말씀으로 돌아가라. 항상 상처를 주는 사탄의 말에 귀를 기울이는 대신, 에베소서의 말씀을 큰 소리로 선포해보라. 아버지 하나님께서 당신에게 모든 신령한 복을 주셨다.

"왜 나만 이 모든 영적인 짐을 짊어져야 해? 다른 사람은 다 자유로운데 말이야." 불평의 영이 마음의 문을 두드릴 때, 이 말씀으로 돌아가라. 당신의 모든 필요를 채워주시고 모든 신령한 복을 내려주시는 하나님을 바라보라. 하나님은 당신에게 필요한 복을 감추시는 분이 아니시다. 어쩌면 당신 스스로가 하나님의 복을 가로막고 있는지도 모른다. 하지만 당신 스스로가 하나님의 복을 가로막을 때에도 하나님은 절대 당신의 복을 감추시지 않는다. 그러므로 하나님께 충성하라. 하나님의 복이 당신에게 흘러들어 가도록, 또 당신을 통해 이 세상에 흘러나가도록 자신을 내어드리라. "네가 네 하나님 여호와의 말씀을 청종하면 이 모든 복이 네게 임하며 네게 이르리니"(신 28:2).

당신이 태어나기 훨씬 전에 하나님은 당신을 입양하기로 결정하셨다. 아들(양자)의 영을 보내시어 당신과 하나님 사이의 '친부친자' 관계를 확정짓기로 결정하셨다. 하나님이 당신의 아버지이시다. 항상 하나님께 충성하며 모든 일에 그분을 의지하기 바란다. 불평의 생각이 찾아올 때마다 야고보서 4장 7절의 말씀을 찾아 큰 소리로 읽으라. "그런즉 너희는 하나님께 복종할지어다 마귀를 대적하라 그리하면 너희를 피하리라"(약 4:7). 어떤 나쁜 일이 당신에게 생길 때, 진심을 담아 이 말씀으로 기도한다면 그 일은 오래 머물지 못할 것이다.

하나님께서 당신에게 주신 무기를 사용하라. 당신의 고백으로 마귀를 대적하라. 하나님을 찬양하면 마귀는 당신에게서 흥미를 잃을 것이다. 영적 전쟁 중에 나는 이렇게 고백하는 것을 좋아한다: "나는 하나님께 충성을 다하리라!", "나는 하나님을 사랑한다!", "하나님을 찬양하며 그분의 거룩한 이름을 송축한다!", "하나님은 좋은 것을 감추신 적이 없으시다!", "신령한 복 중 그 어떤 것 하나라도 감추지 않으신다!", "우리 주 그리스도의 아버지 하나님과 우리를 자녀 삼으신 예수님께 찬양을 드립니다!", "우리를 자녀 삼으시어 '아빠'라고 부르게 하시니 감사드립니다!", "아빠 아버지! 하나님은 선하신 분입니다!" 아들의 영을 붙들고 거절의 두려움은 내던지라.

예수님의 강력한 약속을 기억하는가? "내가 너희를 고아와 같이 버려두지 아니하고 너희에게로 오리라"(요 14:18). 예수님을 따르는 사람이라면 다시금 고아가 될 일은 없다. 내동댕이쳐질 이유도, 두려움과 사망으로 인도하는 속박의 덫에 빠질 이유도 없다. 예수님은 그분을 사랑하고 그분의 계명을 지키는 사람들을 만나주시겠다고 약속까지 하셨다.

나의 계명을 지키는 자라야 나를 사랑하는 자니 나를 사랑하는 자는 내 아버지께 사랑을 받을 것이요 나도 그를 사랑하여 그에게 나를 나타내리라 요 14:21

이 과를 집필하는 동안 하나님께서는 독자들에게 기름 부음을 흘려보내라고(impartation) 말씀하셨다. 손을 뻗고 큰 소리로 이 기도를 따라 하기 바란다.

하나님 아버지, 내 삶과 내 주변 사람들의 삶 속에 아들의 영을 보내주소서. 모든 신령한 복은 아들의 영으로부터 온다는 것을 배웠습니다. 그러므로 하나님, 주님의 일곱 영을 보내주소서.
우리의 삶 속에서 성령의 흐름을 방해하는 모든 장애물을 제거합니다. 예수님의 놀라운 이름으로 그 모든 장애물을 묶습니다. 내 삶에서 떠날 것을 명령합니다.
이 시간 성령의 인도하심을 받고자 마음을 연 모든 사람 안에 일곱 영의 흐름을 허락하여주소서. 하나님의 일곱 영을 환영하며 선포합니다: 하나님, 사랑합니다. 하나님, 경배합니다. 하나님, 찬양합니다. 하나님께 충성을 다하겠습니다. 하나님을 '아버지'라 부를 수 있어서 기쁩니다. 간절히 구하오니 아빠 아버지여, 지금 이 시간 내 삶에 성령을 보내주옵소서!
예수님께서는 보혜사 성령님께서 우리를 모든 진리 가운데로 인도해 주실 것이라고 약속하셨습니다. 저는 그 약속을 붙듭니다. 주님께서 약속 지키실 것을 강력하게 주장합니다. 먼저 일곱 영의 능력을 제게 보이셔서 나로 성령 충만케 하시고, 주께서 제게 맡기신 사람들에게 성령의 흐름을 전달할 수 있도록 도와주옵소서. 메시아이신 예수님의 이름으로 기도하며 두 손 들어 기름 부음을 받습니다. 아멘, 아멘!

당신의 믿음을 견고히 세워줄
성경 구절들(추가)

딤전 4:1 "그러나 성령이 밝히 말씀하시기를 후일에 어떤 사람들이 믿음에서 떠나 미혹하는 영과 귀신의 가르침을 따르리라 하셨으니"

행 2:26-27 "그러므로 내 마음이 기뻐하였고 내 혀도 즐거워하였으며 육체도 희망에 거하리니 이는 내 영혼을 음부에 버리지 아니하시며 주의 거룩한 자로 썩음을 당하지 않게 하실 것임이로다"

느 9:31 "주의 크신 긍휼로 그들을 아주 멸하지 아니하시며 버리지도 아니하셨사오니 주는 은혜로우시고 불쌍히 여기시는 하나님이심이니이다"

신 4:31 "네 하나님 여호와는 자비하신 하나님이심이라 그가 너를 버리지 아니하시며 너를 멸하지 아니하시며 네 조상들에게 맹세하신 언약을 잊지 아니하시리라"

딤후 1:7 "하나님이 우리에게 주신 것은 두려워하는 마음(영)이 아니요 오직 능력과 사랑과 절제하는 마음(영)이니"

6과

⋮

은혜의 영

The Spirit of Grace

A Warrior's Guide To

THE SEVEN SPIRITS OF GOD

PART 1: BASIC TRAINING

6과

/

은혜의 영

        기초군사훈련의 초반부를 즐기는 훈련병은 매우 드물다. 사 년간 훈련소의 군목으로 사역했기 때문에 나름 확신을 가지고 이야기하는데, 대다수의 훈련병은 훈련 과정에 대해 '혐오'의 감정을 느낀다. 집에 있을 때는 모두 자신을 지지해주었는데, 훈련소에는 '그런 것'이 없다. 그저 자신과 비슷한 사람들 틈바구니에 섞여 있을 뿐이다. 각 사람의 개성은 사라진다. 게다가 스스로 결정할 수 있는 일도 거의 없다. 대부분의 불평은 그곳이 군대라기보다 차라리 감옥에 더 가깝다는 것이다. 훈련 초반에 면회를 간다면 당신도 훈련병의 입에서 기관총처럼 터져 나오는 볼멘소리를 들을 수 있다. 이후 그들의 마음에는 다음과 같은 질문이 깊게 자리 잡는다: "군대가 내게 적합한 곳일까?"
    하지만 시간이 흐르면서 훈련병들은 서로 우정을 쌓는다. 자신의 필요를 어떻게 충족할 수 있는지도, 또 문제를 일으키지 않는 법도 배우게 된다. 차츰 중요한 기술을 배우고 있다는 자부심이 마음속에 싹트기 시

작한다. 자신이 혼자가 아니라는 사실을 인식하게 되며 군 생활의 성공은 부대원들의 단합에 달려 있음을 깨닫는다. 시간이 흘러가면서 전우애, 자부심, 소속감은 점점 커져간다.

육 주차가 되면 그동안 받았던 훈련 과목의 테스트가 진행된다. 이때쯤 훈련병들의 마음에는 또 다른 질문 하나가 생긴다: "나는 군인이 되기에 적합한가?", "테스트를 통과할 수 있을까?", "체력적 한계를 극복할 수 있을까?" 훈련 과정의 마지막 주를 향해 달려갈수록 훈련병들은 불안감을 느끼기 시작한다. 이때의 불안감은 좋은 영향력으로 작용한다. 더 열심히 공부하고 또 더 많이 연습하게 한다. 따라서 육 주차가 되면 개인 및 팀 훈련 성적이 향상된다. 이때쯤 훈련 주임은 훈련병들에게 SMART 책 읽는 것을 강요한다.

이제 영적 훈련의 육 주차 과정이 시작된다. 독자들도 훈련병들과 동일한 마음 상태인지 궁금하다. 다음 과정을 진행해도 될 만큼 그동안 잘 따라왔는지도 궁금하다. 당신은 출전할 준비가 되었는가? 무기 사용법을 알고, 전신 갑주 입는 법을 아는가? 주님의 훌륭한 군사가 되기 위해 좋은 팀워크를 유지할 수 있는가? SMART(성경)책을 충분히 숙지했는가? 적과 대면했을 때 어떤 말을 해야 하고 또 어떤 행동을 취해야 하는지 알고 있는가?

육 주차 과정에서는 지금껏 배운 모든 것을 복습함과 동시에 출전할 준비가 되었는지를 확인 점검한다. 당신은 이제 동료 군사들과 팀을 이루어 연합 전선을 펴게 된다. 그 전에 먼저 지금까지 배운 내용들을 복습해보자.

지금까지 하나님의 일곱 영 중, 다섯 가지 영에 대해 배웠다. 그리고 각각의 영이 역사할 때마다 어떤 악령이 나타나 대적하는지도 배웠다. 이 영들의 굴레를 벗어나려면 스스로를 살펴야 한다는 점도 배웠다. 어떤 무기를 가지고 각각의 영들과 싸워야 하는지도 배웠다.

1. 당신의 삶 속에서 예언의 영이 임하시면 누가 당신을 공격하는가? 그와 어떻게 싸워야 하는지 기억하고 있는가? 대적을 다루기 위해 어떤 방법으로 연합 작전을 펴야 하는지 알고 있는가?

2. 진리의 영이 당신의 삶과 교회 위에 임하실 때 원수는 어떤 공격을 펼치는가? 이때 당신이 사용할 수 있는 무기는 무엇인가? 당신은 어떤 방법으로 연합 작전을 펴겠는가?

3. 성결의 영은 그리스도의 몸 된 교회에서 어떤 일을 하시는가? 하나님께서 당신을 성별하여 여러 성도를 양육하는 사역자로 세우실 때, 원수는 당신의 사역을 어떻게 방해하는가? 원수의 공격을 식별하는 법, 해결하는 방법을 알고 있는가?

4. 생명의 영이 역사하실 때 어떤 일들이 일어나는가? 어떻게 하면 생명의 흐름을 유지할 수 있는가? 생명의 흐름을 저지하는 원수의 공격에 어떻게 대비해야 하는가?

5. 아들(양자)의 영은 어떤 특징을 나타내는가? 아들의 영이 역사하실 때 원수는 어떤 반응을 보이는가? 원수가 반응할 때 어떤 징후가 나타나는가? 당신은 어떻게 이 문제를 해결할 수 있는가?

바라건대 영적 전쟁에 더 잘 대비할 수 있기를! 수차례 언급했지만 다시 한 번 강조한다. 당신의 선호와는 상관없이 지금 당신은 영적 전쟁 중이다. 상대는 사탄이다. 그는 굳은 결의를 다지며 날마다 자신의 영토를 확장해나가는 사악한 원수다. 만일 당신이 사탄의 시험을 받는다면, 과연 그를 대적하여 이길 수 있겠는가?

이 과의 본격적인 학습에 앞서 공지할 사항이 있다. 이 과의 도입부는 여타의 도입부와 상당히 다르다는 것이다. 한마디로 '부정적'이다.

이 질문부터 던지겠다. 만일 당신이 은혜의 영을 모욕한다면 그 여파가 어떨지 상상할 수 있겠는가?

> 하물며 하나님의 아들을 짓밟고 자기를 거룩하게 한 언약의 피를 부정한 것으로 여기고 은혜의 성령을 욕되게 하는 자가 당연히 받을 형벌은 얼마나 더 무겁겠느냐 너희는 생각하라 히 10:29

위 성경 구절은 교회를 다니는 신자들이 기억해야 할 말씀이다. 심판의 내용이 주를 이룬다. 다시 말하지만, 위의 말씀은 교회를 다니는 신자들에게 해당되는 심판의 말씀이다. 교회를 안 다니는 사람들에게는 적용되지 않는다.

이 말씀을 읽으면 읽을수록 위에 제시된 악행은 절대로 해서는 안 되겠다는 다짐이 커져간다. 본문에 앞서 히브리서의 기자는 다음과 같은 경고의 말씀을 전했다. "우리가 진리를 아는 지식을 받은 후 짐짓 죄를 범한즉 다시 속죄하는 제사가 없고 오직 무서운 마음으로 심판을 기다리는 것과 대적하는 자를 태울 맹렬한 불만 있으리라 모세의 법을 폐한 자도 두세 증인으로 말미암아 불쌍히 여김을 받지 못하고 죽었거든"(히 10:26-28). 어떤 사람은 하나님의 은혜를 오해한 나머지, 아무리 불순종하더라도 은혜의 영께서 모든 것을 덮어주고 그냥 넘어가 주실 것을 기대한다. 그러나 위의 구절을 읽었다면 생각이 달라졌을 것이다.

기초 훈련 과정 중에 하나님께서는 훈련병들에게 참으로 많은 것을 '숟가락으로 떠먹여' 주셨다. 시험을 통과하지 못했어도 "괜찮아. 다시 한 번 해보거라"라고 격려해주셨다. 심지어 힌트를 주면서까지 시험을 통과할 수 있도록 도와주셨다.

그러나 육 주차부터는 어림없다. 힌트를 주는 훈육관도 없고 재시도의 기회도 없다. 그러므로 지금부터는 성공 아니면 실패다. 바울이 갈라디아의 성도들에게 경고했던 것도 같은 맥락에서다. "율법 안에서 의롭다 함을 얻으려 하는 너희는 그리스도에게서 끊어지고 은혜에서 떨어진 자로다"(갈 5:4). 바울은 불신자가 아닌 '성도들'에게 경고했다. 갈라디아 성도들은 예수 그리스도의 은혜를 입고 복음을 믿었다. 그러나 거짓 가르침을 받아들여 그리스도에게서 멀어졌다. 그리스도에게서 멀어졌다는 말은 이전에는 가까웠다는 것을 전제한다. 한때 그리스도와 연합했으나 지금은 그리스도에게서 떠났다.

나는 은혜에서 멀어지는 것을 원치 않는다. 그리스도와 분리되는 것도 싫다! 당신은 어떠한가? 하지만 불순종하는 성도들은 예수님을 걸림돌로 여긴다.

불순종은 은혜의 영을 욕되게 한다. 공생애 기간 중에 예수님은 이 점을 여러 번 강조하셨다. "네가 순종하면 나는 네 안에 너는 내 안에 들어와 살 것이요, 네가 내 말을 지키면 아버지께서 오셔서 우리 모두를 그에게 연합시키실 것이다." 당신이 순종하면 은혜의 성령이 임하실 것이고, 불순종하면 성령이 근심하실 것이다. 성령이 근심하시면 어떤 일이 일어나는가? 성령을 근심시키면 당신은 주님과의 연결 고리를 잃게 된다. 바울이 하나님의 은혜에 대해 설명한 내용을 살펴보라.

> 모든 사람에게 구원을 주시는 하나님의 은혜가 나타나 우리를 양육하시되 경건하지 않은 것과 이 세상 정욕을 다 버리고 신중함과 의로움과 경건함으로 이 세상에 살고 딛 2:11-12

은혜의 성령이 당신 안에 충만하면 당신은 이 세상의 정욕과 경건하지 않은 모든 것을 향해 "No"라고 외칠 수 있다. 은혜의 성령님께서는 어떻게 예수님의 제자가 될 수 있는지, 또 어떻게 순종하는 아들이 될 수 있는지 가르쳐주신다.

명령에 불복하는 군인은 절대로 테스트를 통과할 수 없다. 육 주 훈련 과정이 끝날 즈음에는 양과 염소가 구별될 것이다. 늘 불평하고 상부의 지시를 따르지 않으며, 제멋대로 행동하는 병사는 어딘가에 갇혀 테스트를 볼 기회조차 얻지 못할 것이다. 신앙생활하면서 우리는 성령님을 존중하는 법을 배워야 한다. 성령을 근심시키는 대신 그분이 기뻐하실 방법을 선택하여 그 길로 행해야 한다. 은혜의 영과 동행하는 법을 배워야 한다.

이제 우리는 은혜의 영이 매우 특별하고 독특하다는 사실을 어렴풋이 알게 되었다. 은혜는 단지 이 영이 행하시는 일이 아니다. 은혜는 전쟁 계획이다.

은혜는 작전 목표다

일반적으로 알려진 바, 은혜는 하나님께서 우리에게 베푸시는 선물이다. 하지만 그것이 전부는 아니다. 은혜의 성령은 전쟁 중에 우리의 작전 수행을 도우신다. 게다가 우리가 영적 전쟁을 하는 목적이 바로 '은혜' 다. 은혜는 전쟁 작전의 목표다.

> 내가 다윗의 집과 예루살렘 주민에게 은총과 간구하는 심령을 부어주리니 그들이 그 찌른 바 그를 바라보고 그를 위하여 애통하기를 독자를 위하여 애통하듯 하며 그를 위하여 통곡하기를 장자를 위하여 통곡하듯 하리로다 슥 12:10

위의 구절에서 은혜의 성령에 대한 언급이 나온다. 은혜를 정의내리면 '받을 자격 없는 사람에게 내리는 하나님의 선물'이다. 우리는 이 선물을 받을 자격이 없다. 은혜는 열심히 노력한다 해도 벌(얻을) 수 있는 것이 아니다. 은혜는 전적으로 받을 자격 없는 사람에게 주어진다. 은혜의 원천은 오직 한 분뿐이다: 하나님!

> 너희는 그 은혜에 의하여 믿음으로 말미암아 구원을 받았으니 이것은 너희에게서 난 것이 아니요 하나님의 선물이라 행위에서 난 것이 아니니 이는 누구든지 자랑하지 못하게 함이라 엡 2:8-9

하나님께서 우리에게 사역의 임무를 주신 이유는 되도록 더 많은 사람을 '본향'으로 인도하시기 위해서다. 나는 미국 전역에서 '하나님의 광고'(God Signs)로 알려진 광고판 문구를 좋아한다. 그중 하나를 예로 들자면, "주일에 우리 집에 오지 그러니? 자녀들도 데리고 오렴!"이다. 하나님은 우리가 모두 본향으로 돌아오기를 원하신다. 우리의 사명은 할 수 있는 대로 많은 사람을 주님 품에 안겨드리는 것이다. 우리는 많은 사람이 구원의 은혜를 누릴 수 있도록 하나님의 품으로 초청해야 한다.

이 사명을 품고 교회는 거리로 나가 외치기 시작했다. "회개하든지 아니면 지옥에나 가라!", "회개하지 않으면, 들끓는 지옥 불에 던져질 것이다!" 안타깝게도 이것은 예수님께서 선택하신 전도 방법과 거리가 멀다. 신약성경에 등장하는 복음 전도자들도 이렇게 하지는 않았다. 그들은 은혜 충만한 사랑으로 사람들에게 다가갔다. 그들을 통해 은혜를 체험한 사람들은 자연스럽게 예수님께로 나아갔다. 이어서 예수님은 그들을 아버지 하나님의 품으로, 본향으로 인도하셨다.

사람들은 '사랑'과 '은혜'를 갈망한다. 인정받기를 원한다. 사랑에 굶주린 것이다. 그러므로 '은혜'는 모든 사람이 갈망하는 강력한 메시지임이 틀림없다. 우리 안에 사랑과 은혜가 역사하는 것을 목격하면 사람들은 그 출처를 알고 싶어서 안달할 것이다. 이때가 바로 전도할 기회다. 별 다른 말이 필요 없다. 그저, "와 보라!" 한마디면 된다.

재차 강조하지만 우리의 임무는 사람들을 하나님 아버지 품으로 인도하는 것이다. 그런데 '구원은 100% 은혜의 역사'다. 하나님의 뜻이 하늘에서처럼 땅에서도 이루어지도록 우리는 부름을 받고 사역을 감당한다. 이 땅에 이루어질 하나님의 뜻 중 가장 중요한 것은 '하나님 나라의 확장'일 것이다. 더 많은 사람이 하나님 왕국의 시민권을 소유하게 되는 것-이것이 하나님의 원대한 계획이다. 하지만 은혜의 영이 아니고서는 구원의 역사도 없고, 전도를 위한 우리의 모든 노력도 헛수고가 된다. 은혜가 없으면 우리의 노력은 무의미하다.

은혜는 목적을 이루는 수단이자 목적 그 자체다. 우리는 이 사실을 이해해야 한다. 오직 은혜로만 의롭게 된다. 우리의 노력으로는 자신도, 다른 사람도 구원할 수 없다. 하지만 '하나님의 은혜'는 이 일을 이루어낸다.

요한계시록 20장 13절을 보면 흔히들 말하는 '백 보좌 심판'이 등장한다. 이 구절을 읽으면서 나는 "내 행위대로 심판받고 싶지 않다"는 생각을 했다. 대신 예수님께서 날 위해 행하신 일대로 심판받기 원한다. 내 은행 계좌에 예수님의 '의'가 입금되기를 원한다. 예수 그리스도의 보혈에 옷을 적시고 하나님 앞에 나아가기 원한다.

예수님께 순종하는 사람들은 끊임없는 은혜를 공급받게 된다. 당신이 그리스도 안에 있다면, 은혜는 그치지 않을 것이다. 혹시 은혜를 전부 사용했다고 해도 금방 채워질 것이기 때문에 '은혜 탱크'는 항상 '만' ⁽滿⁾ 상태다.

운전자들은 한 번쯤 '이러한 연료 탱크가 있었으면…' 하고 상상해보앉을 것이다. 장거리를 운전했는데 게이지가 조금도 내려가지 않는다. 항상 F를 가리킨다. 그러므로 주유소가 어디 있는지 확인할 필요도 없다. 치솟는 유가 걱정도 그만이다. 만일 하나님의 은혜가 이와 같다면? 그렇다. 그리스도 안에 있는 사람들에게는 하나님의 은혜가 끊임없이 제공된다.

영적 전쟁을 경험해본 사람들은 야고보서 4장 7절의 말씀을 승리에 대한 약속으로 붙들곤 한다. 하지만 그 구절의 내용을 제대로 이해하려면 전체 문맥을 따라 해석해야 한다. 야고보서 4장 7절은 '그런즉'으로 시작된다. 나를 가르쳤던 신학대학원의 교수님 한 분은 "성경을 읽다가 '그런즉'이라는 단어가 등장하면 그 위의 구절을 다시 한 번 읽어라"라고 말씀하셨다. 이제 전체 문맥 속에서 이 구절의 의미를 주의 깊게 살펴보자.

> 그러나 더욱 큰 은혜를 주시나니 그러므로 일렀으되 하나님이 교만한 자를 물리치시고 겸손한 자에게 은혜를 주신다 하였느니라 그런즉 너희는 하나님께 복종할지어다 마귀를 대적하라 그리하면 너희를 피하리라 하나님을 가까이하라 그리하면 너희를 가까이하시리라 죄인들아 손을 깨끗이 하라 두 마음을 품은 자들아 마음을 성결하게 하라 슬퍼하며 애통하며 울지어다 너희 웃음을 애통으로 너희 즐거움을 근심으로 바꿀지어다 주 앞에서 낮추라 그리하면 주께서 너희를 높이시리라 약 4:6-10

먼저 하나님께서 더욱 큰 은혜를 주신다는 사실에 집중하기 바란다. 당신이 어제보다 오늘, 좀 더 많은 은혜를 필요로 한다면 하나님께서 넉넉히 공급해주실 것이다. 하나님은 인색하신 분이 아니다.

다음으로 하나님께서 교만한 자를 물리치시고 겸손한 자에게 은혜를 주신다는 점에 집중하라. 겸손한 사람이 은혜를 받는 것은 당연한 이치다. 겸손한 자에게 은혜를 주셔야 우리가 동기부여를 받고 하나님께 순종할 수 있지 않겠는가? 하지만 순종한다고 해서 잔인하고 무감각한 독재자에게 복종하는 것은 아니다. 당신은 '더욱 큰 은혜'의 근원이신 하나님께 순종하는 것이다. 이 사실을 이해했다면 이제 4장 7절의 말씀을 이해할 수 있다.

우리는 먼저 은혜를 받아야 한다. 그래야 은혜라는 무기로 마귀를 대적할 수 있다. 하나님의 은혜로 중무장한다면, 얼마나 효과적으로 영적 전쟁을 수행할 수 있겠는가? 은혜로 충만하다면, 은혜의 영이 주시는 힘을 의지하면, 당신은 마귀와 육박전을 펼칠 필요가 없다. 그저 마귀를 대적하기만 하면 된다. 그러면 마귀가 도망칠 것이다.

7절 이후의 말씀도 주목해서 읽어야 한다. 우리는 하나님께 가까이 다가가는 법도 배워야 한다. 어린아이들은 부모 곁에서 안정을 취하고 편안함과 안전을 느낀다. 부모 품에 안긴 어린아이의 안정감을 수치화한 후 거기에 무한수를 곱하면, 하나님 곁에서 당신이 느끼게 될 안정감의 수치가 계산될 것이다.

그러나 하나님 곁에 머물려면 손을 깨끗이 하고 마음을 정결케 해야 한다. 두 마음을 품은 사람은 하나님 곁으로 다가갈 수 없다. '더욱 큰 은혜'를 받을 수 없다. 두 마음이란 '믿음과 불신'이 공존하는 상태다. 하지만 논리적으로 볼 때 이 둘은 공존할 수 없다. 만일 당신이 "나는 믿는 것도 같고, 믿지 않는 것 같기도 하고…"라고 생각한다면 당신의 마음 상태는 '불신'이다. 하나님께 순종하면서 동시에 정사와 권세, 어둠의 주관자에게 복종할 수는 없다. 양자 간에 결정해야 한다.

마지막으로 하나님 앞에서 겸손히 행하라. 그러면 하나님께서 당신을 높여주실 것이다.

병참(보급)은 중요한 요소다. 인류의 전쟁사는 보급지에서 너무 멀리 이동하여 전쟁을 그르친 군대의 이야기들로 가득하다. 전시에는 개인이 일정 무게 이상의 짐을 지닐 수 없다. 심지어 휴대할 수 있는 탄창의 개수와 총알 무게도 규정되어 있다. 그러므로 시간이 흐르면 휴대 물자가 바닥나게 된다. 이때 병사들은 얼른 보급지로 달려가 물품을 받아야 한다. 오늘날의 이동 기술은 극도로 발달했다. 군용 차량 역시 최고 속도로 이동하는 것이 가능해졌다. 하지만 아무리 빨리 달릴 수 있더라도 보급 가능 범위를 넘어서는 안 된다. 전쟁사를 통해 배우라. 원활한 보급이 이루어지지 않아 전쟁에서 패배한 경우가 허다하다.

영적 전쟁에서 원활한 보급을 담당하시는 분은 은혜의 영이다. 은혜의 성령님께서 당신에게 필요한 물자를 모자람 없이 공급해주신다. 성령님은 단 한 번도 보급에 실패하신 적이 없다.

하나님께 감사하라. 은혜의 성령을 근심시키지 말고 그분을 떠나보내지도 마라. 만일 그렇게 한다면 당신 스스로가 보급로를 차단하는 것이다.

> 우리가 하나님과 함께 일하는 자로서 너희를 권하노니 하나님의 은혜를 헛되이 받지 말라 이르시되 내가 은혜 베풀 때에 너에게 듣고 구원의 날에 너를 도왔다 하셨으니 보라 지금은 은혜 받을 만한 때요 보라 지금은 구원의 날이로다 고후 6:1-2

NIV역본에 기록된 위의 구절의 첫 네 단어는 다음과 같다. 'As God's fellow workers' 즉 우리는 하나님과 함께 일하는 사람들, 하나님의 동역자들이다. 우리는 하나님과 함께 일하고, 하나님은 우리와 함께 일하신다. 하나님께서 당신의 팀에 오시면 팀 전력에 어떤 변화가 생기겠는가? 얼마나 좋겠는가? 하지만 현실을 생각해보면 마냥 좋아할 일만은 아니다. 만일 하나님이 우리 안으로 들어오신다면, 대다수의 사람은 하나님의 은혜를 '헛되이 받을' 것이기 때문이다. 그분의 은혜를 소홀히 다루고 무가치하게 여길 것이다. 하나님의 은혜를 가벼이 여기다가 결국에는 그 은혜를 잊고 살아갈 것이다. 은혜에서 떨어진 삶을 살게 될 것이다. 갈라디아 성도들에게 바울이 건넨 경고의 말씀을 들으라.

> 율법 안에서 의롭다 함을 얻으려 하는 너희는 그리스도에게서 끊어지고 은혜에서 떨어진 자로다 갈 5:4

하나님께서 우리를 위해 은혜의 영을 보내주신다—이것은 틀림없이 복된 소식이다. 아군 전력에 얼마나 큰 보탬이 되겠는가? 하지만 모든 좋은 소식의 이면에는 나쁜 요소가 숨어 있다. 원수가 가만히 앉아서 당하고만 있지 않을 것이다. 사탄은 하나님의 움직임 하나하나에 민감하게 반응한다.

은혜의 영이 오시면 사탄이 반응한다

구약성경에는 수 세기 동안 사람들이 음란하게 섬겨온 우상들의 이야기가 기록되어 있다. 오늘날 성도들은 우상 숭배의 이야기가 이미 잊힌 과거일 뿐 현재와는 아무 상관없는 일인 것처럼 생각한다. 심지어 성경에 등장했던 우상 숭배의 행위가 더 이상은 발견되지 않으리라고 착각하기도 한다. 하지만 이는 사실과 다르다. 성경에 언급된 거짓 신들은 사라지지 않았다.

각 우상의 배후에는 그들을 관장하는 마귀가 자리하고 있다. 성경은 이들을 '정사'(prince 혹은 principality)라고 부른다. 그들은 죽지 않는다.

물론 마지막 날, 불의 연못에 들어갈 운명이기는 하지만, 그곳에서도 죽지 않는다. 요한의 증언에 따르면 그들은 불의 연못에서 '영원히' 불타오른다. 이들은 사라지지도 않고 죽지도 않는다.

이러한 우상들을 소개해놓은 성경을 읽어본다면, 우상의 외형이야 어떻든지 상관없이 그들 뒤에 악한 영이 숨어 있음을 알 수 있다. 어떤 우상은 돌로 만들어졌고 나무로 조각된 우상도 있다. 금과 은 같은 금속으로 주조된 우상도 있다. 각각은 서로 다른 이름으로 불리고 또 발휘하는 능력도 서로 다르다. 그러나 공통점이 발견되는데 그들 뒤에 마귀가 숨어 있다는 것이다. 이들은 사람들을 꾀어 하나님에게서 멀리 떠나게 만든다. 성경을 읽고 이 사실을 꼭 확인하기 바란다. 독자들을 위해 몇 구절을 아래에 적어둔다.

> 그런즉 내가 무엇을 말하느냐 우상의 제물은 무엇이며 우상은 무엇이냐 무릇 이방인이 제사하는 것은 귀신에게 하는 것이요 하나님께 제사하는 것이 아니니 나는 너희가 귀신과 교제하는 자가 되기를 원하지 아니하노라 너희가 주의 잔과 귀신의 잔을 겸하여 마시지 못하고 주의 식탁과 귀신의 식탁에 겸하여 참여하지 못하리라 고전 10:19-21

> 그들이 그들의 자녀를 악귀들에게 희생제물로 바쳤도다 무죄한 피 곧 그들의 자녀의 피를 흘려 가나안의 우상들에게 제사하므로 그 땅이 피로 더러워졌도다 시 106:37-38

각각의 우상 뒤에는 마귀(귀신)가 숨어 있다는 사실을 잊지 마라. 사악한 정사들은 지금도 살아서 역사하고 있다.

은혜의 성령을 가로막는 정사는 바알이다. 더 정확히 말하면 바알의 배후에 숨어 있는 마귀다.

바알의 배후에 숨어 있는 마귀는 바사의 군주(Prince of Persia, 페르시아의 왕자)로 불린다. 이는 매우 강력하고, 악하고, 비열한 영이다. 바사의 군주는 자신이 관장하는 영역에서 하나님을 대적하는 모든 세력을 다스린다. 다니엘의 기도 응답을 이십일 일 동안 지연시킨 것 역시 이 영이다.

다니엘서를 읽으면, 다니엘에게 전달될 기도 응답이 바사 군주(정사)의 방해 공작에 의해 세 이레 동안 지연되었음을 알 수 있다. 이때 이스라엘을 수호하는 천사장 미가엘이 바사의 군주와 싸우러 출동한다. 다니엘에게 기도 응답을 전해줄 전령(傳令)은 가브리엘인 듯하다(단 9:21-환상 중에 본 그 사람 가브리엘, 단 10:5-한 사람이).

가브리엘은 힘이 센 천사장이다. 그러나 그는 바사의 군주에게 저지당했다. 그래서 미가엘 천사의 도움을 받아야 했다(미가엘 천사는 장차 사탄을 결박하여 무저갱에 가둘 만큼 힘이 센 천사다. 계 20:1 참조).

그러므로 당신이 바사의 군주를 대적하려 한다면 그가 늙고 힘없는 마귀가 아니라는 사실을 염두에 두기 바란다. 그와 싸우려는가? 당신은 모든 정사 가운데 가장 강력한 마귀와 싸우게 될 것이다.

처음 바사의 군주에 대해 강의를 준비하고 있을 때였다. 나는 이 영의 공격 방식에 대해 완벽하게 파악하지 못한 상태였다. 게다가 기억하는 바로는 그 어떤 때보다 훨씬 더 치열한 영적 전쟁을 치르던 중이었다. 원수의 전 방위적 공격을 받고 있었기 때문에 나는 결국 무장 해제당했다. 수많은 공격 때문에 힘든 시기였지만 좋은 점도 있었다. 덕분에 원수에 대한 교훈을 얻을 수 있었다.

사실 악한 영들은 자신의 정체를 숨기기를 좋아한다. 당신이 그 영들에 대해 연구하거나 그들의 공격법에 대한 대비책을 마련한다면 악한 영들은 극도의 혐오감을 나타낼 것이다. 그들은 숨어서 공격하기를 좋아하며 살인을 저지르고 도주하는 습관이 있다.

6과를 쓰기 시작할 때 그때와 같은 심한 공격을 경험했다. 적의 공격이 시작되었던 첫 삼 일 동안은 그나마 견디기에 수월했다. 심지어 이 책의 집필과는 아무 관련이 없는 것처럼 보이는 공격들이었다. 하지만 주님께 나아가 분별할 수 있는 능력을 달라고 기도했을 때, 나는 무슨 일이 일어나고 있는지 알게 되었다.

그러므로 당신은 지금 내가 소개하는 각각의 교훈을 거울로 삼고 철저하게 영적 전쟁에 대비하기 바란다. 사탄은 당신에게 포기할 것을 강요할 것이다. 하지만 영적 전쟁 준비를 포기해서는 안 된다. 절대로 포기하지 마라! 당신이 이 영들에 대해 연구를 하지 않더라도 어차피 공격받게 되어 있다. 하지만 미리 연구한다면 공격의 현장에서 무슨 일이 일어날지 쉽게 파악할 수 있을 것이다. 따라서 이에 대한 대비도 더 철저하게 할 수 있다. 반면에 사탄의 공격에 무지(無知)로 일관하면 그들의 파괴적인 공격을 막을 수 없다.

사탄은 전쟁을 선포했다. 그의 목적은 훔치고 죽이고 파괴하는 것이다. 이제 당신은 눈가리개를 벗고 예수님의 제자처럼 용감히 싸우라!

바사의 군주가 어찌나 강력한 영이었던지 다니엘과 같은 하나님의 용사도 방해를 받았다. 그의 기도 응답이 늦어졌다니, 상상할 수 있겠는가? 게다가 다니엘은 의인이었다. 그런데 의인의 기도 응답이 저지된 것이다.

바사의 군주(바알의 배후)에 대해 연구할 때, 이세벨이 섬겼던 신이 바알이었음을 아는 것이 중요하다. 사람들은 이세벨의 이름을 들을 때부터 긴장한다. 그런데 지금 우리가 살펴보고자 하는 것은 이세벨의 영보다 훨씬 더 강한 영이다. 바알은 이세벨이 모셨을 정도로 강한 영이다. 그리고 바알의 배후에 '바사의 군주'가 있다.

이세벨은 바알을 보고 이렇게 말했을 것이다. "아하, 바알이 참된 신이로구나!" 이세벨의 영보다 바알을 대적하는 것이 훨씬 더 어렵다. 아합의 아내 이세벨이 수많은 악행을 성공적으로 저지를 수 있었던 여러 이유 중 하나는 이세벨의 영을 조종하는 배후세력, '바알'의 능력이 컸기 때문이다. 바알은 이세벨의 영보다 훨씬 더 강하고 또 훨씬 더 사악하다.

매우 강력한 영이어서 그런지 사람들은 바알에 대해 이야기하는 것을 꺼린다. 심지어 "언급조차 않으면 마귀가 알아서 떠나주겠지"라는 거짓 가르침을 붙들기도 한다. 만일 이것이 사실이라면, 내가 이 가이드북을 쓸 필요는 없을 것이다. 하지만 나는 이 책을 써야 한다. 그 이유는 첫째 하나님께서 명령하셨고, 사람들에게 이 가르침이 필요하기 때문이다. 둘째, 우리가 일곱 영의 능력으로 사역하기 시작할 때 악한 영들이 공격을 가할 것이기 때문이다(거듭 강조하지만, 우리가 인지하든 인지하지 못하든 공격은 계속될 것이다).

두려움에 사로잡혀 도망가거나 숨는 대신 매일같이 근신하고 깨어 마귀를 대적하라. 매일 아침 당신이 잠에서 깰 때마다 지옥의 권세들이 슬피 우는 소리가 들려야 하지 않겠는가? 거라사 지방의 귀신 들린 사람이 예수님과 대면했을 때, 군대처럼 많은 수의 마귀는 예수님께 빌며 숨을 곳을 지정해달라고 간청했다. 이 사건에서 볼 수 있듯이 마귀는 숨을 곳을 찾느라 바쁘다. 당신이 마귀를 이곳저곳 헤매게 하라. 우리는 예수 그리스도 안에서 우리가 가진 권세가 얼마나 크고 강한지 알아야만 한다.

> 예수께서 이르시되 사탄이 하늘로부터 번개 같이 떨어지는 것을 내가 보았노라 내가 너희에게 뱀과 전갈을 밟으며 원수의 모든 능력을 제어할 권능을 주었으니 너희를 해칠 자가 결코 없으리라 눅 10:18-19

예수님이 우리에게 주신 권세는 얼마나 큰가? 얼마나 크기에 그토록 큰 원수의 능력이 우리의 권세 앞에 무릎 꿇는가? 주님께서 주신 권세는 원수의 '모든' 능력을 제어할 만큼 강력하다. 그러므로 더 이상 이들 마귀가 장난치지 못하도록 막아서라. 당신에게 권위를 행사하지 못하도록, 당신을 억누르지 못하도록 그들에게 금지령을 선포하라. 지금은 예수님께서 당신에게 주신 권세를 가지고 일어설 때다. 마귀를 내쫓을 때다. 예수 그리스도의 능력과 권세로 이 어둠의 세상 주관자와 정사와 권세를 대적할 때다. 아멘!

그러나 많은 사람이 바알에게 패배당하고 있다. 바알은 무척 효과적으로 교회를 억누르고 있다. 그래서 대부분의 성도는 그의 존재 자체를 알지 못한다. 그러므로 바알이 어떤 일을 하는지, 또 어떻게 그의 공격을 처리해야 하는지를 모르는 것은 당연하다. 이 모든 혼란과 속임수 가운데에 바알은 너무도 오랫동안 우리를 억눌러왔다.

바알에 대해 연구하면 그가 부, 재산, 재정적 안전, 경제 호황 등과 깊이 연관되어 있음을 알게 될 것이다. 구약성경에 기록된 대로라면 사람들은 바알이 그들의 경작지와 가축과 가족을 축복해주리라 믿었다. 그렇게 헛된 믿음을 오랫동안 유지하다 보니 결국 바알을 복의 근원으로 믿기에 이르렀다. 이처럼 바알은 항상 수확, 번영, 재생산 등과 연관된다. 옛사람들은 모든 경제적 이익이 바알의 손에 달려 있다고 믿었다.

바알 숭배는 성적 타락의 온상이었다. 번식을 위한 의식과 육신의 죄가 창궐했다. 이러한 사실을 염두에 두고 오늘날의 상황을 생각해보라. 우리가 출석하는 교회는 어떠한가? 수많은 목회자와 성도가 경제적 부를 최고로 여기는 영(정신)에 사로잡힌 것 같지 않은가? 그것은 우리의 사역을 망치려는 사탄의 계획이다. 바알 숭배는 심각한 사안이다. 그래서 하나님은 바알 숭배자들을 문자 그대로 '제거하라'고 명령하셨다. 바알에게 마음을 빼앗긴 사람은 더 이상 젖과 꿀이 흐르는 땅에 발붙일 자격이 없다는 의미다. 성경의 표현대로라면 하나님은 바알 숭배자들을 토해내신다. 한번 바알 숭배에 맛을 들이면 걷잡을 수 없이 사악해진다. 결국 유일한 해결책으로 등장하는 것은 '제거'(죽음)다. 왜냐하면 '추방' 정도로 처벌 수위가 결정된다면 그들은 새로운 환경에서 새로 만난 사람들에게 바알 숭배 문화를 전염시킬 것이기 때문이다. 그러므로 하나님이 책정하신 유일한 해결책은 '제거'다. 하나님은 바알 숭배를 역병으로 간주하시고 감염자를 격리시키신 후에 그들의 목숨을 끊으신다.

하나님께서 바알 숭배를 혐오하시는 이유 중 하나는 바알 숭배가 '유아 희생'과도 관련이 있기 때문이다. 이 세상 모든 자녀(사람)는 하나님의 소유다. 그런데 그들이 바알의 희생제로 바쳐진다면, 결국 하나님의 자녀들이 살해당하는 것이다. 그런데 놀랍게도 이스라엘과 유다의 왕들도 자신의 자녀를 희생제로 바치는 죄를 범했다. 마귀에게 자신의 상속자를 넘겨준 것이다. 자신의 자녀가 더러운 불에 타들어가며 비명을 지를 때, 결국 멀쩡한 아이가 시커먼 재로 변할 때, 그 과정을 지켜보시는 아버지 하나님의 마음이 어떠했을지 상상이나 할 수 있겠는가? 우리 대부분은 교만한 자세로 이렇게 말할지 모른다. "글쎄요… 우리는 그처럼 미개한 행동을 안 하는 걸요?" 그런데 한번 생각해보라. 그칠 줄 모르고 무서운 기세로 점점 높아만 가는 낙태율의 배후에는 누가 숨어 있겠는가? 도대체 왜 낙태 시술을 제도적으로 금하는 것이 이렇게 어려워야 하는가? 낙태를 지지하는 이 세상 어둠의 능력을 끊는 것이 왜 이리도 힘들단 말인가? 이 시대의 부와 번영과 안락한 삶을 위해 다음 세대를 희생제로 바치게끔 인도하는 어둠의 세력은 다름 아닌 그 옛날의 바알이다. 바알은 육신의 쾌락을 즐기라고 당신을 유혹한다. 쾌락의 결과물을 간단히 제거(낙태)하여 발목 붙잡히지 말고 스스로의 복지를 추구하라고 명령한다. 나는 낙태 시술이 바알에게 아이를 바치는 희생 제사임을 확신한다. 낙태를 결심하는 사람들의 이야기를 들어보라. "지금은 아이를 키울 경제적 여력이 안 돼." 여기서도 우리는 유아 희생과 금전적

부(富)가 깊게 연관되어 있음을 알 수 있다(바알이 번영의 신임을 잊지 마라).

바알을 숭배하면 자연스럽게 하나님과의 관계가 끊어진다. 바알 숭배는 영광의 주 하나님을 거부하는 행위이며 "하나님은 나를 돌보지 않아"라는 불신의 표현이다. 당신을 향한 아버지의 모든 선하신 계획을 휴지통에 던져 넣는 패륜과 같다.

'바알'이라는 이름은 서너 가지 뜻을 갖고 있다. 그중 하나는 '소유'(ownership)다. 바알은 모든 것을 수중에 넣기를 원한다. 그는 당신에게 번영을 약속하지만 사실 그는 약속한 것을 주는 법이 없다. 그 자신이 모든 것을 탐하기 때문이다. 바알이 무언가를 건네주었더라도 얼마 안 있어 도로 빼앗아 갈 것이다. 결국 당신은 빈털터리로 전락한다.

'바알'의 또 다른 뜻은 '통제'다. 그는 모든 것을 통제하기 원한다. 심지어 그 무시무시한 이세벨마저 관리하지 않았는가?

그 이름의 또 다른 뜻은 '주인'이다. 당신이 바알을 숭배하면 당신은 그의 노예가 되고 그는 당신의 주인이 될 것이다. '점유자'라는 뜻도 있다. 그는 모든 것을 점유하고자 한다.

'바알'로 번역된 히브리원어의 의미는 '남편'이다. 그런데 재미있게도 '이세벨'이라는 이름의 뜻은 '남편 없이'이다. 일 주차 훈련에서 이세벨과 그녀의 남편 아합의 관계를 집중 조명해보았다. 이세벨에게는 아합이라는 남편이 있었지만, 실제 남편은 아합이라기보다 바알이었다.

바알과 이세벨의 관계가 실제 부부보다 더 가까운 것도 충분히 이해가 된다. 왜냐하면 바알 숭배는 항상 결혼 예식과 관련이 있기 때문이다. 진정한 바알 추종자는 바알과 혼인식을 치르며 예식 중에 바알의 배우자가 될 것을 공표한다. 그들은 바알과 한 몸이 된다. 그리고 바알이 자신에게 번영, 능력, 특권을 가져다줄 것으로 기대한다.

바알이 진정으로 원하는 것은 그리스도의 신부를 빼앗아 자신의 배우자로 삼는 것이다. 그는 성도들의 사랑을 갈취한 후에 그들을 자기 소유로 삼고자 한다. 성도들의 귀에 "예수님은 필요를 채워주시지도 않고, 해악에서 보호해주시지도 못하는 분이야"라고 속삭이면서 그리스도의 신부들을 예수님에게서 분리시킨다. 당신이 과거에 큰 죄를 지은 적이 있다면 바알은 당신의 과거를 들출 것이다. "정말 하나님께서 너를 용서하셨을까? 지금 하나님이 너와 함께하실까?" 이와 같은 질문을 던지며 하나님의 사랑을 의심하게 만든다. "네가 어려움을 겪을 때 하나님은 네 곁에 계시지 않았단다." 그에게 속은 그리스도의 신부들은 장차 일어날지 모를 환란과 고통의 때에 예수님께서 자신을 돌봐주지 않으리라 확신하기 시작한다. 이것이 바로 바알의 의도한 바다. 어쩌면 당신은 이와 같은 의심이 계속 일어나는 것을 경험해본 적이 있을지도 모르겠다. 머리로는 예수님을 의심하지 말아야 함을 알지만 자신도 모르게, 걷잡을 수 없이 의심이 일었던 경험 말이다. 혹시 바알의 영이 당신을 공격한 것은 아닐까?

바알의 상징은 황소(Bull)다. 현대 문화 속에서 바알 상징의 흔적들을 찾아보자. 주식시장에서 경기가 좋으면 Bull Market(직역하면 '황소의 시장'인데 호황기의 주식시장을 지칭한다. 그 반대는 Bear Market[곰 시장]이라고 한다-역자 주)이라고 한다. 어떤 투자 회사는 고객의 부를 증가시켜줄 능력이 있음을 과시하기 위해 황소를 회사의 심벌로 사용하기도 한다. 부지불식간에 우리는 바알과 타협하고 또 바알에게 속아 아무 거리낌 없이 이러한 표현과 황소의 심벌을 사용한다. 만일 이 세상 경제 시스템을 신뢰하기 시작하면, 당신은 황소의 시장이 당신에게 큰 부를 안겨줄 것이며 당신의 미래를 보장해주리라 기대하게 된다. 하지만 기억하라. 그 배후에는 바알의 영이 도사리고 있다!

그러나 정작 바알의 피해자들은 바알의 존재를 인식조차 못한다. 그러니 자신을 죽이고 파멸시키려 하는 바알의 의도와 계획을 알 턱이 없다. 그러므로 가끔씩 우리의 경제가 곤두박질치게 둘 필요가 있다. 이런 일이 터질 때에야 비로소 바알이 거짓말쟁이이며 신뢰할 대상이 못 된다는 점을 깨닫기 때문이다. 바알은 절대 부를 가져다주지 못한다. 절대로!

바알은 대담하다. 너무나 건방지기 때문에 허황된 말도 서슴지 않는다. 바알의 영은 아무렇지도 않은 듯이 자신이 복의 근원임을 주장한다. 당신이 복을 받지 못했다고 생각한다면 바알은 그 틈을 공략하여 "그건 하나님께서 네 복을 가로막았기 때문이다"라고 거짓말할 것이다. 반면에 자신에게 헌신하면 모든 필요를 공급해주겠노라고 공수표를 날린다. 당신이 그의 말을 무시한다면 바알의 영은 그 대가로 당신에게 임할 하나님의 복을 지연시킬는지도 모른다. 다니엘의 기도 응답도 지연시켰던 바사의 군주가 아니었던가?

당신이 바알을 거부하고 주님께만 초점 맞추려 한다면 바알은 당신의 수입을 가로막거나 사업, 투자, 저축 분야에서의 재정 흐름을 지연시킬지도 모른다. 생산, 판매량을 감소시킬 수도 있다. 당신이 사업을 일구어가면서 고집스럽게도 주님을 따른다면 반드시 바알의 방해를 받게 되어 있다. 바알은 당신의 고객에게서 약점을 찾아 공략한 후, 그 고객을 미끼로 당신의 사업을 방해할 것이다. 또한 개인 구좌와 사업 투자를 위한 재정 흐름을 지연시키려 부단히 노력할 것이다.

이뿐만이 아니다. 바알은 하나님이 거짓말쟁이이며 우리의 필요를 채워주지 못하시는 분이라고 떠들어댈 것이다. 그는 당신이 '여호와 이레' 곧 공급하시는 하나님을 믿지 못하도록 유혹할 것이다. 하나님의 자리에 자기가 대신 앉고는 "믿을 건 바알뿐이다"라는 거짓말을 사람들의 마음에 새겨 넣을 것이다.

바알 숭배자들이 점령하고 있던 땅에 이스라엘 백성이 진군해 들어갔다. 이스라엘 백성은 "여호와 하나님이 비를 주신다! 여호와 하나님이 강물같이 비를 내려주신다!"라고 외쳤다. 이 말을 들은 바알의 추종자들은 큰 충격을 받았다. 바알 추종자들에게 이스라엘의 선포는 선전포고와 다름없었다. 여호와께서 비를 내리신다는 말은 그들의 바알 신앙 체제로는 도저히 용납할 수 없는 발언이었다. 이에 자신의 신이 비를 내리는 신, 풍성한 곡식을 선사하는 신, 번영을 가져다주는 신이라며 양쪽 진영에서 큰소리가 오갔다. 지금도 바알은 하나님께서 모든 필요를 채우신다는 사실을 부인한다. 또한 사람들을 속여 하나님을 '무능력한 신'으로 오해하게 만든다.

이스라엘이 약속의 땅을 얻었을 때 그들은 하나님의 명령대로 바알 숭배 문화를 근절해야 했다. 주상을 깨뜨리고 불태우며 바알 숭배자들의 목을 단칼에 베었어야 했다. 하지만 이스라엘 백성은 그렇게 하지 않았다. 오히려 바알의 문화에 흡수 동화되어버렸다. 유혹이 너무도 컸기 때문이다. 바알의 제사에는 육체로 즐길 수 있는 모든 쾌락의 행위가 포함되었다. 한 명, 한 명, 그렇게 수많은 이스라엘 백성이 바알의 성교(性交) 의식에 참여했다. 참여한 사람 모두 그 문화에 흠씬 매료되었다. 이러한 우상 숭배 문화를 근절시키고자 하나님께서는 사사들을 일으키셨다. 그러나 사사가 살았던 동안에만 이스라엘 백성이 정신을 차렸을 뿐, 사사가 죽고 나면 사람들은 이전보다 더 깊은 타락의 늪으로 빠져들었다. 결국 하나님께서는 이스라엘 백성을 젖과 꿀이 흐르는 약속의 땅에서 쫓아내셨다.

칠십 년의 포로기 이후 많은 사람이 그 땅에 귀환했다. 이번에는 제정신을 차렸어야 했는데, 그중 일부는 다시금 그 끔찍한 바알 숭배의 덫에 걸려 넘어졌다. 에스라, 느헤미야의 시대에도, 그리고 신약시대에도 이스라엘은 바알을 버리지 못했다. 요한계시록에 기록된 일곱 교회 안에서도 바알 숭배의 모습을 찾을 수 있다. 오늘의 교회는 어떠한가?

당시 바알 숭배 사상은 니골라 당의 교훈을 빙자하여 교회 안에 침투했다. 예수님께서는 니골라 당의 종교 의식을 혐오한다고 말씀하셨다.

그런데 이것은 비단 1세기만의 이야기인 것은 아니다. 지금 이 세계는 물론 오늘날의 교회도 여전히 바알에게 충성을 다하고 있다. 참으로 놀라운 일이다.

엘리야 선지자가 기도했을 때 바알 숭배자들에게 어떤 일이 일어났는지 알고 있는가? 그들은 바알이 비를 주관하는 신이라고 주장했다. 하지만 이스라엘 땅에 삼 년 반 동안 비가 내리지 않았다. 하나님의 선지자가 나타나 바알에게는 비를 주관할 능력이 없음을 보여준 것이다. 그는 입을 열어 오직 하늘의 하나님만이 비를 주관하신다고 선포했고 사람들에게 이것이 사실임을 증명해보였다. 그가 기도했더니 하나님께서 삼 년 반 동안 하늘을 닫으셨다. 참으로 긴 시간 동안 배워야 했던 교훈이었다. 물론 전달된 메시지는 명확했다.

갈멜 산에서 바알의 사제를 패배시킨 후에 엘리야는 다시금 비를 내려달라고 하나님께 기도했다. 그리고 비가 내렸다. 이것은 바알의 힘으로는 막을 수 없는 공격이었다. 결국 성령 충만한 한 사람이 수많은 바알 숭배자를 물리쳤다. 오늘날에도 다르지 않다. 은혜의 성령으로 충만한 한 사람만 있으면 바알을 무너뜨릴 수 있다.

만일 당신이 바알의 속임수에 넘어가 삶 속에 그의 영향력을 받아들인다고 하자. 그렇다면 당신에게 나타날 징후 중 하나는 분명히 '열등감' 이다. 바알은 당신이 저항할 수 없을 때까지 위협을 가한다. 바알의 위협에 당신은 스스로 열등감을 느끼고 주저앉을 것이다.

아래에 기록된 기드온의 이야기를 통해 바알이 어떤 전술을 주로 사용하는지 살펴볼 것이다. 또한 열등감을 주입하여 상대방을 주저앉히는 전략도 살펴볼 것이다.

이스라엘 자손이 또 여호와의 목전에 악을 행하였으므로 여호와께서 칠년 동안 그들을 미디안의 손에 붙이시니 미디안의 손이 이스라엘을 이긴지라 이스라엘 자손이 미디안을 인하여 산에서 구멍과 굴과 산성을 자기를 위하여 만들었으며 이스라엘이 파종한 때면 미디안 사람 아말렉 사람 동방 사람이 치러 올라와서 진을 치고 가사에 이르도록 토지소산을 멸하여 이스라엘 가운데 식물을 남겨두지 아니하며 양이나 소나 나귀도 남기지 아니하니 이는 그들이 그 짐승과 장막을 가지고 올라와서 메뚜기떼 같이 들어오니 그 사람과 약대가 무수함이라 그들이 그 땅에 들어와 멸하려 하니 이스라엘이 미디안을 인하여 미약함이 심한지라 이에 이스라엘 자손이 여호와께 부르짖었더라 이스라엘 자손이 미디안을 인하여 여호와께 부르짖은 고로 여호와께서 이스라엘 자손에게 한 선지자를 보내사 그들에게 이르되 이스라엘 하나님 여호와의 말씀에 내가 너희를 애굽에서 인도하여 내며 너희를 그 종 되었던 집에서 나오게 하여 애굽 사람의 손과 너희를 학대하는 모든 자의 손에서 너희를 건져내고 그들을 너희 앞에서 쫓아내고 그 땅을 너희에게 주었으며 내가 또 너희에게 이르기를 나는 너희 하나님 여호와니 너희의 거하는 아모리 사람의 땅의 신들을 두려워 말라 하였으나 너희가 내 목소리를 청종치 아니하였느니라 하셨다 하니라 삿 6:1-10, 개역한글

아모리 사람의 신은 바알이었다. 바알의 배후에 자리하고 있는 영은 두려움을 미끼로 사람들을 사로잡고자 한다. 두려움 때문에 숨어 지낸다면, 그래서 바알을 대적하지 못하면, 당신은 바알의 목적대로 행동하게 될 것이다. 바알은 이스라엘 사람들을 꾀어 하나님을 섬기지도, 신뢰하지도 못하게 만든 후에 그들을 자신의 노예로 삼았다. 기드온이 살았던 시기에 이스라엘 사람들은 바위틈과 산속 동굴에서 숨어 지냈다. 원수들이 추수기에 침입하여 곡물을 빼앗거나 불태웠기 때문이다(요 10:10 참조). 이에 이스라엘은 열등감과 무기력감을 느낄 수밖에 없었다. 그들

은 원수를 대적할 생각조차 하지 못했다. 생존 모드로 전환한 지 오래고, 근근이 살아가는 것조차 버거웠다. 번영의 시대는 지났다. 바알이 거짓말을 했고 사람들은 그 거짓말을 믿었다. 그래서 하나님이 주신 복이 사라져버렸다. 여느 다른 악령과 마찬가지로 바알 역시 사람들을 훔치고, 죽이고, 파멸하는 것을 주된 목표로 삼는다.

오늘날에도 이와 같은 일이 벌어지고 있다. 가정에서, 직장에서, 그리고 교회에서, 사람들은 계속해서 좌절하고 두려워한다. 숨어버린다. 교회와 직장과 가정에서 이러한 일들이 일어난다면 그 배후에 바알의 영이 도사리고 있을 것이다. 그렇다면 우리에게 달려드는 바알의 영을 어떻게 대적해야 할까?

바알의 영을 대적하는 방법

무엇보다 먼저 교회가 취미 공간, 혹은 사업 및 사회생활 전반을 위한 사교 클럽이라는 생각을 버려야 한다. 교회에서는 영적 전쟁에 관한 진리가 설파되어야 한다. 성도들은 마귀에 대한 참된 정보를 공유해야 한다. 수많은 군중이 교회 장의자를 채운다고 해서 하나님이 기뻐하시는 것은 아니다. 숫자가 하나님을 기쁘시게 할 것이라는 생각 자체를 버리라. 구도자 중심의 교회처럼 영적 전쟁에 대해 함구하는 것도 옳지 않다. 그들은 진리보다 '포괄주의'를 더 높은 가치로 인정하기에 영적 전쟁에 대해 올바르게 가르치지 못한다.

예수님의 복음은 항상 도전적이었다. 이러한 복음의 특성 때문에 사람들은 복음을 듣고 마음에 상처를 입었다. 예수님의 말씀은 바리새인, 사두개인, 정치 지도자들, 스스로 의롭다고 생각하는 사람들에게 날카로운 칼처럼 파고들었다.

당신은 "시대가 시대이니만큼 우리는 더 이상 마귀나 악령의 존재를 믿지 않는다. 그러니 이 세상은 위험하지 않다"라는 말을 믿고 가르치는가? 믿고 가르친다면 그것은 이리의 소굴로 양을 들여보내는, 참으로 아둔한 행위다. 사탄은 실제로 존재한다! 정사와 권세도 실재다! 마귀(귀신)들도 실재다! 당신이 마음에 상처를 입는다 해도 사실은 어디까지나 사실이다. 예수님께서 악한 영들의 존재에 대해 말씀하실 때, 과연 거짓말로 말씀하셨는가? 그렇지 않다. 악한 존재는 실재한다. 그러므로 악한 영의 존재가 언급된 성경을 고리타분한 책으로 여겨서는 안 된다. 사람들에게 진실을 제대로 알리지 않고, 마귀의 존재에 대해 그들의 경각심을 일깨우지 않으면 오중 사역자들은 근무태만으로 문책당할 것이다.

장밋빛 아름다운 색안경을 벗고 맨눈으로 진리를 바라보아야 한다. 안과의의 처방대로 안경을 주문했던 적이 있다. 그런데 안경을 자세히 살펴보니 장밋빛깔 렌즈였다. 솔직히 말하는데, 나는 장밋빛 안경을 쓰고 싶지 않았다. 그때도 그렇고 지금도 마찬가지다. 하지만 사탄은 우리에게 장밋빛 안경을 건네며 "너는 이 안경을 쓰고 내가 원하는 대로만 보라"라고 유혹한다. 반면에 이 세상의 위험요소들에 대해서는 당신이 맹안으로 일관하기를 원할 것이다. 교회를 향한 유다의 경고를 들으라.

> 이는 가만히 들어온 사람 몇이 있음이라 그들은 옛적부터 이 판결을 받기로 미리 기록된 자니 경건하지 아니하여 우리 하나님의 은혜를 도리어 방탕한 것으로 바꾸고 홀로 하나이신 주재 곧 우리 주 예수 그리스도를 부인하는 자니라 유 1:4

여기서 유다가 묘사한 존재는 바알의 영에 사로잡힌 사람들이다. 위에 언급된 악행은 모두 바알의 주특기다. 우리의 적은 실재한다. 그리고 우리는 지금 그들과 전쟁 중이다. 그러므로 바알에 대한 사실적인 정보를 사람들에게 알리라. 또한 자신을 살펴서 바알과의 연결 고리가 발견되는지 확인하라. 발견되면 즉시 끊어버리라. 그의 속임수에 넘어갔다면 주님께 기도하여 은혜의 영을 요청하라. 은혜의 성령님께서 당신의 삶 속에 둥지를 튼 바알과의 연결 고리를 끊어주실 것이다.

당신은 미래의 안정을 위해 하나님보다 돈을 더 의지하는가? 그렇다면 은혜의 영이 필요하다. 육신의 쾌락을 즐겨도 괜찮다는 속임수에 넘어갔다면, 그리고 이 세상이 당신의 필요를 채워줄 것이라는 거짓말에 속았다면, 그것은 바알의 짓이 분명하다. 은혜의 영이 오셔서 당신을 옥죄는 사슬을 끊으셔야 문제가 해결된다. 이것은 삶과 죽음의 문제로, 매우 심각한 사안이다.

이미 지난 훈련 과정에서 배웠듯이 전쟁을 준비하는 데 있어서 적을 식별하는 능력은 아주 중요하다. 기초군사훈련 과정 중, 훈련병들은 '표적 식별 방법' 과목을 배운다. 병사들은 탱크나 전투기의 형체만 보고도 그것이 아군 것인지 적군 것인지 식별할 줄 알아야 한다.

현대의 무기는 고도로 발달되었다. 견착식 대전차포가 있는데, 화력이 어찌나 센지 중무장한 장갑차도 산산조각 낼 정도다. 폭파 현장에서는 부서진 장갑차의 파편이 최대 천오백 미터 반경까지 날아갔음을 확인할 수 있다. 이처럼 대단한 파괴력의 신무기가 당신의 손에 들려 있다면 감히 아군의 장갑차나 전투기를 표적으로 삼을 수 있겠는가? 병사의 실수로 아군의 차량이 폭파된다면 군의 사기는 저하될 것이다. 그러므로 당신은 적의 정체와 적의 무기를 식별할 줄 알아야 한다.

당신은 적을 인식하고 그의 움직임을 포착할 수 있는가? 적의 정체와 오늘날 그가 사용하는 위장전술을 식별할 수 있는가?

바알을 식별하는 데 도움이 되는 한 가지 방법은 그의 다양한 이름에 담긴 의미를 분석해보는 것이다. 그의 여러 이름은 '표적 식별'에 요긴하게 사용될 수 있다.

바알의 대표적인 이름은 '바알-하몬'(Baal-Hamon)이다. 그 뜻은 '부와 풍요의 신'이다. '여호와 이레'라는 이름의 모방작이다. 만일 이 세상에서 부의 축적을 인생 최대의 목표로 삼고 정진해왔다면 당신은 이미 바알-하몬에게 무릎 꿇은 것이다. 앞에서 살펴본 대로 다른 모든 악령처럼 바알 역시 거짓말쟁이다.

바알-하몬과의 효과적인 전쟁을 위해 당신은 진정한 복의 근원이 누구인지부터 정립해야 한다. 어떻게 복의 근원을 식별할 수 있는지, 또한 어떻게 해야 그분에게서 흘러나오는 복을 누릴 수 있는지도 배워야만 한다. 참된 복의 근원은 하나님이시다. 예수님께서 원수에 대해 하신 말씀을 다시 한 번 상기해보라. 그리고 예수님이 스스로에 대해서 어떻게 말씀하셨는지도 함께 주목해보기 바란다. 누가 복의 근원인가?

> 도둑이 오는 것은 도둑질하고 죽이고 멸망시키려는 것뿐이요 내가 온 것은 양으로 생명을 얻게 하고 더 풍성히 얻게 하려는 것이라 요 10:10

그의 또 다른 이름, '바알-브릿'(Baal-berith)은 '약속의 신'이라는 뜻이다. 이 역시 모방작이다. 바알에게는 약속을 지킬 능력이 없다. 오직 하나님만이 약속(언약)의 신이다.

히브리어로 '바알'은 '남편' 혹은 '결혼'이라는 뜻임을 앞에서 밝혔다. 하지만 이것 역시 가짜 결혼이다. 합법적 결혼이 아니기 때문에 바알과의 결혼을 통해서는 바람직한 결과를 얻을 수 없다. 우리의 신랑은 구세주이신 예수 그리스도다.

이제 우리 하나님의 이름을 살펴볼 차례다. 바알의 이름과 비교해보라.

엘로힘(창 1:1, 시 19:1, 8:5)-큰 힘과 능력의 '하나님'

아도나이(말 1:6)-주권을 지니신 '주님'
여호와 엘로힘(창 2:4)-거룩한 구원의 '하나님'
여호와 로아(시 23:1)-여호와는 나의 목자
여호와 삼마(겔 48:35)-여호와께서 (그곳에) 계신다
여호와 라파(출 15:26)-여호와는 치료자
여호와 이레(창 22:13-14)-여호와가 공급해주신다
여호와 닛시(출 17:15)-여호와는 내 승리의 깃발
여호와 샬롬(삿 6:24)-여호와는 평화
여호와 사바옷(사 6:1-3)-만군의 여호와
여호와 찌더케누(렘 23:6)-우리의 의이신 여호와
엘 샤다이(창 17:1, 시 91:1)-전능의 하나님
야훼(창 4:3, 출 3:12, 6:3)-스스로 계신 하나님

하나님께서는 우리가 하나님의 성품과 그 행하신 일들을 알 수 있도록 이 모든 이름을 주셨다. 이름들의 의미대로 하나님은 우리의 모든 필요를 채워주실 분이다. 우리에게 모든 것을 공급해주시는 복의 근원이시다. 이 이름들을 통해 우리는 하나님의 참된 면모를 확인할 수 있다.

바알을 대적하는 가장 좋은 방법은 그와 결별(이혼)하는 것이다. 바알과의 모든 연결 고리를 끊어야 한다(이혼에 대해서는 부록 B를 참조하라). 그리스도의 신부가 되기를 원한다면 바알의 신부 노릇을 멈춰야 한다. 그리스도의 성결과 의, 그리고 성령님께서 주시는 모든 보석으로 스스로를 꾸미며 그리스도의 신부로 자라나야 한다.

하나님께서 모든 복의 근원이심을 인정하라. 그러면 바알을 이길 수 있으리라. 하나님께서 당신과 함께하시며 당신에게 힘을 주실 것이다! 그분이 당신의 모든 필요를 채워주시리라! 이스라엘 백성에게 일어났던 일을 상기해보라. 바알과 연합했을 때 그들은 바위틈과 동굴에서 숨어

지내야 했다. 바알의 참모진들이 그들의 수확물을 훔치고 빼앗았기 때문에 그들에게는 먹을 양식조차 없었다.

영적 전쟁에서는 '모 아니면 도'라는 사실을 깨닫기 바란다. 무승부가 없다. 승리 아니면 패배다. 더 자세히 말하자면 '죽거나 살거나'이다. 중간지대는 없다. 하나님께 속하여 성령의 자유를 누리며 살든지, 바알에게 속하여 두려움과 궁핍의 굴레를 안고 살든지, 둘 중 하나다. 이러한 이유로 우리는 아모리 족속과의 대면을 앞둔 가운데 여호수아가 이스라엘에게 던진 도전의 발언을 눈여겨보아야 한다. 여호수아의 도전은 그들에게도 중요했고 우리에게도 중요하다.

> 만일 여호와를 섬기는 것이 너희에게 좋지 않게 보이거든 너희 열조가 강 저편에서 섬기던 신이든지 혹 너희의 거하는 땅 아모리 사람의 신이든지 너희 섬길 자를 오늘날 택하라 오직 나와 내 집은 여호와를 섬기겠노라 수 24:15, 개역한글

바알은 아모리 사람의 신이다. 우리 각 사람은 결정해야 한다. "오직 나와 내 집은 여호와를 섬기겠노라!", "우리도 여호와를 섬길 것이다!" 아멘!

하나님을 기쁘게 해드리려면
하나님만을, 오직 하나님만을 섬기라

하나님께서는 자신을 가리켜 '질투하는 하나님'이라고 분명히 말씀하셨다. "나 이외의 다른 신을 섬기지 말라"는 명령도 주셨다. 하나님의 말씀대로 우리는 어떠한 다른 신도 하나님 앞에 두어서는 안 된다. 물론

이스라엘은 이 명령을 지키려고 했다. 하지만 실패했다. 장담하건대 오늘날에도 하나님의 명령을 지키기란 그리 녹록하지 않을 것이다.

이 마지막 시대에 우리는 은혜의 영 안에서 담대하게 행할 필요가 있다. 사도행전 4장을 보면 사도들이 담대하게 기도하는 장면이 나온다. 하나님께서 성령의 강한 능력을 다시 한 번 부어주셨기에 그들이 담대할 수 있었던 것이다. 성령의 임재가 무척 강력했던 나머지 '모인 곳'이 진동하는 일도 발생했다(행 4:31). 이처럼 성령의 능력과 임재를 구하며 담대할 수 있기를 기도하면 하나님께서 그 기도에 응답해주실 것이다. 사도들의 기도가 어떤 결과로 이어졌는지 아는가?

> 사도들이 큰 권능으로 주 예수의 부활을 증언하니 무리가 큰 은혜를 받아 행 4:33

마지막 때에는 하나님의 말씀을 아는 지식이 참으로 중요하다. 열심히 성경을 공부하고, 받은 교훈을 마음에 새기라. 사탄이 공격해올 때 당신의 수중에 성경이 없을 수도 있다. 이러한 상황에서 당신이 사용할 수 있는 무기는 마음에 새겨 넣은 말씀뿐이다. 하나님의 말씀이 성령의 검이라는 사실을 기억하라.

과거 그 어느 때보다 지금, 성령의 인도하심이 간절하다. 그러므로 우리는 하나님의 일곱 영에 대해 잘 알아야 한다. 우리 앞에 닥칠 전쟁을 준비하기 위해 성령님께 부르짖을 줄 알아야 하며 또 하나님의 일곱 영과 연합할 줄 알아야 한다. 하나님의 일곱 영이 우리를 어떻게 인도하시는지, 우리를 위해 어떤 일을 하시는지도 숙지하고 있어야 한다. 그리스도 안에서의 '자기 정체성'도 뚜렷해야 한다. 그래야만 우리 편에 예수 그리스도께서 서 계신 줄 깨달을 수 있다.

하나님께서는 군사훈련 교본(성경) 안에 위대한 교훈을 상당량 기록해두셨다. 우리는 그 교훈을 배우고 일상생활에 적용해야 한다. 하나님의 사자가 기드온을 만나는 장면이 사사기에 나오는데, 그 장면에서 큰 교훈을 배울 수 있다.

당시에 이스라엘 백성은 선지자의 말에 귀 기울이지 않았다. 그래서 하나님은 천사(사자)를 보내셨다. 하나님께서 천사(특히 하나님의 사자)를 보내시면 상황이 변한다는 사실을 아는가? 이 천사의 방문과 함께 큰 능력이 방사(放射)된다. 하나님께서 당신에게 천사를 보내신다면 당신은 그의 말을 귀담아 들어야 한다.

> 여호와의 사자가 아비에셀 사람 요아스에게 속한 오브라에 이르러 상수리나무 아래에 앉으니라 마침 요아스의 아들 기드온이 미디안 사람에게 알리지 아니하려 하여 밀을 포도주 틀에서 타작하더니 여호와의 사자가 기드온에게 나타나 이르되 큰 용사여 여호와께서 너와 함께 계시도다 하매 기드온이 그에게 대답하되 오 나의 주여 여호와께서 우리와 함께 계시면 어찌하여 이 모든 일이 우리에게 일어났나이까 또 우리 조상들이 일찍이 우리에게 이르기를 여호와께서 우리를 애굽에서 올라오게 하신 것이 아니냐 한 그 모든 이적이 어디 있나이까 이제 여호와께서 우리를 버리사 미디안의 손에 우리를 넘겨 주셨나이다 하니 여호와께서 그를 향하여 이르시되 너는 가서 이 너의 힘으로 이스라엘을 미디안의 손에서 구원하라 내가 너를 보낸 것이 아니냐 하시니라 그러나 기드온이 그에게 대답하되 오 주여 내가 무엇으로 이스라엘을 구원하리이까 보소서 나의 집은 므낫세 중에 극히 약하고 나는 내 아버지 집에서 가장 작은 자니이다 하니 여호와께서 그에게 이르시되 내가 반드시 너와 함께 하리니 네가 미디안 사람 치기를 한 사람을 치듯 하리라 하시니라 삿 6:11-16

바알이 기드온을 억누르고 있었다. 기드온은 스스로를 가리켜 "나는 가장 작은 사람들 가운데 가장 작은 사람입니다"라고 말했다. 그러나 하나님의 눈에 비친 기드온의 모습은 달랐다. 하나님은 기드온 안에서 '큰 용사'를 발견하셨다. 당신은 스스로 연약하다고 생각할지 모르지만 하나님은 당신을 '큰 용사'로 여기신다. 그러므로 열등감에 빠지지 마라. 하나님과 당신이 연합한다면 얼마나 강력한 팀이 되겠는가?

이 이야기의 배경으로 등장하는 '비참한 상황'은 하나님의 실패 때문이 아니다. 전적으로 바알과 연합했던 이스라엘의 책임이다. 이제 담대해진 기드온이 일어나 바알의 단을 헐었다. 주상을 불태웠다.

> 성읍 사람들이 요아스에게 이르되 네 아들을 끌어내라 그는 당연히 죽을지니 이는 바알의 제단을 파괴하고 그 곁의 아세라를 찍었음이니라 하니 요아스가 자기를 둘러선 모든 자에게 이르되 너희가 바알을 위하여 다투느냐 너희가 바알을 구원하겠느냐 그를 위하여 다투는 자는 아침까지 죽임을 당하리라 바알이 과연 신일진대 그의 제단을 파괴하였은즉 그가 자신을 위해 다툴 것이니라 하니라 그 날에 기드온을 여룹바알이라 불렀으니 이는 그가 바알의 제단을 파괴하였으므로 바알이 그와 더불어 다툴 것이라 함이었더라 그 때에 미디안과 아말렉과 동방 사람들이 다 함께 모여 요단 강을 건너와서 이스르엘 골짜기에 진을 친지라 여호와의 영이 기드온에게 임하시니 기드온이 나팔을 불매 아비에셀이 그의 뒤를 따라 부름을 받으니라 삿 6:30-34

핵심 개념: 자신을 바알에게 넘겨준 사람들에게서 큰 도움이 오리라는 기대는 하지 마라. 그들은 바알의 기쁨을 위해 헌신된 사람들이다. 당신이 그들의 우상을 훼파한다면 그들은 당신을 죽이려 들 것이다. 바알 숭배자들은 절대로 당신 편이 아니다. 그러므로 당신 편에 서 계신

분이 누구인지를 기억하라. 전쟁의 때에 누구를 의지할 수 있는지 확인하라.

지금은 예수 그리스도의 교회가 믿음으로 일어설 때다. 바알의 더러운 술수와 유혹을 향해 "No"라고 말할 때다. 그리스도의 신부가 되고 싶은가? 바알의 주상을 영원히 깨뜨려버리라. 우상을 제거하는 일을 두려워하지 마라. 절대로 당신의 정체성을 잊지 마라. 당신은 하나님의 권세를 받은 사람이다.

이것은 전쟁이다. 당신은 예수님 편이든, 바알의 편이든 양자 간에 선택해야 한다. '의'와 '성결'이라는 대의를 위해 일어서든지, '바알'과 그의 '부패한 세속적 시스템'을 위해 일어서든지 둘 중 하나다.

무엇보다 먼저 성경이 지적하는 대로 바알과 관련된 죄들을 '죄'로 인식해야 한다. 남들이 뭐라고 하든지 상관없다. '성 부도덕'은 말 그대로 성 부도덕이며 바알에게 무릎 꿇는 우상 숭배로, 엄연히 하나님 앞에서의 죄다. '낙태' 역시 말 그대로 낙태이며 하나님 앞에서의 죄다. 바알에게 무릎 꿇는 우상 숭배이며 더러운 신 몰렉에게 자녀를 희생제로 바치는 살인죄다.

오늘 이후로 매일같이 '누구를 섬길지' 결정하기 바란다. 지금 우리는 오래전에 잊힌, 구약시대의 케케묵은 문제점들을 논하는 것이 아니다. 바사의 군주는 지금도 살아 있다. 당신의 마음과 사랑을 갈취하려고 이 세상에서 분주히 움직이고 있다. 그가 사용하는 속임수의 베일은 매우 두껍고 무겁다. 예수님의 재림이 가까워질수록 그 베일은 점점 더 두꺼워질 것이다. 우리도 바사의 군주가 놓은 덫에 걸리지 말라는 법은 없다. 예수님의 말씀을 주목하라.

거짓 그리스도들과 거짓 선지자들이 일어나 큰 표적과 기사를 보여 할 수만 있으면 택하신 자들도 미혹하리라 보라 내가 너희에게 미리

말하였노라 마 24:24-25

은혜의 영을 붙들고 굳건히 일어서라! 은혜의 영이 삶 속으로 흘러들어 오시도록 마음을 열라. 은혜의 영이 오셔서 모든 죄의 오물을 씻으시고 과거의 수치심을 제거해주시기를 간구하라. 만일 당신이 과거의 수치심을 붙든다면 바알은 그것을 이용하여 당신을 바위틈에 가둘 것이다. 당신은 손 쓸 겨를도 없이 바알의 덫에 걸려들고 만다.

하지만 당신의 과거와 모든 수치심은 이미 예수 그리스도와 함께 십자가에 못 박혔다. 그리고 영원히 사라졌다. 하나님은 이미 당신이 고백한 과거의 모든 죄와 수치심을 덮어두기로 결정하셨기 때문에, 굳이 과거를 들추고 자신의 수치심을 캐낼 필요가 없다. 그런 생각이 들 때마다 떠나보내라. 사악한 영이 당신의 수치심을 악용하지 못하도록 떠나보내라.

담대하게 일어서서 다음의 선언문을 큰 소리로 외치기 바란다. 권세를 갖고 선포하라.

"내 모든 죄와 수치심은 예수 그리스도의 십자가에 못 박혔다. 그것들은 영원히 사라졌다!"

"이제 나는 예수 그리스도의 신부다. 새 피조물이다. 더 이상 과거의 죄와 습관을 반복하지 않는다!"

"나는 거듭났다. 새 피조물이다. 옛것은 지나고 새사람이 되었다. 옛사람은 더 이상 나와 아무런 상관이 없다!"

"예수님께서 내 모든 죄과를 담당하셨다. 거짓의 베일은 사라졌다! 나는 내 신랑이 누구인지 확실히 안다. 그러므로 나는 신랑이신 예수님과 동행한다. 오직 그분만을 따를 것이다!"

"나는 예수 그리스도와 결혼했다. 바알 및 그와의 모든 연결 고리를 거부한다!"

은혜의 영을
구하는 기도

아버지 하나님, 은혜의 영을 보내셔서 참된 신랑과의 올바른 관계를 회복시켜주시니 감사합니다. 하나님께서는 진리의 영을 보내사 모든 혼란을 없애주시고 참된 것을 볼 수 있도록 도와주셨습니다. 또한 언제 우리가 유혹을 받아 주님 곁을 떠났으며, 어떤 경로로 바알에게 가까이 다가갔는지도 가르쳐주셨습니다.

이 시간 간구하오니 진리의 영과 은혜의 영을 부어주옵소서. 구하오니 강력한 임재를 허락해주옵소서. 오늘 바알과 완전히 결별할 수 있도록, 그와의 모든 연결 고리를 끊을 수 있도록 하나님께서 도와주옵소서.

더 이상은 바알에게 손 벌리지 않겠습니다. 바알은 우리의 공급자가 아니며 비를 내리는 신도, 풍요를 안겨주는 주체도 아닙니다. 바알은 그 어떤 것의 원천이 될 자격조차 없습니다. 오직 하나님, 하나님만이 모든 복의 근원이십니다. 지금 주님께 마음을 엽니다. 은혜의 성령을 통해 생명수를 흘려주옵소서. 주님께만 충성하기 원합니다. 우리를 통로로 삼으셔서 생명의 강물을 흘려주옵소서. 우리를 사용하시어 메마르고 건조한 이 땅을 흥건히 적셔주옵소서. 이를 위해 우리는 은혜의 영을 더더욱 갈망합니다. 지금 이 시간 은혜의 영을 보내주셔서 영원토록 생수가 흘러넘치게 하옵소서. 메시아이신 예수님의 놀라운 이름으로 기도합니다. 아멘, 아멘!

개인 연구를 위한
성경 구절(추가)

시 5:12 "여호와여 주는 의인에게 복을 주시고 방패로 함 같이 은혜로 그를 호위하시리이다"

시 30:5 "그의 노염은 잠깐이요 그의 은총은 평생이로다 저녁에는 울음이 깃들일지라도 아침에는 기쁨이 오리로다"

시 69:13 "여호와여 나를 반기시는 때에 내가 주께 기도하오니 하나님이여 많은 인자와 구원의 진리로 내게 응답하소서"

시 84:11 "여호와 하나님은 해요 방패이시라 여호와께서 은혜와 영화를 주시며 정직하게 행하는 자에게 좋은 것을 아끼지 아니하실 것임이니이다"

시 90:17 "주 우리 하나님의 은총을 우리에게 내리게 하사 우리의 손이 행한 일을 우리에게 견고하게 하소서 우리의 손이 행한 일을 견고하게 하소서"

A Warrior's Guide To
THE SEVEN SPIRITS OF GOD

7과

∶

영광의 영

The Spirit of Glory

A Warrior's Guide To

THE SEVEN SPIRITS OF GOD

PART 1: BASIC TRAINING

7과
/
영광의 영

　미국 남북전쟁 때의 일화다. 남군(南軍)의 총사령관은 군의 사기가 떨어질 때마다 자신의 백마를 이끌고 한껏 위용을 드러내며 적진을 휘젓고 다녔다. 적군의 포격에 스스로를 노출시키며 자신의 용맹을 보여준 것이다. 아군 병사들의 마음에 두려움이 차오를 때마다, 남군의 로버트 E. 리(Robert E. Lee) 장군은 이처럼 전선을 종횡하며 병사들에게 새 희망을 선사했다. 그의 용맹에 감명받은 병사들은 다시금 결의를 다졌다. 이러한 리 장군의 모습은 마치 영광스러운 개선행렬과 같았다. 이를 지켜본 남군의 모든 병사는 승리의 함성을 지르기까지 했다. 이들의 함성은 종종 북군(北軍)에게 두려움을 안겨주곤 했다. 어떤 이유에선지 모르겠지만 리 장군이 무방비 상태로 북군 진영을 휘젓고 다닐 때, 북군의 어떠한 병사도 그에게 총격을 가하지 않았다.
　리 장군의 쇼맨십도 장관(壯觀)을 이루었지만 당신은 그보다 더 큰 용맹을 보게 될 것이다. 만군의 주 여호와께서 영적 전쟁 중인 아군 병사들에게 성령을 보내셔서 최후 승리의 원대한 확신을 선사하시기 때문이다. 성령님께서 전장을 종횡무진하시며 하나님의 용사들에게 감동을 주신다. 감명받은 병사들은 새로운 차원의 용기와 자신감을 얻는다.

인류 역사상 가장 치열한 전투로 기록될 이 시대 사탄과의 전쟁-그 최전선에서 싸우는 용사들에게는 하나님의 임재보다 중요한 것이 없으리라. 하나님이 임재하시면 그들은 용감히 일어설 수 있다. 하나님의 능력이 그들을 강건케 하신다. 위로하시고 힘 주시는 하나님의 능력을 맛보기 때문이다.

최전선-오늘 당신과 내가 서 있을 곳이다. 우리는 주님의 군대에 소속된 군사들이다. 만왕의 왕이요, 만 주의 주이신 예수 그리스도를 통해 자유를 얻은 군사들이다. 우리가 치를 전쟁은 장차 성도들의 운명을 판가름할 중요한 싸움이다.

우리의 원수는 무자비하다. 그는 자신의 선택에 결코 후회함이 없다. 뒤도 안 돌아보고 앞만 향해 돌진한다. 우리는 이러한 원수와 전쟁을 치러야 한다. 사탄은 우리가 가진 모든 것을 빼앗고 싶어 한다. 우리의 육체를 죽음으로 내몰고, 주님을 위해 우리가 수행하고자 하는 사명과 임무를 방해하기 원한다. 우리에게는 오직 두 가지 선택 사항만이 있을 뿐이다: 싸우거나 죽거나…

예수님의 말씀을 상기하라.

> 도둑이 오는 목적은 오직 훔치고 죽이고 파괴하는 것이다 그러나 내가 온 이유는 너희가 생명을 즐기고 그 생명을 풍성히(가득 차서 넘치기까지) 누리게 하기 위해서다 요 10:10, 확대성경

예수님은 사탄의 의도를 분명히 말씀해주셨다. 이제 우리의 선택만 남았다. 계속해서 원수의 노략질과 살인과 파괴 행위를 허락해줄 것인

가, 아니면 넘쳐흐르는 풍성한 생명을 누릴 것인가?

원수의 목표는 뚜렷하다. 그는 굳게 마음을 먹고 우리를 향해 쉼 없는 공격을 개진한다. 빠른 시일 내에 자신의 목적을 달성하려고 최선을 다한다. 그러므로 이 싸움에서 살아남아 최후의 승리를 얻고자 한다면, 당신은 싸우는 법부터 배워야 한다. 자신과 가정과 교회를 향한 사탄의 공격은 계속될 것이다. 이 사실을 알게 된 이상, 빨리 결단을 내리고 전쟁을 준비해야 한다. 당신은 전쟁을 준비하는 과정 속에서 참된 자아를 발견하게 될 것이다.

근신하여 깨어 있는 것은 매우 중요하다

예수님은 얼마나 자주 "근신하라. 깨어 기도하라"라는 명령을 주셨는가? 누가복음 21장 36절을 펴보라. "이러므로 너희는 장차 올 이 모든 일을 능히 피하고 인자 앞에 서도록 항상 기도하며 깨어 있으라 하시니라." 방어 태세를 늦춰서는 안 된다. 전군 사령관의 명령에 항상 귀를 기울이라. 언제든지 적의 공격이 올 것을 예상하고 근신하여 깨어 있으라. 기도하라. 적의 공격에 대비하라!

베드로는 경계를 늦추고 무장을 해제하는 것의 위험성을 잘 알고 있었다. 우리가 경계 태세를 늦춘다면 아주 중요한 시점에 원수의 침입을 당할 것이다. 원수의 교묘한 공격에 희생양이 되었던 경험이 있었기에 베드로는 그 위험성을 뼛속 깊이 알고 있었다.

자만했던 베드로는 자신이 원수의 공격을 받고 넘어지리라고는 상상조차 할 수 없었다. 하지만 이 세상 어느 누구도 원수의 공격에 면역되지는 않는다. 예수님이 다시 오셔서 다스리실 때까지 우리는 모두 원수의 공격에 노출될 수밖에 없다. 큰 실패를 경험한 후에 베드로는 우리에게 다음의 경고를 전했다.

> 근신하라 깨어라 너희 대적 마귀가 우는 사자 같이 두루 다니며 삼킬 자를 찾나니 벧전 5:8

베드로의 경고대로 우리는 근신하고 깨어 있어야 한다. 하지만 깨어 있는 것이 전부는 아니다. 사탄의 속임수도 대적해야 한다. 우리는 사탄의 속임수에 넘어가서는 안 된다. 그는 사자가 아니다. 이미 예수님께 패배한 원수인데, 우리의 약점을 공략하려고 주님의 위용을 모방하는 것뿐이다. 예수님이 사자이시다. 성경 말씀대로 예수님은 유다 지파의 사자이시다. 사탄은 하찮은 솜씨로 예수님을 모방한다. 아래에 기록된 예수님의 말씀을 들으라.

> 예수께서 이르시되 사탄이 하늘로부터 번개 같이 떨어지는 것을 내가 보았노라 내가 너희에게 뱀과 전갈을 밟으며 원수의 모든 능력을 제어할 권능을 주었으니 너희를 해칠 자가 결코 없으리라 눅 10:18-19

사탄의 속임에 넘어가지 마라. 그의 거짓말과 속임수를 믿지 마라. 그가 입을 여는 것을 보거든 귀를 닫으라. 절대로 그의 말에 귀를 기울이지 마라. 그는 우리의 내면에 두려움을 심으려고 노력할 것이다. 바울은 자신의 영적 아들 디모데에게 신중한 어조로 이렇게 이야기했다. "하나님이 우리에게 주신 것은 두려워하는 마음이 아니요 오직 능력과 사랑과 절제하는 마음이니"(딤후 1:7). 사탄은 당신의 '믿음'이 '두려움'으로, 절제하는 마음이 혼동하는 마음으로 대체되기를 갈망한다. 그러므로 전쟁 중에 사탄의 전략에 휘말리지 않도록 주의하라.

인류 역사를 통해 알 수 있듯이 전시에는 전쟁 당사자인 양국 모두 상대방의 진영에 두려움을 조장하느라 혈안이 된 모습을 볼 수 있다. 우리는 이러한 낡은 수법에 넘어가지 말아야 한다. 우리를 위해 싸우시고 우리를 지키시는 분이 누구이신지 알 때 우리는 참된 용기를 발할 수 있다.

> 서쪽에서 여호와의 이름을 두려워하겠고 해 돋는 쪽에서 그의 영광을 두려워할 것은 여호와께서 그 기운에 몰려 급히 흐르는 강물 같이 오실 것임이로다 사 59:19

이 말씀을 제대로 이해하려면 여러 역본과 비교해보아야 한다.

> 서쪽에서 사람들은 여호와의 이름을 두려워할 것이다 해가 뜨는 곳에서 사람들은 하나님의 영광을 두려워할 것이다 원수가 홍수처럼 밀려올 때 여호와의 영이 원수를 물리치실 것이다 사 59:19, NKJV 번역

뉴킹제임스(NKJV) 버전이나 몇몇 오래된 역본은 '홍수'를 원수의 능력에 빗대어 이야기하고 있다. 하지만 이것은 오역이다. 번역자의 실수인 듯하다. 후대 번역자들이 발견한 대로라면 옛 역본의 번역자들은 쉼표를 적당하지 않은 부분에 삽입함으로써 전혀 다른 의미의 문장을 만들어놓았다. 본문의 원의에 충실한 번역은 "원수가 다가올 때, 주의 영이 홍수와 같이 원수를 물리치시리라"이다.

안타깝게도 인류 역사 속에서 사람들은 사탄의 능력을 과대평가해왔다. 하지만 사탄은 단지 패배한 원수일 뿐이다. 물론 그는 자신의 능력을 과시하고 권리를 주장하며 우리를 해하려 한다. 그렇다고 놀라지 마라. 예수님께서 사탄의 것보다 더 큰 능력과 권세를 우리에게 주셨다.

우리는 이 사실을 잊지 말아야 한다. 주님의 말씀을 계속해서 고백하고 자신의 것으로 삼으라. 예수님의 말씀을 고백하면 우리의 믿음이 견고해질 것이고, 말씀에 담긴 약속의 능력이 우리의 현실 상황을 변화시킬 것이다. 다시 한 번 예수님께서 당신에게 주신 권세를 '큰 소리로' 고백하기 바란다.

> 내가 너희에게 뱀과 전갈을 밟으며 원수의 모든 능력을 제어할 권능을 주었으니 너희를 해칠 자가 결코 없으리라 눅 10:19

하나님은 결코 우리를 버리지 않으신다. 무방비 상태, 즉 어떠한 도움도 받을 수 없는 상태로 내버려두지 않으신다. 이미 하나님께서는 자신의 작전 명령을 출판하여 우리 손에 쥐여주셨는데, 우리는 그것을 '성경'이라고 부른다. 전쟁터에서 우리가 경험하게 될 하나님의 강력한 임재는 우리 마음에 용기를 북돋워주고 감동을 전해줄 것이다. 또한 하나님께서는 성령을 보내셔서 초자연적인 능력으로 우리를 보호해주시고 무장시켜주시고 공급해주실 것이다. 그리고 이 영적 전쟁에서 가장 강력한 '핵폭탄 급' 무기도 이미 제공해주셨다.

한번은 '무기 지원 분대'(Weapons Support Detachment)에서 군목으로 복무한 적이 있다. 이 부대는 핵무기 발사 및 통제를 담당한다. 육 개월마다 부대원들은 '핵무기 관련 테스트'(Nuclear Surety Test)를 치르는데 그 내용은 "과연 해당 부대원에게 핵무기를 다룰 만한 확실한 자격이 있는가?"이다.

핵무기 장착 및 발사의 모의 테스트를 제대로 완수하지 못해 분대원이 통과하지 못하면 책임 장교는 직위 해제된다. 장착 및 발사 임무는 완수했으나 정해진 시간 안에 끝마치지 못해도 마찬가지다. 이 부대에서 직위 해제가 되면 해당 장교의 군 경력은 거기서 끝이다. 핵무기를 다루는 일은 무척 중요하기 때문에 이 일에 있어서는 특별히 신중해야 하고, 정확성을 기해야만 한다. 실수의 여지는 없다.

하나님의 일곱 영을 다룰 때에도 마찬가지다. 이와 동일한, 아니 그보다 더 높은 수준의 신중성과 정확성이 요구된다.

하나님의 일곱 영은 우리의 최고사령관이신 예수 그리스도께서 이 땅에 보내신 강력한 무기다. 이번 훈련을 위해 핵심 본문을 다시 한 번 읽어보자.

> 내가 또 보니 보좌와 네 생물과 장로들 사이에 한 어린 양이 서 있는데 일찍이 죽임을 당한 것 같더라 그에게 일곱 뿔과 일곱 눈이 있으니 이 눈들은 온 땅에 보내심을 받은 하나님의 일곱 영이더라 계 5:6

지금까지 하나님의 일곱 영 중 여섯 영에 대해서 배웠다. 그들의 본모습과 어떤 일을 수행하시는지 숙지했다. 이제 우리는 그들이 필요한 순간에 도움을 요청할 줄 알아야 한다. 또한 그들의 역사를 어떻게 도와야 할지 배우고 기억해야 한다. 물론 하나님의 일곱 영과 동역할 때 우리는 조심해야 한다. 함부로 그들의 사역에 발을 들이밀어서는 안 된다.

그뿐만 아니라 각각의 영을 대적하기 위해 사탄이 파견하는 정사들에 대해서도 인지하고 있어야 한다. 그래야만 사탄의 공격에 화들짝 놀라 뒷걸음질 치는 일이 없을 것이다.

앞 장의 내용을 들춰보지 않고서 그들의 명칭을 말할 수 있겠는가? 이미 알겠지만 각 장의 초반부에는 복습 내용이 제시되어 있다. 이번 과에서도 마찬가지다. 하나님의 일곱 영과 그에 대적하는 정사들의 명칭을 아래에 적어둔다. 지금 이 기회에 기억을 새롭게 하기 바란다.

1. 지혜와 계시의 영-이세벨의 영

2. 진리의 영-발람, 거짓의 영

3. 성결의 영-고라, 반역의 영

4. 생명의 영-가인, 살인의 영

5. 양자의 영-두려움과 속박의 영

6. 은혜의 영-신부를 훔쳐가는 바알의 영

이번 과에서는 영광의 영에 대해 살펴볼 것이다. 그리고 이 영을 방해하려고 우리의 가정과 일터와 교회, 그리고 삶 속에 침투하는 저항 세력도 살펴볼 것이다. 장차 배우게 되겠지만 이 원수 세력은 가장 강력한 힘을 자랑한다. 그러므로 진지한 태도로 훈련에 임하기를 바란다.

베드로는 이 점을 잘 알았다. 영적 전쟁에 참전한다는 뜻, 전쟁 중 세가 기울고 패배의 기색이 역력하다는 의미, 승기를 잡고 계속해서 승리하는 것의 의미, 승리와 패배 사이를 오가는 것의 의미… 베드로는 이 모든 상황을 몸소 체험했기에 잘 알고 있었던 것이다. 그러므로 이쯤에서 베드로의 충고를 듣는 것도 괜찮을 것 같다.

> 사랑하는 자들아 너희를 연단하려고 오는 불 시험을 이상한 일 당하는 것같이 이상히 여기지 말고 오히려 너희가 그리스도의 고난에 참여하는 것으로 즐거워하라 이는 그의 영광을 나타내실 때에 너희로 즐거워하고 기뻐하게 하려 함이라 너희가 그리스도의 이름으로 치욕을 당하면 복 있는 자로다 영광의 영 곧 하나님의 영이 너희 위에 계심이라 **벧전 4:12-14**

위의 구절에 소개된 하나님의 영은 '영광의 영'이다. 영광의 영은 고통스러운 시험과 환란을 지날 때 우리에게 임하신다. 그 영이 오시면 모든 아픔과 슬픔의 경험은 축복과 기쁨의 경험으로 바뀐다. 하나님은 최전방에서 적군과 싸우는 용사들에게 용기를 주시고자 자신의 영광을 보내신다. 영광의 행렬을 바라본 하나님의 용사들은 다시금 힘을 얻는다.

반면에 하나님의 영광을 목격한 적군의 진영에는 두려움과 공포의 기운이 스며들기 시작한다. 이처럼 영광의 영은 매우 강력한 영이다. 하나님께서 주신 목적을 이루기 위해 우리는 모두 영광의 영을 인정하며 그 영과 함께 동역해야 한다.

이번 과에서는 영광의 영이 행하시는 일들을 살펴볼 것이다. 그리고 그분의 일하시는 방법과 그분의 역사에 어떻게 동참할 수 있는지도 살펴볼 것이다.

어떤 사람들은 영광의 영에 대해 들어본 적이 없을 것이다. 그러므로 '영광' 의 의미에 대해서도 잘 알지 못할 것이다. 내게 영광을 간단히 정의하라고 한다면 나는 '하나님의 육중한 임재' 라고 말하겠다. 당신이 하나님의 영광이라는 주제로 성경을 연구한다면 이스라엘의 역사 가운데에 중요한 시점마다 하나님의 영광이 나타났음을 알게 될 것이다.

> …그 때에 여호와의 전에 구름이 가득한지라 제사장들이 그 구름으로 말미암아 능히 서서 섬기지 못하였으니 이는 여호와의 영광이 하나님의 전에 가득함이었더라 대하 5:13-14

이스라엘 백성은 하나님의 영광이 두꺼운 구름처럼 임하는 것을 체험했다. 그 구름이 한 장소를 가득 메우자 그곳의 사람들은 하나님의 임재 앞에 힘을 잃고 제대로 서 있지도 못했다. 이처럼 영광의 영이 오시면 인간의 노력은 아무 쓸모없다. 사람들이 할 수 있는 것은 하나님의 임재 앞에 엎드려 예배하는 것뿐이다.

오늘날에도 영광의 구름이 나타나겠는가? 지금 교회는 이 주제를 두고 격렬하게 논쟁하고 있다. 어떤 사람은 하나님께서 더 이상 이러한 방식으로 임재하시지 않는다고 완고하게 주장한다. 반대 입장을 피력하는 사람 역시 완고하기는 마찬가지다. 그들은 지금도 수많은 사람이 이와 같은 하나님의 임재를 경험한다고 주장한다.

아주사 부흥의 일화를 읽어보면 영광의 구름을 매일같이 목격한 사람이 부지기수임을 알 수 있다. 깊이 예배를 드리는 중에 영광의 구름이 드리워졌음을 보았다는 내용의 간증도 많다. 내게는 영광의 구름이 출현했던 네 차례의 예배 실황 녹화 DVD도 있다. 나는 아주 특별한 경우라면(매우 드물겠지만) 영광의 구름을 볼 수 있다고 생각한다. 또한 하나님의 임재를 '느낄' 수 있다고 믿는다. 영광의 구름이 나타나면 그 무게에 짓눌려 당신은 말 그대로 바닥에 쓰러진 채 꼼짝달싹 못할지도 모른다. 그러한 상황에서 당신이 할 수 있는 일은 주님을 기다리는 것뿐이라. 하나님께서 직접 진두지휘하실 때, 인간의 도움 따위는 무의미해진다. 아주 중요한 사실이니 꼭 기억하기 바란다. 우리 하나님은 소멸하시는 불이다(히 12:29 참조). 하나님께서 특정 장소에 충만히 임재하시면 위대한 능력이 방사되기 시작한다.

> 솔로몬이 기도를 마치매 불이 하늘에서부터 내려와서 그 번제물과 제물들을 사르고 여호와의 영광이 그 성전에 가득하니 여호와의 영광이 여호와의 전에 가득하므로 제사장들이 여호와의 전으로 능히 들어가지 못하였고 대하 7:1-2

하나님의 임재는 엄청난 무게로 압도하는 힘 같아서 당신을 '말 그대로' 바닥에 눕힐 것이다. 예수님의 체포 장면에서도 이러한 광경이 포착되었다. 예수님을 잡으려고 파견됐던 군인들은 힘이 센 사람들이었다. 성전의 질서 유지와 보안을 위해 채용되었기 때문에 임무 수행을 하려면 힘이 세야 했다. 하지만 그들이 예수님과 대면했을 때, 하나님의 영광스러운 임재 앞에서 어떤 일이 벌어졌는가?

예수님은 그들에게 "누구를 찾느냐?"고 물으셨다. 그들은 나사렛의 예수를 찾는다고 대답했다.

> 예수께서 그들에게 내가 그니라 하실 때에 그들이 물러가서 땅에 엎드러지는지라 요 18:6

예수님 안에 머물던 영광과 마주했을 때 그들은 땅에 엎드러졌다. 영광은 이 정도로 강력하다. 물론 당신은 "영광이 이 사건과 무슨 관계가 있을까?" 하고 의아해할 것이다. 독자 중에 예수 그리스도가 하나님의 영광이라는 점을 아는 사람이 몇이나 될지 궁금하다. 예수님은 우리 안에 거하시는 하나님의 영광이다.

> 이는 하나님의 영광의 광채시요 그 본체의 형상이시라 그의 능력의 말씀으로 만물을 붙드시며 죄를 정결하게 하는 일을 하시고 높은 곳에 계신 지극히 크신 이의 우편에 앉으셨느니라 히 1:3

예수님은 하나님의 영광이시다. 하나님의 영광의 광채가 예수님 안에 머문다. 그분은 영광의 말씀으로 만물을 붙들기까지 하신다.

예수님께서 이 땅에 오셨을 때 이 영광을 '데리고' 우리에게 오셨다. 그리고 이 영광을 우리에게 전해주셨다. 예수님께서 영광을 우리에게 나눠주신 사실이 믿기지 않는가? 그렇다면 시편 26편 8절의 말씀을 주의 깊게 들어보라. "여호와여 내가 주께서 계신 집과 주의 영광이 머무는 곳을 사랑하오니"(시 26:8). 이 구절에 의하면 하나님의 영광은 주께서 계신 집, 곧 성전에 머무신다.

그런데 성경은 당신을 가리켜 '하나님의 성전'이라고 밝힌다. "너희는 너희가 하나님의 성전인 것과 하나님의 성령이 너희 안에 계시는 것을 알지 못하느냐"(고전 3:16). 그렇다면 바울은 하나님의 영광이 어디에 머무신다고 말한 것인가? 그렇다. 영광은 우리 안에 머문다! 당신은 하나님의 성전이고, 하나님의 영광은 성전에 머문다. 그렇다면 그 영광이 당신 안에 머문다는 사실은 당연한 논리다. 하나님의 영광을 찾으려고 먼 길을 여행할 필요가 없다. 하나님의 영광은 당신 안에 있다! 이것은 기쁜 소식이다. 매우 좋은 소식이어서 쉽게 믿어지지 않는다. 사람들은 그리스도 안에 있는 자신들의 정체성을 너무 낮게 평가한다. 그래서 하나님의 영광이 자신 안에 머문다는 사실을 받아들이지 못한다.

그러나 태초부터 하나님은 자신의 형상대로 사람을 창조하셨다고 말씀하셨다. 그리고 사람에게 이 땅을 다스릴 권세를 주셨다. 하나님의 말씀대로 우리는 피조 세계의 높은 위치에 있다. 그러나 이를 의심하는 사람들은 하나님의 말씀을 곡해한다. 진리가 아닌 것을 진리처럼 받아들인다. 진리가 매우 좋게 들리기 때문에 오히려 의심한다. 하지만 다윗의 증언을 들어보라.

> 사람이 무엇이관대 주께서 저를 생각하시며 인자가 무엇이관대 주께서 저를 권고하시나이까 저를 천사보다 조금 못하게 하시고 영화와 존귀로 관을 씌우셨나이다 시 8:4-5, 개역한글

옛 성경 번역본에는 중요한 단어 하나가 잘못 번역되었다. 옛 성경에는 '저를 천사보다 조금 못하게…' 라고 번역되어 있는데, 사실 다윗은 그렇게 노래하지 않았다. 히브리 원전은 '그를 엘로힘보다 조금 못하게 하시고'이다. 여기서 엘로힘은 성경에 처음 등장하는 하나님의 이름이다. 번역자들은 위의 구절의 문맥 속에 '하나님'을 넣기가 껄끄러웠는지 그 자리에 '천사'를 대신 넣었다.

하나님께서 인간에게 영화와 존귀로 관을 씌우신 이유는 원래 그 목적을 위해 인간을 창조하셨기 때문이다. 사람은 천사보다 조금 못한 존재가 아니라 하나님보다 조금 못한 존재다. 그러므로 인간은 영화와 존귀로 관을 쓰게 된다. 하나님께서는 우리와 영광을 나누기 원하셨다. 영광으로 우리의 머리에 관을 씌우고자 하신 것이다. 사탄은 당신이 이 점을 깨달을까 봐 지금도 겁을 낸다. 그래서 번역자들의 마음에 두려움을 심은 게 아닌가 생각한다. 그렇게 '하나님'이라는 단어가 지면에 나타나지 못하도록 사탄이 조치한 것일 수도 있다. 다행인 것은 오늘날 대부분의 성경 각주에 이 구절의 또 다른 번역 '그를 하나님보다 조금 못하게…'가 삽입되었다는 것이다(개역개정판에서는 "사람이 무엇이기에 주께서 그를 생각하시며 인자가 무엇이기에 주께서 그를 돌보시나이까 그를 하나님보다 조금 못하게 하시고 영화와 존귀로 관을 씌우셨나이다"로 번역되었다-역자 주). 당신은 하나님의 영광이 머물 수 있는 그릇으로 창조되었다. 그러므로 하나님의 영광을 알기 위해 다른 사람의 체험에 의존할 필요가 없다. 하나님의 영광은 당신 안에 있다!

이 사실을 깨닫지 못하면 우리의 삶은 하나님의 계획과 목적에서 점점 멀어질 것이다. 어떤 사람은 이를 깨닫고 인정하는 순간에 교만해진다고 말한다. 나는 그러한 의견에 동의할 수 없다. 하나님의 영광을 체험하는 순간만큼 하나님이 얼마나 거룩하시고 또 자신이 얼마나 추한지를 깨닫는 때는 없기 때문이다. 하나님의 영광이 머무는 곳에 교만은 가당치 않다. 그곳에는 오직 겸손과 하나님에 대한 경외감뿐이다. 사탄은 교회가 온 세상에 하나님의 영광을 전하지 못하도록 두 손과 발을 꽁꽁 묶어놓았다. 하지만 당신 안에 머무는 하나님의 영광은 당신을 통해 빛을 내뿜는다. 다음의 성경 구절을 세심히 연구하기 바란다.

우리가 다 수건을 벗은 얼굴로 거울을 보는 것 같이 주의 영광을 보

> 매 그와 같은 형상으로 변화하여 영광에서 영광에 이르니 곧 주의 영
> 으로 말미암음이니라 고후 3:18

잠시 위의 말씀을 묵상해보라. 다양한 장소에 걸려 있는 여러 거울을 본다고 생각해보자. 각각의 거울에 비친 배경은 서로 다를지 몰라도 그 거울이 비춰내는 당신의 모습만은 동일하다.

그런데 위의 구절에서 바울은 당신이 거울 앞에 서면 주님의 모습이 나타날 것이라고 말한다. 거울 앞에 설 때, 당신은 주님의 영광을 보게 된다. 주의 영이 이끄시는 대로 따라가는 과정 속에 당신이 예수님과 같은 모습으로 변화된다는 의미다. 영광에서 영광에 이르는 과정!

여기에 언급된 하나님의 영은 누구인가? 바로 영광의 영이다. 장차 당신은 거울을 보면서 "하나님의 영광이다!"라고 외치게 될 것이다. 이 사실이 잘 이해되지 않는다면 위의 성경 구절을 여러 번 반복해서 읽고 연구하기 바란다. 그리고 이렇게 외치라. "나는 하나님의 영광이다! 거울을 들여다볼 때, 나는 주의 영광을 본다!" 이 사실이 '편한 진실'이 될 때까지 거듭해서 외치라. 이를 받아들일 준비가 되었다면, 마음에 새겨질 때까지 계속해서 선포하라.

하나님의 영광이 당신 안에 머문다는 점을 깨닫지 못하면, 당신은 항상 마귀의 거짓말에 속게 될 것이다. 영광의 영이 당신 안에 내주하신다는 확신으로 심령을 채우지 못하면 사탄이 와서 그 빈 공간을 자신의 악령들로 채울 것이다. 그들은 당신이 갖고 있는 자아 정체성을 빼앗고, 성령 안에서의 권세와 생명을 죽이며, 당신의 미래를 파괴하기 위해 파견된 영들이다.

사탄은 항상
영광의 영을 대적한다

당신에게 하나님의 영광스러운 임재를 빼앗기 위해 공격을 가하는 정사(수많은 부하를 거느린 군주 마귀)가 있다. 그의 주된 임무는 거짓말로 당신의 눈을 가리는 것이다. 그는 당신이 저지른 과거의 실수와 실패를 끄집어내어 당신 스스로가 무가치한 존재라고 느끼게끔 만든다. 가족사를 들먹이며 "하나님은 당신 같은 사람을 절대 쓰시지 않는다"는 거짓말을 내뱉는다. 사탄은 거짓말쟁이다. 또 모든 거짓의 아비다. 작은 거짓말은 물론 의심과 두려움을 증폭시킬 만한 큰 질문도 연달아 내뱉을 것이다. 그러므로 그의 말을 듣지 마라!

> 그 중에 이 세상의 신이 믿지 아니하는 자들의 마음을 혼미하게 하여 그리스도의 영광의 복음의 광채가 비치지 못하게 함이니 그리스도는 하나님의 형상이니라 고후 4:4

군대에는 이런 말이 나돈다. "가장 나쁜 부류의 인간은 막사 도둑이다." 막사 도둑은 당신과 군 생활을 공유하는 팀의 구성원으로서 그의 거처는 당신이 살고 있는 막사다. 평상시에는 당신의 친구인 척, 믿어도 될 사람인 척 하지만 그의 머릿속에는 온통 도둑질할 계획뿐이다. 결국 당신이 부재중인 틈을 타 물건을 훔치는 데 성공할 것이다. 사탄은 이처럼 속이는 것을 좋아하기 때문에 자신을 닮은 정직하지 못한 사람들을 찾는다. 당신이 속한 그룹 안에 이런 사람이 있는지 살펴보곤 한다. 그 이유는 그들의 성격 결함과 약점을 이용하면 손쉽게 내부를 공격할 수 있기 때문이다. 이를 위해 사탄은 굉장히 강력한 악령도 서슴지 않고 보낸다. 사탄은 배신을 통한 공격만큼 효과적으로 교회를 공격할 방법이 없음을 알기에 이 작전에 주력한다. 그는 가룟 유다에게 다가가 끈질긴 러브콜을 보냈다. 지금도 사탄은 당신이 신뢰하는 누군가에게 끊임없이 러브콜을 보내서 당신을 배반하게 할지도 모른다.

요한일서를 보면 하나님의 영광스러운 복음에 피해를 입히는 내부인의 이야기가 나온다. 그들 역시 사탄의 꾐에 넘어갔다. 요한은 이미 사탄의 쓰임을 받고 적그리스도처럼 행동했던 수많은 사람을 경험해보았다. 오랜 경험과 관찰 결과 요한은 이러한 사람들에게서 확실한 공통점 하나를 발견하게 되었는데, 이들은 교회에 출석은 하지만 단 한 번도 자신을 그리스도께 내어드린 적이 없는 사람들이라는 것이다. 물론 그들은 교회를 떠났다. 하지만 떠나기 전까지는 열심히 교회에 출석했다. 예수님께 헌신함 없이.

> 아이들아 지금은 마지막 때라 적그리스도가 오리라는 말을 너희가 들은 것과 같이 지금도 많은 적그리스도가 일어났으니 그러므로 우리가 마지막 때인 줄 아노라 그들이 우리에게서 나갔으나 우리에게 속하지 아니하였나니 만일 우리에게 속하였더라면 우리와 함께 거하였으려니와 그들이 나간 것은 다 우리에게 속하지 아니함을 나타내려 함이니라 요일 2:18-19

요한은 이들을 가리켜 '예수의 성육(成肉)을 부인한 사람'이라고 지적했다. 예수 그리스도가 하나님의 아들이라는 것을 고백하지 않는 사람들은 적그리스도의 영에 사로잡혔거나 그의 영향을 받았다고 말할 수 있다. 요한은 적그리스도의 영이 이미 이 세상에서 활동하고 있음을 확신했다. 왜냐하면 예수님의 성육을 부인하는 것은 적그리스도가 하는 일인데, 이것은 예수님의 인격에 내주하시는 영광의 영을 직접적으로 공격한 것과 다름없기 때문이다. 히브리서 1장 3절의 말씀처럼 예수님은 "하나님의 영광의 광채시요 그 본체의 형상이시다." 하지만 적그리스도의 영은 이 진리를 부인한다.

> 이로써 너희가 하나님의 영을 알지니 곧 예수 그리스도께서 육체로 오신 것을 시인하는 영마다 하나님께 속한 것이요 예수를 시인하지 아니하는 영마다 하나님께 속한 것이 아니니 이것이 곧 적그리스도의 영이니라 오리라 한 말을 너희가 들었거니와 지금 벌써 세상에 있느니라 요일 4:2-3

마지막 때가 되면 적그리스도가 나타나 사탄의 계획대로 성도들을 죽이는 일을 대행할 것이다. 요한은 머리가 일곱 달린 붉은 용을 보고 그가 사탄이라는 것을 알았다. 사탄은 하늘의 천사 중 3분의 1을 꾀어 하나님을 대적하는 자신의 무리에 가담시켰다. 그토록 많은 수의 천사를 유혹했다는 것은 그가 유혹에 일가견이 있다는 점을 증명해준다.

> 하늘에 또 다른 이적이 보이니 보라 한 큰 붉은 용이 있어 머리가 일곱이요 뿔이 열이라 그 여러 머리에 일곱 왕관이 있는데 그 꼬리가 하늘의 별 삼분의 일을 끌어다가 땅에 던지더라 용이 해산하려는 여자 앞에서 그가 해산하면 그 아이를 삼키고자 하더니 계 12:3-4

하나님을 대적했기 때문에 사탄과 그를 따르는 모든 마귀는 하늘에서 쫓겨났다.

> 큰 용이 내쫓기니 옛 뱀 곧 마귀라고도 하고 사탄이라고도 하며 온 천하를 꾀는 자라 그가 땅으로 내쫓기니 그의 사자들도 그와 함께 내쫓기니라 계 12:9

영광의 영을 대적하는 정사의 정체를 명확히 밝힐 때까지 조금만 더 기다리라. 적그리스도는 용과 깊은 관련이 있다.

> 내가 보니 바다에서 한 짐승이 나오는데 뿔이 열이요 머리가 일곱이라 그 뿔에는 열 왕관이 있고 그 머리들에는 신성 모독 하는 이름들이 있더라 내가 본 짐승은 표범과 비슷하고 그 발은 곰의 발 같고 그 입은 사자의 입 같은데 용이 자기의 능력과 보좌와 큰 권세를 그에게 주었더라 그의 머리 하나가 상하여 죽게 된 것 같더니 그 죽게 되었던 상처가 나으매 온 땅이 놀랍게 여겨 짐승을 따르고 용이 짐승에게 권세를 주므로 용에게 경배하며 짐승에게 경배하여 이르되 누가 이 짐승과 같으냐 누가 능히 이와 더불어 싸우리요 하더라 계 13:1-4

영광의 영을 대적하는 영은 적그리스도(인간)의 배후를 조종하는 악령이다. 이처럼 배후에서 적그리스도를 조종하는 정사의 명칭은 '리워야단의 영'이다. 리워야단은 성경에 여러 번 언급되었다. 이사야 선지자는 리워야단의 영과 바다의 용이 동일한 존재라고 밝혔다.

> 그 날에 여호와께서 그의 견고하고 크고 강한 칼로 날랜 뱀 리워야단 곧 꼬불꼬불한 뱀 리워야단을 벌하시며 바다에 있는 용을 죽이시리라 사 27:1

문학적 구조로 볼 때, "리워야단을 벌하시며 / 바다에 있는 용을 죽이시리라"는 같은 내용의 반복이다. 동일한 단어의 반복을 피하고자 '리워야단', '바다에 있는 용'이라는 표현을 사용한 것뿐이다.

여기서 리워야단과 바다에 있는 용이 동일시되었다는 점이 중요하다. 이사야서에 기록된 리워야단의 특징과 요한계시록에 등장하는 적그리스도를 비교해보라. 적그리스도는 바다에서 올라와 용에게 힘과 권세와 보좌를 넘겨받았다.

마지막 날에는 여기저기서 적그리스도의 영을 지닌 사람들, 거짓 선지자들이 우후죽순처럼 나타날 것이다. 그들은 모두 예수님의 성육(하나님의 영광의 광채)을 부인할 것이다. 그들은 그 끔찍한 용(리워야단)을 영광의 영으로 둔갑시켜 사람들을 속일 것이다.

성경에 기록된 리워야단의 특징을 통해 그의 성격과 능력, 그가 사용하는 주요 작전, 수행 방법 등에 대해 많은 정보를 얻을 수 있다. 리워야단의 특징을 숙지하면, 그가 우리에게 달려들 때 어떻게 대처할 수 있는지 쉽게 알 수 있다.

다양한 역본에서 리워야단은 날카롭고, 꼬불꼬불하고, 꼬여 있으며, 뒤틀린 채 몸을 칭칭 감고 있는 교활한 모습의 뱀으로 묘사되었다. 이처럼 성경에 기록된 묘사에서 리워야단이 영광의 영을 어떤 방식으로 대적하는지 알 수 있다. 그는 자신의 뒤틀리고 교활한 계획을 이루고자 모든 것을 비튼다. 말을 비틀어 그리스도의 몸 된 교회 안에 혼란을 조장한다. 만일 리워야단의 영이 특정 그룹 안에서 역사한다면, 일의 진행이 심각하게 뒤틀려 아무도 어떤 일이 일어나는지 감조차 잡지 못하게 될 것이다. 영광의 영은 하나님의 말씀과 계획을 명확하게 하기 위해 그리스도의 찬란한 광채로 조명하신다. 하지만 리워야단은 모든 사람에게 혼란을 안김으로써 성령의 역사를 방해한다(적어도 지연시킨다).

창세기에는 하와를 속인 사탄이 뱀으로 묘사되어 나온다. 그는 하나님께서 하신 말씀을 뒤틀어서 하와를 속이는 데 성공했다. 아담과 하와 부부는 하나님처럼 될 수 있다는 사탄의 말이 좋게 들렸기 때문에 그에게 속아 넘어갔다.

이 동일한 원수가 하나님의 말씀을 비틀어 예수님을 공격했다. 하지만 이번에는 실패했다. 예수님은 하나님과 동등됨을 취할 것으로 여기지 아니하셨다. 대신 십자가에서 죽기까지 순종하셨다.

사탄이 하나님의 말씀을 비틀어 아담과 하와를 성공적으로 속인 것처럼 우리에게도 동일하게 시도할 것이다. 당신이 하나님의 뜻과 목적을 붙드는 대신 자신의 뜻과 목적 혹은 교리적 입장을 고수하기 위해 하나님의 말씀을 비튼다면 그곳에 리워야단의 역사가 일어날 것이다.

나는 지난 삼십 년 동안 군목으로 사역하면서 수많은 부부에게 결혼 상담을 해주었다. 그 결과 결혼 생활에 문제가 있는 대다수의 부부 안에 리워야단의 영이 역사하고 있음을 알게 되었다. 남편과 아내의 이야기를 따로따로 들어보면 이를 금방 깨달을 수 있다. 분명히 그들은 동일한 사건을 언급하지만 결과적으로는 전혀 다른 두 편의 이야기를 듣게 된다. 그렇게 상담 시간이 길어지면 진짜 문제가 무엇인지 드러난다. 상대방에 대해 서로 하는 말은 모두 다 뒤틀려 있다. 배우자 각각은 자신의 감정을 정확하게 표현하지 못할 뿐더러 상대방의 말도 제대로 이해하지 못한다. 한 사람의 혀와 다른 한 사람의 귀 사이를 오가던 중, 말이 비틀어진 게 분명하다. 상대방의 의도를 전혀 이해하지 못한 채 아예 정반대로 이해하는 상황도 많았다. 문제가 발견되면 다행이지만, 상담 시간이 길어지고 내담자들의 말이 많아지면 둘 사이의 오해와 혼란의 골은 더더욱 깊어만 간다. 그러므로 상담 중간마다 그들의 말을 끊어야 했다. 그리고 그들의 의사를 표현하는 새로운 방법을 강구했다. 나는 문장 단위로 말하게 하고, 말한 후에는 스스로가 내뱉은 말을 점검하도록 인도했다. 리워야단은 매우 강하고 파괴적인 영이다. 이처럼 꼬불꼬불 뒤틀린 영이 수많은 사람의 관계를 와해시키는 것을 목격해왔다. 관계 문제로 고통을 호소하는 사람들은 실로 상상할 수 없는 아픔을 느낀다.

교회에서도 이 영의 역사를 볼 수 있다. 특히 당회는 리워야단의 공격에 취약하다. 다양한 구성원이 자신의 생각과 계획을 관철시키려 할 때, 다른 구성원들은 그들을 향해 공격하기 일쑤다. 마치 적군의 스파이가 잠입한 느낌이다. 회의가 길어질수록 혼란은 가중된다. 이 영의 통제를 받은 구성원들이 휘청거리기 때문에 수많은 교회가 분열을 겪어왔다. 분열은 성도와 교회를 향한 사탄의 주된 공격 방식이다. 교회 안에 분열을 조장함으로써 사탄은 교회가 아무 일도 하지 못하게끔 발목을 붙들어왔다. 교회가 회복되어 새 출발하는 데에는 족히 몇 년이 걸린다.

영광의 영이 교회 위에 임할 때 사람들은 하나님의 임재를 체험하기 시작한다. 그들의 삶이 변하기 때문에 교회는 폭발적으로 성장한다. 양적·질적·영적 성장을 체험하게 된다. 하지만 이러한 일이 일어나는 동안 사탄이 그냥 지켜보고만 있을 리 없다. 리워야단의 영이 교회 안으로 잠입하여 성도들, 리더들, 목사들 사이에 왜곡된 말, 혼란스러운 말을 퍼뜨려놓는다. 성도들은 다른 사람의 말에 상처를 받을까 봐(아직 받지 않았음에도) 모든 상황에 대해 자기방어적인 태도로 극도로 민감한 반응을 보인다. 얼마나 많은 교회가 이러한 문제 때문에 분열했던가? 리워야단의 방해 공작 때문에 얼마나 많은 부흥 운동, 교회 혁신 운동이 중단되었던가?

한국에 주둔했을 때였다. 한밤중에 전화를 받고 술 취한 병사가 구금된 헌병대로 뛰어갔던 일이 얼마나 많았던지! 병사들이 구금된 곳은 'D구역'(D-Cell)이었는데 D-구역은 '술꾼 집합소'(Drunk Tank)를 좋게 표현한 말이다. 그곳에서 술 취한 병사에게 몇 시간 동안 훈육을 한 후에야 비로소 집으로 돌아가 다시 잠을 청할 수 있었다. 그때마다 나는 한 시간 혹은 두 시간만이라도 더 잘 수 있었으면 하고 바랐다.

한밤중에 걸려온 전화는 대부분 '긴급 상황'이었기 때문에 면도를 못하는 것은 물론 옷도 제대로 갖춰 입지 못한 채 헌병대에 달려가기 일쑤였다. 어떤 경우에는 밤새도록 술 취한 병사를 지도한 후, 이른 아침에 D-구역을 나서기도 했는데 그때의 내 모습은 술 취한 병사와 크게 다를 게 없었다. 그래서 그런지 내가 술에 취해 그곳에 구금되어 있었다는 소문이 돌기도 했다. 사람들의 입에서 입으로 소문은 빠르게 퍼졌다. 그런데 소문의 특성상 몇 명의 입을 거치다 보면 내용이 변질되게 마련이다. 내 소문의 내용 역시 걷잡을 수 없이 비틀리기 시작했다. 이에 몇몇 성도는 그 소문을 듣고 화가 났던 모양인지 내게 있지도 않은 '술버릇'을 빨리 고치라며 다그치기도 했다. 하지만 사건의 정황을 다 듣고 난 후에 그들은 내게 미안하다고 말하며 사과했다. 겸연쩍어서 어쩔 줄 모르는 모습이었다. 이처럼 나는 말꼬리를 비틀어 혼란을 조장하는 리워야단의 희생자가 되었던 것이다.

리워야단의 영이 교회 안에서 역사하기 시작하면 온갖 의혹이 난무하게 된다. 그 어떤 누구도 실상을 파악하지 못하는 사태가 발생하기도 한다. 상황이 이 지경에 이르면 이성적으로 대처하기가 불가능하다. 아무리 논리적으로 말하더라도 사람들은 당신의 말을 비틀고 꼬아 당신이 의도한 것과는 전혀 다른 내용으로 받아들인다. 직접 만나서 대화하면 괜찮을 것이라는 기대도 버리는 편이 낫다. 진실이 통하지 않을 테니까 말이다. 리워야단을 받아들인 사람은 거짓말을 진리로 믿고 진리를 거짓으로 믿는다. 이것이 바로 '꼬불꼬불' 뒤틀린 리워야단의 역사다. 리워야단은 자신의 거짓말로 사람들의 마음을 칭칭 감아, 올바로 생각하지 못하게 만든다. 제대로 듣지 못하게 막는다.

> 네가 낚시로 리워야단을 끌어낼 수 있겠느냐 노끈으로 그 혀를 맬 수 있겠느냐 너는 밧줄로 그 코를 꿸 수 있겠느냐 갈고리로 그 아가미를 꿸 수 있겠느냐 그것이 어찌 네게 계속하여 간청하겠느냐 부드럽게 네게 말하겠느냐 어찌 그것이 너와 계약을 맺고 너는 그를 영원히 종으로 삼겠느냐 네가 어찌 그것을 새를 가지고 놀 듯 하겠으며 네 여종들을 위하여 그것을 매어두겠느냐 어찌 장사꾼들이 그것을 놓고 거래하겠으며 상인들이 그것을 나누어 가지겠느냐 네가 능히 많은

> 창으로 그 가죽을 찌르거나 작살을 그 머리에 꽂을 수 있겠느냐 네
> 손을 그것에게 얹어 보라 다시는 싸울 생각을 못하리라 참으로 잡으
> 려는 그의 희망은 헛된 것이니라 그것의 모습을 보기만 해도 그는 기
> 가 꺾이리라 욥 41:1-9

리워야단에 대한 성경의 묘사에서 알 수 있는 사실은 그 영과 타협하면 모든 소망이 사라진다는 것이다. 당신은 리워야단의 영과 계약을 맺을 수 없다. 그를 당신의 종으로 삼고 부릴 수도 없다. 반면에 그 영이 어떤 특정 공동체에 파고든다면 그 모임은 곧 멸망의 길로 직행하게 될 것이다. 욥기의 말씀은 이 영과 장난치지 말라고 경고한다.

우리가 속한 공동체에 '문제'를 일으키기 좋아하는 사람들이 있다. 그들은 이 영을 제대로만 조종하면 자신의 목적을 이룰 수 있으리라 착각한다. 그래서 이 영과 '장난'을 치지만 이는 철저한 오산이다. 바울은 이 영의 특징을 나타내는 사람들을 멀리하라고 훈계한다.

> 누구든지 다른 교훈을 하며 바른 말 곧 우리 주 예수 그리스도의 말
> 씀과 경건에 관한 교훈을 따르지 아니하면 그는 교만하여 아무 것도
> 알지 못하고 변론과 언쟁을 좋아하는 자니 이로써 투기와 분쟁과 비
> 방과 악한 생각이 나며 마음이 부패하여지고 진리를 잃어 버려 경건
> 을 이익의 방도로 생각하는 자들의 다툼이 일어나느니라 딤전 6:3-5

바울의 충고가 듣기 싫은가? 아마 큰 고생을 당한 후에야 바울의 말이 진실임을 깨닫게 될 것이다. 비싼 수업료를 지불하고 나서야 리워야단의 영과 논쟁해서는 안 된다는 점을 배우게 될 것이다. 만일 리워야단의 영이 평화를 제안하더라도 믿지 마라. 그 영은 더 깊은 전쟁의 소용돌이 속으로 당신을 밀어 넣는다. 문제의 해결책을 건네더라도 믿지 마

라. 결국 그리스도의 몸 된 교회 안에 더 큰 문제만 일으킬 것이다. 이 영의 영향을 받은 사람 중에는 자신에게 문제가 있음을 시인하고 해결하고자 하는 의욕을 보이는 사람도 있다. 하지만 믿지 마라. 리워야단의 특성상 그들과의 만남은 결국 더 큰 혼란만을 일으킬 뿐이다. 잠언 22장 10절의 충고를 들으라. "거만한 자를 쫓아내면 다툼이 쉬고 싸움과 수욕이 그치느니라." 쫓는 것 말고는 답이 없다.

바울은 고린도 교회에 경고하기를, 리워야단의 영(혹은 이 영의 영향을 받은 사람들)을 쫓아내지 않으면 온 세계 선교의 길, 복음 전파의 길이 막힐 것이라고 했다. 입으로는 "사랑한다"고 하지만 끊임없이 갈등하고 반목하고 서로의 작은 차이를 극복하지 못해 분열을 거듭한다면, 이러한 공동체를 좋아하는 사람이 어디 있겠는가? 복음의 문이 막히는 것은 당연하다.

> 너희는 아직도 육신에 속한 자로다 너희 가운데 시기와 분쟁이 있으니 어찌 육신에 속하여 사람을 따라 행함이 아니리요 고전 3:3

리워야단과 어떻게 싸울 것인가?

최상의 답은 '아예 싸우지 않는 것'이다. 싸움에 휘말리지 마라. 당신이 뭐라고 말하든지 그 말은 왜곡될 것이다. 해결하려고 노력하더라도 혼란만 가중된다. 리워야단과 논쟁하지 말고 흥정하지도 마라. 리워야단의 영과는 조약을 맺을 수도 없다. 그가 말하는 모든 말이 거짓이기 때문이다.

당신은 리워야단의 두꺼운 피부를 뚫을 수 없다. 당신의 힘으로는 그에게 어떠한 해악도 끼칠 수 없다. 하나님께서는 성경에 수없이 많은 사례를 들어 이미 경고해 놓으셨다.

하나님께서 우리에게 성령을 주시지 않았는가? 성령님께 간구하면 그분이 모든 진리 가운데로 우리를 인도하실 것이다. 리워야단과 싸우지 말라는 경고는 성령님께서 알려주실 '모든 진리' 중 일부분이다. 그러므로 성경에 기록된 경고 문구에 주목하기 바란다.

하나님께서는 의문문 형식을 빌려 욥에게 경고하셨다. 각각의 질문에 대해 하나님께서 예상하신 대답은 "No"이다. 우리 역시 "No"라고 대답해야 한다. 복습 차원에서 아래에 하나님의 질문을 적어놓았다. 하나님께서 욥에게 충고하신 말씀을 살펴보자.

1. 네가 낚시로 리워야단을 끌어낼 수 있겠느냐?-아니요
   노끈으로 그 혀를 맬 수 있겠느냐?-아니요

2. 너는 밧줄로 그 코를 꿸 수 있겠느냐?-아니요
   갈고리로 그 아가미를 꿸 수 있겠느냐?-아니요

3. 그것이 네게 간청하겠느냐?-아니요
   부드러운 말로 네게 말하겠느냐?-아니요

4. 그것이 너와 계약을 맺겠느냐?-아니요
   네가 그를 영원히 종으로 삼겠느냐?-아니요

5. 네가 그것을 새처럼 가지고 놀 수 있겠느냐?-아니요
   네 여종들을 위하여 그것을 매어 두겠느냐?-아니요

6. 네 친구들이 능히 그것을 잡아먹을 수 있겠느냐?-아니요
장사꾼들에게 그것을 팔며 상인들에게 그것을 나누어줄 수 있겠느냐?-아니요

7. 네가 창으로 그 가죽을 찌를 수 있겠느냐?-아니요
작살을 그 머리에 꽂을 수 있겠느냐?-아니요

8. 네 손을 그것에게 얹어 보라. 다시는 싸울 생각을 못하리라-다시는 얹지 않겠습니다.

9. 참으로 리워야단을 잡으려는 희망은 헛된 것이니라. 그것의 모습을 보고 기가 꺾이지 않을 사람이 있겠느냐?-없습니다 욥 41:1-9

당신이 가진 보통의 무기로는 이 영과 싸울 수 없다. 하나님께서 명확한 증거를, 아주 풍성하게 제시해주시지 않았는가? 당신은 리워야단을 묶을 수도 없고 창으로 찌를 수도 없다. 그래도 이 영과 싸우고 싶다면, 그 싸움이 가져올 고통과 상처를 염두에 두고 싸우라. 당신이 하는 모든 말, 당신이 하는 모든 행동은 곡해되고 왜곡될 것이다. 미가엘 천사에게서 지혜를 배우라.

천사장 미가엘이 모세의 시체에 관하여 마귀와 다투어 변론할 때에 감히 비방하는 판결을 내리지 못하고 다만 말하되 주께서 너를 꾸짖으시기를 원하노라 하였거늘 유 1:9

주님께서 직접 리워야단을 해결하시도록 무대를 내어드리라. 만일 어떤 사람에게서 리워야단의 모습을 발견한 후에 그가 이 영의 영향을 받

은 것으로 결론내리고, 그와 논쟁하려 했다면 당신은 이미 넘지 말아야 할 선을 넘은 것이다. 하나님은 서로를 비방하지 말라고 명령하셨다. 천사장 미가엘이 하나님을 두려워했던 것처럼 우리 역시 하나님을 두려워해야 한다. 성경에서 '참소하는 자'는 사탄이다. 참소는 사탄의 전매특허다. 그런데 만일 당신이 주위 사람을 참소하려 한다면 당신은 사탄의 일을 대신 수행하는 셈이다. 그리스도의 몸 된 교회가 지니고 있는 가장 큰 약점이 바로 이것이다. 사람들은 끊임없이 서로를 참소한다. 성도들이여! 멈추라. 우리가 서로를 참소하면 리워야단이 틈탈 기회를 얻고 우리의 교회와 가정 안에 파멸을 일으킬 것이다.

리워야단이 교회와 가정을 침투하는 경로는 두 가지다. 이 사실을 명심하기 바란다. 침투를 위한 첫 번째 경로이자 그가 주로 사용하는 방법은 사람들의 마음에 '교만의 영'을 주입하는 것이다. 참소하는 사람의 내면에는 교만의 영이 도사리고 있다. 이후에 그들은 혼미케 하는 영에 의해 잠식당한다. 혼미케 하는 영은 주로 교만한 사람들을 선호한다. 교만한 사람과 함께하면 임무 수행이 수월해지기 때문이다-교만한 사람들은 '문제를 해결할 사람은 나밖에 없어'라고 생각하므로 그 어떤 누구보다 그들을 혼미케 하는 것이 수월하다.

교만한 사람은 다른 사람의 이야기를 듣지 않는다. 겸손한 사람은 갈등이 빚어질 경우 양측의 이야기를 다 듣고 조심스럽게 결론을 내린다. 하지만 교만한 사람은 양측의 이야기를 다 들을 필요가 없다고 생각한다. 그저 스스로의 교만한 판단으로 자신이 말하는 것만이 정답이라고 주장할 뿐이다. 이러한 종류의 교만은 눈가리개이며 사탄의 공격을 향해 '열어둔 문'과 같다. 교만의 결과에 대해 하나님께서 욥에게 하신 말씀을 들으라.

그것(리워야단)은 모든 높은 자를 내려다보며 모든 교만한 자들에게

군림하는 왕이니라 욥 41:34

리워야단이 사용하는 두 번째 진입 경로는 성격 결함이다. 항상 죄책감에 시달리거나 그릇된 자아 인식 때문에 열등감을 지닌 사람들은 이 영의 손쉬운 먹잇감으로 전락하곤 한다. 스스로 못생겼다고 생각하는 사람은 예쁜 사람을 보며 분개한다. 하지만 예쁜 사람들도 자신의 흠을 보면서 스스로 못생겼다고 생각한다. 부유한 사람 중 어떤 이는 충분한 부를 소유하지 못했다고 생각하며 장차 가난해질 것이 두려운 나머지 쉬지 않고 일한다. 반면에 어떤 부자는 너무 많이 소유한 것에 죄책감을 느끼고(물론 자신의 소유로 남을 돕지는 않으면서) 하나님께서 자신을 지옥에 던지실까 봐 두려워한다. 가난한 사람들은 소망이 없다고 생각하면서 부유한 사람들을 원망한다. 그러므로 성격 결함은 거의 모든 사람이 지닌 문제라고 할 수 있다. 우리는 자존감 낮은 사람이 주변 사람들을 자신의 수준으로 깎아내리고자 진실을 왜곡하는 것을 수없이 목격해왔다. 이러한 사람을 어떻게 다루어야 하는가? 그들을 비난하기 전에 먼저 리워야단의 영이 그들의 사고 구조를 잠식하고 있음을 인식해야 한다. 그들은 하나님께서 인간을 창조하신 후에 "보시기에 참 좋았더라"라고 말씀하신 사실을 받아들이지 못한다. 하나님은 완벽한 존재로 우리 모두를 창조하셨다. 우리는 모두 하나님의 뜻대로 창조되었다. 하나님의 목적과 하나님의 눈에 비친 우리의 모습은 모두 부유하고 아름답고 재능이 많다. 우리는 고귀한 사람들이다.

그러나 자존감이 낮은 사람에게 이 진리는 무용지물이다. 반면에 교만한 사람은 이 사실이 자신의 이야기일 뿐, 남에게는 적용될 수 없다고 생각한다. 이 두 가지 모두 리워야단의 입장을 허용하여 더러운 짓을 하도록 자리를 내주는 것과 같다.

리워야단을 애완동물로 만들 수 없다는 사실도 기억해야 한다. 당신은 자신의 뜻을 이루기 위해 리워야단을 조종할 수 없다. 그와 친구가 될 수도 없다. 그는 미혹하는 영이다. 모든 것을 비틀고 뒤튼다. 리워야단이 당신을 위해 일하는 법은 없다. 당신과 동역하는 법도 없다. 다만 자기 목적을 위해 당신을 이용할 뿐이다. 당신은 그의 계획이 사탄의 계획과 동일하다는 점을 기억하고 있어야 한다. 리워야단의 영 역시 당신을 훔치고, 죽이고, 파멸하기를 원한다. 그의 최종 목표는 '당신의 파멸'이다. 만일 리워야단의 힘을 빌려 자신의 목적을 달성하려 할지라도 당신은 사리판단을 정확히 할 수 없을 것이다. 리워야단이 곁에 있으면 언제 일이 잘 풀리는지 또 언제 일이 꼬이는지를 혼동할 것이기 때문이다. 혼동의 상태에서는 어떤 것도 제대로 볼 수 없고 어떤 일도 제대로 할 수 없다.

당신은 리워야단과의 전쟁을 주님께 맡겨야 한다. 당신에게는 무기도, 전술도, 그를 잡을 만한 덫도, 사슬도 없다. 그를 파괴할 능력도 없다. 이것은 주님의 전쟁이다. 그러므로 주님께 전쟁을 맡기는 법을 배워야 한다. 리워야단이 공격해오면(엄밀히 말하면 그가 영광의 영을 대적할 경우) 하나님께서 그를 다루실 것이다.

> 리워야단의 머리를 부수시고 그것을 사막에 사는 자에게 음식물로 주셨으며 시 74:14

사탄은 결코 영광의 영을 막을 수 없다. 이 모든 사악한 영을 무찌르시는 분은 영광의 영이다. 하나님께서는 사탄이 영광의 영을 가로막는 것을 허락하지 않으신다. 하나님은 계획대로 우리 가운데에 그분의 영광을 보내신다. 우리가 영광의 영을 거부하지 않는 한, 하나님의 계획은 절대 실패로 끝나지 않는다. 바울이 우리에게 던진 질문을 잠시 묵상해 보자.

> 또한 영광 받기로 예비하신 바 긍휼의 그릇에 대하여 그 영광의 풍성함을 알게 하고자 하셨을지라도 무슨 말을 하리요 롬 9:23

바울은 우리가 영광을 위해 창조되었다고 밝혔다. 이것은 태초부터 하나님이 갖고 계셨던 계획의 일부다. 하나님은 그분의 영광을 담아낼 그릇으로 우리를 선택하시고, 그렇게 창조하셨다. 영광의 영이 당신 안에 내주하도록 의도하신 것이다. 당신은 하나님의 영광이 머무는 성전이다. 하나님의 영광이 당신 안에 거하는 것-이것이 하나님의 계획이었다.

그런데 리워야단은 이 계획을 싫어한다. 그래서 당신 스스로가 "나는 무가치해"라는 말을 내뱉을 때까지 계속해서 진실을 왜곡하고 비튼다. 그의 속임에 넘어가면 당신은 곧 "하나님은 내게 영광을 주신 적이 없어. 그런 일은 일어나지도 않았고 앞으로도 없을 거야"라고 말하기에 이를 것이다. 나는 수많은 사람이 "사람들에게는 영광이 없어"라고 말하는 것을 들었다. 사람들에게 영광이 없는가? 그들은 "네가 네 스스로를 영화롭게 할 수 있느냐?"라고 물으며 자신의 주장의 정당성을 피력한다. 물론 그들의 말은 옳다. 우리는 스스로를 영화롭게 할 수 없다. 하지만 하나님께서 우리를 영화롭게 하신다! 당신이 예수님의 가르침과 성경에 기록된 진리에 충실하고자 한다면 하나님의 영광, 곧 영광의 영이 당신 안에 내주하신다는 사실을 믿어야만 한다.

그렇다면 하나님께서는 왜 우리에게 영광을 주시는가? 예수님께서 그 이유를 명확하게 설명하셨다. "내게 주신 영광을 내가 그들에게 주었사오니 이는 우리가 하나가 된 것 같이 그들도 하나가 되게 하려 함이니이다"(요 17:22).

예수님은 하나님에게 받으신 영광을, 그 동일한 영광을 우리에게 주셨다. 예수님께 순종하는 삶을 살려면, 우리 안에 거주하시는 영광의 영을 따라 살아야 한다. 그러면 영광이 우리를 인도하시며 우리를 통해 흐를 것이다. 이것은 생수의 강이 우리 안에서 넘쳐흐르는 것과 같은 개념이다. 우리가 거울을 볼 때 하나님의 영광을 보게 될 것이라는 바울의 말을 기억하는가? 그가 말한 실체가 바로 '영광의 흐름'이다. 우리를 통해 하나님의 영광이 흘러가는 것! 우리가 그리스도의 형상을 닮아가며 날마다 영광에서 영광으로 변화될 때, 영광의 빛은 점점 더 밝아질 것이다.

이쯤 되면 리워야단이 하나님의 영광을 가로막거나 최소한 그 흐름을 지연시키려 할 것이라는 사실을 이해할 수 있다. 성도들이여, 마음을 강하고 담대히 하라. 하나님은 리워야단을 무찌르실 수 있다. 그분에게 강력한 무기가 있다.

> 그 날에 여호와께서 그의 견고하고 크고 강한 칼로 날랜 뱀 리워야단 곧 꼬불꼬불한 뱀 리워야단을 벌하시며 바다에 있는 용을 죽이시리라 사 27:1

하나님께 큰 칼이 있다는 사실을 기억하라. 이사야 선지자는 그것이 견고하고 크고 강한 칼이라고 말했다. 우리에게는 성령의 검, 곧 하나님의 말씀이 있다. 그런데 하나님이 가지신 칼은 우리가 가진 것보다 훨씬 더 강한 칼이다. 약하고 여리고 겁이 많은 사람은 결코 혼돈의 영을 다룰 수 없다. 이 영과의 싸움에는 잘 훈련된 검투사(하나님)가 필요하다. 교만하고 거만한 사람은 리워야단이 뿜어내는 혼돈의 연기조차 걷어내지 못한다. 머리 일곱 달린 용, 곧 리워야단을 무찌르실 분은 오직 하나님뿐이다.

고등학교 시절에 나는 미식축구 선수였다. 당시에 우리와 경기했던 팀 중에는, 코치가 선수들에게 "상대편을 부상 입히라"는 명령을 한 팀도 있었다. 그들이 사용했던 방법 중 하나는 두 명의 선수가 상대편 선수 한 명에게 태클을 거는 방법인데, 한 명이 상대 선수의 두 발을 붙들고 땅에 고정시키면 다른 한 명이 그의 측면에서 덮쳐 그의 무릎뼈를 위 골시키는 반칙 기술이었다. 이외에도 상대편에게 다양한 부상을 입히기 위한 전술을 많이 펼쳤다. 상대를 부상 입히는 것에만 집중했기 때문에 그 선수들은 자신들이 왜 경기를 하는지조차 잊을 때가 많았다.

이상하게도 내 동년배의 선수들은 선배나 후배보다 몇 인치나 더 컸다. 작은 마을의 고교 축구부였지만 우리 팀의 평균 신장은 6.2피트(대략 189센티미터)였다.

지저분한 플레이를 하는 팀과 경기할 때였다. 나는 우리 팀의 풀백(Fullback, 수비수)과 플레이를 맞춰놓은 상태였다. 패스된 공을 받고 경기장 한복판에 서 있는 내 모습을 상상해보라. 얼마나 위태롭게 보이는가? 곧 상대편 선수들이 달려들어 온갖 반칙으로 내게 부상을 입힐 상황에 처했다.

상대팀 선수가 나를 향해 무서운 기세로 달려오는 것을 확인하자 나는 공을 쥔 채 잽싸게 바닥에 엎드렸다. 그때 내 뒤에는 키 190센티미터, 몸무게 110킬로그램의 우리 팀 풀백이 전속력으로 달려오고 있었다. 몇 초 후에 거대한 충돌이 일어났다. 그가 내 뒤에서 몸을 날려 상대편 선수들을 바닥에 내동댕이쳐버린 것이다. 내가 공을 들고 서 있는 동안 상대편 선수들은 나만 보느라 내 뒤에서 7미터 거리를 전속력으로 달려오는 풀백의 거동은 전혀 신경 쓰지 않았던 것이다. 7미터 정도면 엄청난 가속을 내기에 충분했다. 그의 신장과 몸무게를 더하면 충돌로 인한 파괴력은 가히 상상할 수 없을 정도였으리라. 상대팀은 넋을 잃었다. 이후로 그들은 부상 입히는 반칙 작전을 그만두었다. 이 한 번의 사건으로 그들은 충분한 교훈을 얻었다.

어떻게 리워야단을 다루어야 할지 생각하던 중에 고교 미식축구의 사건이 떠올랐다. 리워야단의 공격을 받을 때 우리는 몸을 숙이고 하나님께서 그를 처리하실 때까지 기다려야 한다. 리워야단은 우리의 약점을 보고 달려들 것이다. 그때 몸을 굽히면 영광의 영이 나타나셔서 그 사악하고 못된 영을 단칼에 제압하실 것이다. 그러므로 영광의 영이 당신 안에 거하실 공간을 내어드리라. 당신의 마음 전체를 충만히 사용하시도록 영광의 영을 초청하라. 영광의 영으로 충만하면 당신의 마음에 혼동이 틈탈 수 없다.

영광의 영으로부터 숨지도 말고, 그분을 부인하지도 마라. "…여호와의 영광이 네 뒤에 호위하리니"(사 58:8). 이 말씀을 기억하고 한 발자국 물러서서 하나님의 지혜를 기다리라. 우리는 영광의 영이 역사하시도록 기회를 드려야 한다.

앞선 훈련을 통해 특수부대원들이 어떻게 싸우는지 살펴보았다. 기억하는가? 그들은 서로 등을 맞댄 채, 전방위로 사격을 가하며 적을 공격한다. 등과 등을 맞대는 이유는 동료 병사를 수호하는 자세를 취하기 위함이다. 등과 등을 맞대야만 동료에게 총상을 입히지 않은 채로 적에게 사격을 집중할 수 있다. 당장 원수가 침투한다면 막대한 피해가 예상되겠지만, 위의 교전 방법을 통해 사탄의 진입을 미연에 방지할 수 있어 다행이다. 모든 원수는 진영으로 들어와 내부부터 공격하기를 좋아한다. 리워야단도 다르지 않다. 내부인 중 약한 사람, 성격에 결함이 있는 사람을 찾아 공동체를 무너뜨리는 일에 앞장을 서게 한다. 혼란을 조장하여 서로 공격을 가하도록 유혹한다. 그러므로 항상 바울의 경고를 기억하기 바란다.

끝으로 너희가 주 안에서와 그 힘의 능력으로 강건하여지고 마귀의 간계를 능히 대적하기 위하여 하나님의 전신 갑주를 입으라 우리의 씨름은 혈과 육을 상대하는 것이 아니요 통치자들과 권세들과 이 어둠의 세상 주관자들과 하늘에 있는 악의 영들을 상대함이라 그러므로 하나님의 전신 갑주를 취하라 이는 악한 날에 너희가 능히 대적하고 모든 일을 행한 후에 서기 위함이라 엡 6:10-13

우리의 싸움이 사람들과의 싸움이 아니라 악한 영들과의 싸움임을 잊어서는 안 된다. 만일 혼동의 영이 우리의 가정과 교회를 침투한다면, 당신은 그 즉시 혼동의 영을 식별해낼 수 있겠는가? 당신은 이미 훈련받지 않았는가? 항상 근신하고 깨어 있으라. 혼동의 영이 역사하기 시작할 때, 그 정체가 리워야단의 영임을 분별할 수 있기 바란다. 공동체의 구성원들이 서로를 공격하는 지경에 이르기 전에 빨리 연합하여 효과적으로 대처해야 한다.

하나님의 영광이 거하는 곳에서 이러한 일이 벌어지지 않도록 철저히 대비하라. 하나님의 영광, 하나님의 임재를 경험하는 삶의 현장에서 이러한 일이 일어나지 않도록 깨어 기도하고 근신하기 바란다. 하나님의 생명수는 먼저 우리 안에서 차고 넘쳐야 한다. 이후 세상으로 흘러나가야 한다. 리워야단의 영이 이를 방해하지 못하도록 철저히 대비하라. 영광의 영이 역사하실 때, 하나님은 우리를 통해 사람들의 삶을 변화시키고 환경을 변화시키실 것이다. 리워야단이 이를 방해하지 못하도록 철저히 대비하라.

이 모든 일은 연합으로만 가능하다. 자신의 주먹만으로 모든 전쟁을 싸워나가는 '나 홀로 특수부대원'이 되지 마라. 우리는 한 팀이다. 동역하면 힘을 배가시킬 수 있다. 한마음으로 일어서는 법을 배우라. 연합하여 사역자들을 지원하고 악한 영을 대적하라. 이 모든 일을 '함께' 이루어나가겠다고 다짐함과 동시에 성령의 지혜를 구하여 진리에만 집중하기를 바란다. 자신의 능력으로 리워야단의 속임수를 훼파하겠다는 생각은 버리라. 대신 주님께 달려가 도움을 요청하라. 서로 공격하는 일을 멈추라. 혼동의 영이 찾아오면 "안 돼! 우리는 무슨 일이 벌어지는지 알고 있다. 우리는 함께 연합하여 혼동의 영을 대적할 것이다"라고 선포하라. 이 어두운 세상의 모든 악한 영을 대적하여 일어서라. 성령 안에서 연합하여 원수를 대적하라.

나는 당신(독자)이 누군지 모른다. 어떤 사람인지 알지 못한다. 하지만 나는 하나님의 임재를 사모하는 사람이다. 나는 하나님의 육중한 임재를 느끼기 원하며 나와 함께 계신다는 사실을 항상 인식하기 원한다. 하나님은 그분의 영광이 담길 만한 그릇으로 우리를 만드셨다.

하나님은 우리 각 사람 안에 거하신다. 하나님의 강력한 영이 우리에게 오실 때, 우리의 삶과 우리가 하는 일 위에 영광의 영이 임하실 때, 놀라운 변화가 발생할 것이다. 나는 그 변화를 사모한다. 그 변화가 사라지는 것도, 그 변화를 잃어버리는 것도 원치 않는다.

우리는 리워야단과 직접 싸우려는 욕심을 버려야 한다. 다만 그의 속임수를 인식하고 그가 일으키는 혼동에 사로잡히지 마라. '뒤틀림'이 시작된다면 서로 뒤를 보호해주기로 합의해야 한다. 리워야단에 대해 우리가 해야 할 일은 오직 '대적'(저항)하는 것뿐이다. 싸움은 하나님이 하신다. 하나님께서 그분의 일곱 영으로 리워야단을 무찌르실 것이다. 야고보서 4장 7절의 약속을 기억하라. "그런즉 너희는 하나님께 복종할지어다 마귀를 대적하라 그리하면 너희를 피하리라"(약 4:7). 매일같이 이 말씀을 붙들고 기도하기 바란다. 이 말씀을 아래의 기도에 적용해보았다.

아버지 하나님, 주님께 제 영과 혼과 육을 올려드립니다. 제 모든 존재와 미래의 꿈도 주님께 드립니다. 지금 제가 가진 모든 것, 앞으로 갖게 될 모든 것도 주님께 올려드립니다. 주님 받아주옵소서. 하나님, 저는 사탄을 대적합니다. 하나님의 말씀과 예수 그리스도의 강하신 이름으로 대적합니다. 말씀대로 사탄이 나를 떠날 때, 사탄은 자신이 저지른 모든 악행까지 꾸려서 떠날 것을 믿습니다. 예수님의 이름으로 기도합니다. 아멘!

이 간단한 기도를 드릴 수 있다면 당신은 리워야단의 공격 앞에 무너지지 않을 것이다. 당신은 하나님의 임재 곧 영광의 영으로 무장했다. 성령님께서 오셔서 모든 혼돈을 제거하시기를 기도하라. 하나님의 모든 선하심을 기억하며 그분을 신뢰하라. 아멘!

주를 두려워하는 자를 위하여 쌓아 두신 은혜 곧 주께 피하는 자를 위하여 인생 앞에 베푸신 은혜가 어찌 그리 큰지요 주께서 그들을 주의 은밀한 곳에 숨기사 사람의 꾀에서 벗어나게 하시고 비밀히 장막에 감추사 말 다툼에서 면하게 하시리이다 시 31:19-20

영광의 영을
받기 위한 기도

아버지 하나님, 오늘 하나님께 제 영과 혼과 육을 올려드립니다. 모든 것을 하나님께 드립니다. 그리고 이 시간 원수를 대적합니다. 하나님의 말씀을 믿는 믿음으로 견고히 섭니다. 예수 그리스도의 강하신 이름을 신뢰하며 원수를 대적합니다. 주님께 순종하고 마귀를 대적하면 그가 떠날 것이라는 하나님의 약속을 믿습니다. 주 하나님, 영광의 영을 부어주소서. 우리 가운데에 영광의 성령이 임하게 하소서. 우리 각 사람의 마음을 만지시고 우리의 삶과 예배의 현장에 임하여 주옵소서. 하나님 아버지! 하나님의 영광이 우리를 통해 흐르기 원합니다. 그리고 우리는 주님의 임재 안에 머물기 원합니다.

지혜와 계시의 영을 주시고, 진리의 영을 주셔서 감사합니다. 성결의 영, 생명의 영, 아들(양자)의 영, 은혜의 영, 그리고 영광의 영을 주시니 감사합니다. 하나님께 순복하며 우리의 믿음을 세워주실 이 강력한 일곱 영을 받습니다. 이 모든 것을 영광스러운 메시아 주 예수님의 이름으로 기도합니다. 아멘, 아멘!

더 깊은 연구를 위한
성경 구절(추가)

계 15:8 "하나님의 영광과 능력으로 말미암아 성전에 연기가 가득 차매 일곱 천사의 일곱 재앙이 마치기까지는 성전에 능히 들어갈 자가 없더라"

히 1:3 "이는 하나님의 영광의 광채시요 그 본체의 형상이시라 그의 능력의 말씀으로 만물을 붙드시며 죄를 정결하게 하는 일을 하시고 높은 곳에 계신 지극히 크신 이의 우편에 앉으셨느니라"

살전 2:11-12 "너희도 아는 바와 같이 우리가 너희 각 사람에게 아버지가 자기 자녀에게 하듯 권면하고 위로하고 경계하노니 이는 너희를 부르사 자기 나라와 영광에 이르게 하시는 하나님께 합당히 행하게 하려 함이라"

고후 3:18 "우리가 다 수건을 벗은 얼굴로 거울을 보는 것 같이 주의 영광을 보매 그와 같은 형상으로 변화하여 영광에서 영광에 이르니 곧 주의 영으로 말미암음이니라"

고후 4:4 "그 중에 이 세상의 신이 믿지 아니하는 자들의 마음을 혼미하게 하여 그리스도의 영광의 복음의 광채가 비치지 못하게 함이니 그리스도는 하나님의 형상이니라"

눅 21:27 "그 때에 사람들이 인자가 구름을 타고 능력과 큰 영광으로 오는 것을 보리라"

호 4:7 "그들은 번성할수록 내게 범죄하니 내가 그들의 영화를 변하여 욕이 되게 하리라"

/ 요약 /

지난 이 년여 동안 나는 여러 곳에서 이 주제로 강연했다. 이 기간 중 주님께서는 참으로 많은 것을 보여주시고 가르쳐주셨다. 초반에는 원수의 능력에 대해 과도하게 집중하는 실수를 범했다. 물론 대부분의 사람은 마귀의 정체와 그들의 역사를 논할 때 관심을 보였다. 그 주제가 흥미로운 것은 사실이다. 이와 같은 '불결한 매력'이 강하게 작용하기 때문에 귀신, 마귀, 악마를 주제로 하는 영화들이 수없이 제작되고 있다. 게다가 흥행 실적도 좋다. 이처럼 사람들은 악한 영적 존재에 관심을 갖는다.

하지만 그들의 존재를 더 깊이 파고들수록 사람들이 겁을 먹는다는 사실을 알게 되었다. 깊은 공포는 사람의 마음을 경직시키고 겁쟁이로 만든다. 이것은 결코 하나님을 기쁘게 해드리는 일이 아니다. 오히려 하나님의 마음을 불편하게 만들 뿐이다.

예수님께서는 사탄의 능력을 과대평가하는 것 역시 큰 잘못임을 가르쳐주셨다. 이것은 가나안 땅을 정탐했던 열 명의 정탐꾼이 저지른 실수와도 동일하다. '약속의 땅' 현지 정탐 보고를 듣고 백성은 너 나 할 것 없이 겁을 먹고 하나님께 불평하기 시작했다. 이 사건으로 인해 결국 그들의 가나안 입성은 사십 년이나 지연되었다. 이러한 가르침을 받은 후에 나는 강의 내용에 변화를 주었다. 이제 나는 컨퍼런스 때마다 사탄의 역사를 집중 조명하기 전에 몇 가지 중요한 내용을 큰 소리로 선포하면서 강의를 시작한다.

첫째, 우리는 우리가 섬기는 하나님이 얼마나 놀라운 분인지 알아야 한다! 그분은 전능하신 하나님이다. 천지를 창조하신 분이며 하늘과 땅을 다스리시는 만유의 주재이시다. 하나님께는 능치 못할 일이 없다. 우리 하나님은 무소부재하시며 전지하신 분이다. 하나님을 막을 권세는 세상 어디에도 없다. 하늘과 땅, 하늘 위와 땅 아래에도 하나님을 막을 힘은 존재하지 않는다. 하나님은 입김으로 별을 만드신 분이다. 태초에 천지를 창조하셨고 지금도 창조하시는 하나님이시다. 그분이 말씀하시면 창조의 역사가 일어난다. 창조된 모든 것은 하나님의 말씀에 힘을 입고 질서를 얻는다. 하나님의 입에서 나온 말씀은 하나님께로 헛되이 돌아가는 법이 없다.

하나님의 이름은 그분의 다양한 면모를 나타내준다. 아래에 하나님의 대표적인 이름들을 적어둔다. 물론 그중 몇몇 이름은 앞선 장에서도 소개한 바 있다. 나는 반복이 하나님의 약속을 기억하고 그분의 사랑을 시인하는 효과적인 방법이라 믿는다. 여러 번 반복하여 암기한 말씀은 마음에 각인되기 때문에 성령의 검처럼 사용할 수 있다. 기억하라. "믿음은 들음에서 나며 들음은 그리스도의 말씀으로 말미암았느니라"(롬 10:17). 하나님의 이름 하나하나를 외치라. 큰 소리로 선포하라. 각각의 이름에 나타난 하나님의 성품을 사실로 믿고 받아들이라.

    아도나이-주권을 지니신 '주님'
    엘 엘룐-가장 높으신 하나님
    엘로힘-큰 힘과 능력의 '하나님'
    엘 올람-영원하신 하나님
    엘 로이-감찰하시는 능력자
    엘 샤다이-모든 산의 하나님, 전능의 하나님

여호와 이레-여호와가 공급해주신다
여호와 닛시-여호와는 내 승리의 깃발
여호와 라파-여호와는 치료자
여호와 로아-여호와는 나의 목자
여호와 사바옷-만군의 여호와
여호와 샬롬-여호와는 평화
여호와 삼마-여호와께서 (그곳에) 계신다
여호와 야훼-우리 구원의 '하나님'
야훼-스스로 계신 하나님

물론 이 이름들은 하나님의 성품과 능력, 영광과 위엄을 모두 나타내기에는 부족하다. 게다가 하나님의 성품을 일일이 기술하기에는 지면도 턱없이 부족하다. 우리 하나님은 크고 놀라우신 분, 무소부재하시고 전지전능하신 아버지이시다. 자신의 뜻과 목적을 위해서라면 모든 일을 넉넉히 이루실 수 있는 분이다. 이러한 하나님이 우리를 사랑하신다. 이 세상 그 어디에도 그리스도 예수 안에 있는 하나님의 사랑으로부터 우리를 끊을 만한 힘은 없다. 로마서 8장의 말씀을 공부하고, 묵상하고 그 약속을 마음에 새기라.

그런즉 이 일에 대하여 우리가 무슨 말 하리요 만일 하나님이 우리를 위하시면 누가 우리를 대적하리요 자기 아들을 아끼지 아니하시고 우리 모든 사람을 위하여 내주신 이가 어찌 그 아들과 함께 모든 것을 우리에게 주시지 아니하겠느냐 누가 능히 하나님께서 택하신 자들을 고발하리요 의롭다 하신 이는 하나님이시니 누가 정죄하리요 죽으실 뿐 아니라 다시 살아나신 이는 그리스도 예수시니 그는 하나님 우편에 계신 자요 우리를 위하여 간구하시는 자시니라 누가 우리를 그리스도의 사랑에서 끊으리요 환난이나 곤고나 박해나 기근이나 적신이나 위험이나 칼이랴 기록된 바 우리가 종일 주를 위하여 죽임을 당하게 되며 도살 당할 양 같이 여김을 받았나이다 함과 같으니라 그러나 이 모든 일에 우리를 사랑하시는 이로 말미암아 우리가 넉넉히 이기느니라 내가 확신하노니 사망이나 생명이나 천사들이나 권세자들이나 현재 일이나 장래 일이나 능력이나 높음이나 깊음이나 다른 어떤 피조물이라도 우리를 우리 주 그리스도 예수 안에 있는 하나님의 사랑에서 끊을 수 없으리라 롬 8:31-39

두려움이 엄습한다면 디모데후서 1장 7절의 말씀, "하나님이 우리에게 주신 것은 두려워하는 마음이 아니요 오직 능력과 사랑과 절제하는 마음이니"를 기억하기 바란다. 성경에 두려워하지 말라는 명령은 삼백이십팔 번 등장한다. 하나님의 놀라운 능력이 우리와 함께하기 때문에 우리는 용감할 수 있다. 하나님의 능력은 예수님이 이 땅에 보내주신 일곱 영을 통해 흘러나온다. 이 일곱 영의 존재는 세상 끝 날까지 하나님께서 우리와 함께하신다는 사실을 알려준다.

그 누구보다 더 강하고 놀랍고, 지혜로우신 하나님께서 우리와 항상 함께하신다. 마귀는 가끔씩 우리를 찾아와 성가시게 굴 뿐이다. 하나님과 비교한다면 사탄은 아무것도 아니다.

> 제자가 그 선생 같고 종이 그 상전 같으면 족하도다 집 주인을 바알세불이라 하였거든 하물며 그 집 사람들이랴 그런즉 그들을 두려워하지 말라 감추인 것이 드러나지 않을 것이 없고 숨은 것이 알려지지 않을 것이 없느니라 마 10:25-26

바알세불이라는 이름의 뜻은 '파리들의 대왕'(파리대왕, lord of the

flies)이다. 소풍을 가면 '윙윙' 거리며 끊임없이 성가시게 구는 파리들이 있다. 사탄은 그와 같은 존재다. 우리가 사탄을 대적하는 이유는 그가 무섭기 때문이 아니라 '성가시게' 굴기 때문이다. 그러므로 그를 과대평가해서는 안 된다. 그에게는 오직 사람에게서 건네받은 힘만 있을 뿐이다. 예수님께서 하신 말씀을 들어보라. "예수께서 이르시되 사탄이 하늘로부터 번개 같이 떨어지는 것을 내가 보았노라 내가 너희에게 뱀과 전갈을 밟으며 원수의 모든 능력을 제어할 권능을 주었으니 너희를 해칠 자가 결코 없으리라"(눅 10:18-19). 오직 예수님께만 시선을 고정하라. 하나님의 일곱 영과 동행하며 살아가라. 적의 모든 능력을 능가하는 권세를 취하라.

당신은 그리스도와 함께 죽었다! 그분과 함께 죽음에서 일어났고 그분과 함께 하늘의 자리에 앉았다. 장차 재림하실 주님과 함께 천 년 동안 이 땅을 다스릴 것이다. 죽은 영들이 당신에게 두려움을 주지 못하게 하라. 당신에게 거짓말하지 못하게 하고 당신을 속이지 못하게 하라. 불 못에 던져질 사람들의 명단 윗부분에는 두려워하는 사람들, 겁쟁이들, 믿음 없는 사람들의 이름이 올라가 있다. 이 사실을 기억하기 바란다.

> 또 내게 말씀하시되 이루었도다 나는 알파와 오메가요 처음과 마지막이라 내가 생명수 샘물을 목마른 자에게 값없이 주리니 이기는 자는 이것들을 상속으로 받으리라 나는 그의 하나님이 되고 그는 내 아들이 되리라 그러나 두려워하는 자들과 믿지 아니하는 자들과 흉악한 자들과 살인자들과 음행하는 자들과 점술가들과 우상 숭배자들과 거짓말하는 모든 자들은 불과 유황으로 타는 못에 던져지리니 이것이 둘째 사망이라 계 21:6-8

당신은 두려워하는 겁쟁이가 아니다. 당신은 하나님의 위대한 용사로

부름 받았다. 지금은 마지막 때, 그리스도의 위대한 특수부대에 지원할 때다. 하나님의 놀라운 일곱 영을 통해 영적 전쟁을 효과적으로 수행하라. 하나님의 전신 갑주를 입고 전장에 나서라. 용사는 전쟁의 포화, 화약 냄새를 회피하지 않는다. 용사라면 굉음이 들리는 현장으로 돌진할 것이다. 당신은 사자의 얼굴, 사자의 심장을 가진 다윗의 용사로서 부름 받았다.

날마다 우리는 왕의 왕, 주의 주, 유다의 사자이신 예수 그리스도의 모습으로 조금씩 변화된다. 영광에서 영광에 이르는 놀라운 변화를 체험하게 될 것이다. 하나님의 일곱 영을 통해 놀라운 기름 부음을 받는 동안 온전하게 무장되기를 바란다.

/ 부록 A /

카를 폰 클라우제비츠: 전쟁의 9대 원칙

나폴레옹 시대의 전쟁 전문가였던 카를 폰 클라우제비츠는 《전쟁론》(On War)이라는 책을 썼다. 이 책에서 저자는 아홉 가지 중요한 전쟁 원칙을 소개했는데 그가 제시한 각각의 원칙에는 그의 깊은 사고와 오랜 경험이 배어 있다. 지금까지도 그의 저서는 전 세계 곳곳에서 장교들의 훈련 교범으로 사용되고 있다. 아래는 그가 제시한 전쟁의 원칙들이다.

1. 극대화: 전쟁에서 이기기 위해 아군의 군력을 극대화하라.

2. 목표: 주요 목표를 명확하게 인식하고 성취할 때까지 목표에 집중하라.

3. 공격 태세: 수비 태세보다는 공격 태세를 취하라. 선제공격으로 기선을 제압하고 가능한 경우 기습으로 적을 놀라게 하라.

4. 이동: 작전 수행에 이로운 거점으로 계속해서 이동하라.

5. 지휘 통제: 하나의 지휘 통제 체계를 구축하여 모든 군이 동일한 명령을 따르게 하라.

6. 보안: 적의 침입과 공습에서 아군 진영을 보호하여 적에게 유리한 기회를 제공하지 마라.

7. 단순성: 모든 병사가 전쟁의 주요 목표를 이해할 수 있도록 전략은 단순하고 명료하게 수립되어야 한다.

8. 기습: 적이 방심할 때, 당신의 공격을 예상하지 못할 때, 공격을 개시하라.

9. 힘의 경제: 전쟁의 매 순간 최대의 효과를 거두기 위해 효과적으로 힘을 배분하라.

/ 부록 B /

바알과의 이혼 선고
하나님 나라의 최고 법정

'하나님의 백성' 의 결혼에 관하여:

원고 _____ VS 피고 바알_____

~ 선고 ~

본 재판은 하나님 나라의 최고 법정에서 진행되며, 본 재판에서는 원고 '하나님의 백성' 이 제기한 피고 '바알' 과의 이혼 소송을 심사한다. 최고 재판장이신 하나님께서 판결하신다.

본 법정은 아래의 사실을 확인했다.

1. 원고의 주장 전체는 '사실' 로 입증되었다.
    가. 원고는 피고의 거짓말과 속임수에 넘어가 피고와 혼인 관계에 들어갔다.
    나. 피고는 자신이 제공할 의도도 없고 제공할 능력도 없는 약속으로 원고를 속여 원고와 혼인했다.

2. 원고는 피고와의 혼인 기간 중 공동으로 취득한 모든 권리와 이익을 포기했다. 이후 원고는 오직 친부로부터의 선물(은사)과 유산만을 소유, 이의 권리와 이익만을 주장한다. 물론 이혼과 동시에 이에 대한 피고의 소유권 및 사용권은 박탈된다.

3. 피고와의 관계 속에서 태어나거나 생산된 모든 것은 이미 피고에 의해 파괴되거나 심각한 감염 및 질병 증세를 보이고 있다. 본 법정은 그 안에서 아무런 생명의 기식이 발견되지 않음을 이미 확인했다.

4. 향후 원고는 피고와의 모든 관계를 부인할 것을 약속하며 본 법정이 피고와의 관계를 강제 종료해줄 것을 요청했다. 만일 최종 관계 종료 시점 이후에도 피고가 원고에게 접근하여 관계 회복을 요구할 경우, 원고는 친부의 이름으로 본 법정에 강제 집행을 요청할 것이다.

5. 원고는 자신에게 속한 모든 사람 및 재산의 영원한 소유권을 주장하며 본 법정에 피고의 영구 접근 금지 명령을 요청한다.

판결

상기 모든 증거는 원고의 진술과 일치한다. 본 법정은 원고 대 피고 이혼 소송 심사를 마치며 원고 승소 판결한다. 본 법정의 결정으로 원고가 제시한 모든 요청을 수락하는 바다.

본 판결 시점부터 법원의 명령은 효력을 발생한다.

최고 법관

*본문은 '오클라호마 사도적 기도 네트워크'(Oklahoma Apostolic Prayer Network)의 제리 L. 매쉬(Jerry L. Mash) 박사가 작성했음을 밝힌다.

'사도적 기도 네트워크'에 대한 정보를 더 알기 원하면 아래를 참조하라

주소: Dr. John Benefiel, Apostolic Coordinator
Heartland Apostolic Prayer Network
P.O. Box 720006 Oklahoma City, OK 73172
전화: 405-943-2484 팩스: 405-749-0345
웹사이트: www.hapn.us or www.cotr.tv
이메일: assistant@hapn.us

원고 선서

법원의 원고 승소 판결에 따라 원고는 이제 다음과 같이 선서한다.

_____년 ___월 ___일,
나 _____는 내 가족과 내 미래의 후손을 대신하여 다음과 같이 선서하는 바다.

> 하나. 우리는 더 이상 바알 하몬(Baal-Hamon)과 아무런 관계가 없다. 하나님의 자녀로서 정직한 십일조와 온전한 헌금을 드림으로 교회의 재정관이신 하나님께 헌신한다. 바알에게 바쳐졌던 부(富)는 교회로 이동한다.

> 하나. 우리는 더 이상 바알 브릿(Baal-Berith)과 아무런 관계가 없다. 이제 우리는 유일하신 하나님과 영원한 언약을 맺으며 하나님과의 혼인 관계로 들어간다.

> 하나. 우리의 성적 순결을 회복한다. 성결한 삶을 살며 어떤 형태의 성도착, 동성애, 성적 부도덕을 모두 거부한다.

> 하나. 우리는 다음 세대의 생명을 위해 헌신한다. 태아의 출생권을 보장할 것이며 다음 세대가 하나님과 언약을 맺고 하나님의 자녀가 되기를 간절히 기도하며 지원한다.

> 하나. 어떠한 형태의 주술이나 신비사교에 가담하지 않을 것이다.

선서자: _____
서 명: _____

*본문은 '오클라호마 사도적 기도 네트워크'의
제리 L. 매쉬 박사가 작성했음을 밝힌다.

순전한 나드 도서안내   02-574-6702

No.	도서명	저자	정가
1	존 비비어의 승리(개정판)	존 비비어	12,000
2	교회를 뒤흔드는 악령을 대적하라	프랜시스 프랜지팬	5,000
3	교회를 어지럽히는 험담의 악령을 추방하라	프랜시스 프랜지팬	5,000
4	그리스도인의 삶의 비결(개정판)	진 에드워드	9,000
5	존 비비어의 친밀감(개정판)	존 비비어	14,000
6	내 백성을 자유케 하라	허 철	10,000
7	내게 신선한 기름을 부으셨나이다	허 철	9,000
8	내어드림	페늘롱	7,000
9	다가올 전환	래리 랜돌프	9,000
10	당신도 예언할 수 있다	스티브 탐슨	13,000
11	당신은 예수님의 재림에 준비가 되어 있습니까?	메릴린 히키	13,000
12	당신은 치유받기 원하는가	체 안	8,000
13	당신의 기도에 영적 권위가 있습니까?	바바라 윈트로블	9,000
14	더 넓게 더 깊게	메릴린 앤드레스	13,000
15	두려움을 조장하는 악령을 물리치라	드니스 프랜지팬	5,000
16	마켓플레이스 크리스천(개정판)	로버트 프레이저	9,000
17	존 비비어의 축복의 통로(개정판)	존 비비어	8,000
18	믿음으로 질병을 치유하라(개정판)	T. L. 오스본	25,000
19	부서트리고 무너트리는 기름 부으심	바바라 J. 요더	8,000
20	사도적 사역	릭 조이너	12,000
21	사사기	잔느 귀용	7,000
22	사업을 위한 기름 부으심(개정판)	에드 실보소	10,000
23	상한 마음을 치유하는 기도	마크 버클러	15,000
24	상한 영의 치유1	존 & 폴라 샌드포드	17,000
25	상한 영의 치유2	존 & 폴라 샌드포드	13,000
26	성령님을 아는 놀라운 지식	허 철	10,000
27	속사람의 변화 1	존 & 폴라 샌드포드	11,000
28	속사람의 변화 2	존 & 폴라 샌드포드	13,000
29	신부의 중보기도	게리 윈스	11,000
30	십자가의 왕도	페늘롱	8,000
31	아가서	잔느 귀용	11,000
32	악의 속박으로부터의 자유	릭 조이너	9,000
33	어머니의 소명	리사 하텔	12,000
34	여정의 시작	릭 조이너	13,000
35	영광스러운 교회에 보내는 메시지 1	릭 조이너	10,000
36	영광스러운 교회에 보내는 메시지 2	릭 조이너	10,000
37	영분별	프랜시스 프랜지팬	3,500
38	영으로 대화하시는 하나님	래리 랜돌프	8,000
39	영적 전투의 세 영역(개정판)	프랜시스 프랜지팬	11,000
40	예레미야	잔느 귀용	6,000
41	예수 그리스도와의 친밀함	잔느 귀용	7,000
42	예수님을 닮은 삶의 능력(개정판)	프랜시스 프랜지팬	12,000
43	예수님을 향한 열정(개정판)	마이크 비클	12,000
44	잔느 귀용의 요한계시록(개정판)	잔느 귀용	13,000
45	인간의 7가지 갈망하는 마음	마이크 비클	11,000
46	저주에서 축복으로	데릭 프린스	6,000
47	주님, 내 마음을 열어주소서	캐티 오츠 & 로버트 폴 램	9,000
48	지구상에서 가장 강력한 기도	피터 호로빈	7,500
49	지금은 싸워야 할 때	프랜시스 프랜지팬	8,000
50	천국경제의 열쇠	샨 볼츠	8,000
51	천국방문(개정판)	애나 로운튜리	11,000
52	축사사역과 내적치유의 이해 가이드	존 & 마크 샌드포드	20,000
53	출애굽기	잔느 귀용	10,000
54	하나님과 동행하는 사람들(개정판)	샨 볼츠	9,000
55	하나님과 사람에게 더욱 사랑스러운 자	듀안 벤더 클럭	10,000

PURE NARD BOOKS

No.	도서명	저자	정가
56	하나님과의 연합	잔느 귀용	7,000
57	하나님을 연인으로 사랑하는 즐거움	마이크 비클	13,000
58	하나님 마음에 합한 사람	마이크 비클	13,000
59	하나님의 심정 묵상집	페늘롱	8,500
60	하나님의 아름다움을 바라보는 축복	허 철	10,000
61	하나님의 요새〈개정판〉	프랜시스 프랜지팬	9,000
62	하나님의 음성을 듣는 방법〈개정판〉	마크 & 패티 버클러	15,000
63	하나님의 장군의 일기〈개정판〉	잔 G. 레이크	6,000
64	항상 배가하는 믿음〈개정판〉	스미스 위글스워스	13,000
65	항상 부족함이 없으리로다	하이디 베이커	8,000
66	혼돈으로부터의 자유	릭 조이너	5,000
67	혼의 묶임을 파쇄하라	빌 & 수 뱅크스	10,000
68	존 비비어의 회개〈개정판〉	존 비비어	11,000
69	횃불과 검	릭 조이너	8,000
70	금식이 주는 축복	마이크 비클 & 다나 캔들러	12,000
71	부활	벤 R. 피터스	8,000
72	거절의 상처를 치유하시는 하나님	데릭 프린스	6,000
73	그리스도의 제사장적 신부	애나 로운튜리	13,000
74	존 비비어의 분별력〈개정판〉	존 비비어	13,000
75	통제 불능의 상황에서도 난 즐겁기만 하다	리사 비비어	12,000
76	어린이와 십대를 위한 축사사역	빌 뱅크스	11,000
77	빛은 어둠 속에 있다	패트리샤 킹	10,000
78	목적으로 나아가는 길	드보라 조이너 존슨	8,000
79	컴 투 파파	게리 윈스	13,000
80	러쉬 아워	슈프레자 싯홀	9,000
81	지도자의 넘어짐과 회복	웨이드 굿데일	12,000
82	하나님의 일곱 영	키이스 밀러	13,000
83	너희 지체를 의의 병기로 하나님께 드리라	허 철	8,000
84	추수의 비전	릭 조이너	8,000
85	하나님의 집	프랜시스 프랜지팬	11,000
86	왕의 자녀의 초자연적인 삶	빌 존스 & 크리스 밸러턴	13,000
87	초자연적 능력의 회전하는 그림자	줄리아 로렌 & 빌 존스 & 마헤쉬 차브다	13,000
88	언약기도의 능력	프랜시스 프랜지팬	8,000
89	꿈의 언어	짐 골 & 미쉘 앤 골	13,000
90	믿음으로 산 증인들	허 철	12,000
91	욥기	잔느 귀용	13,000
92	포로들을 해방시키라	앨리스 스미스	13,000
93	나라를 변화시킨 비전: 윌리엄 테넌트의 영적인 유산	존 한센	8,000
94	세상을 다스리는 권세의 회복	레베카 그린우드.	10,000
95	창세기 주석	잔느 귀용	12,000
96	하나님의 강	더치 쉬츠	13,000
97	당신의 운명을 장악하라	알렌 키란	13,000
98	용서를 선택하기	존 로렌 & 폴라 샌드포드 & 리 바우먼	11,000
99	자살	로렌 타운젠드	10,000
100	레위기·민수기·신명기 주석	잔느 귀용	12,000
101	그리스도인의 영적혁명	패트리샤 킹	11,000
102	초자연적 중보기도	레이첼 힉슨	13,000
103	나는 하나님의 음성을 듣는다	킴 클레멘트	11,000
104	하나님의 초자연적인 능력	바비 코너	11,000
105	거룩과 진리와 하나님의 임재	프랜시스 프랜지팬	9,000
106	사랑하는 하나님	마이크 비클	15,000
107	일곱 교회 이기는 자에게 주시는 축복	허 철	9,000
108	은밀한 처소	데일 파이프	13,000
109	일곱 산에 관한 예언〈개정판〉	조니 앤로우	13,000
110	일더에 영광이 회복되다	리차드 플레밍	12,000

No.	도서명	저자	정가
111	초자연적 경험의 신비	짐 골 & 줄리아 로렌	13,000
112	웃겨야 살아난다	피터 와그너	8,000
113	폭풍의 전사	마헤쉬 & 보니 차브다	13,000
114	천국 보좌로부터 온 전략	샌디 프리드	11,000
115	영향력	윌리엄 L. 포드 3세	11,000
116	속죄	데릭 프린스	13,000
117	신의 성품에 참예하는 자	허 철	8,000
118	예언, 꿈, 그리고 전도	덕 애디슨	13,000
119	아가페, 사랑의 길	밥 멈포드	13,000
120	불타오르는 사랑	스티브 해리슨	12,000
121	그 이상을 갈망하라!	랜디 클락	13,000
122	능력, 성결, 그리고 전도	랜디 클락	13,000
123	종교의 영	토미 펜라이트	11,000
124	예기치 못한 사랑	스티브 J. 힐	10,000
125	모르드개의 통곡	로버트 스턴스	13,500
126	1세기 교회사	릭 조이너	12,000
127	예수님의 얼굴〈개정판〉	데이비드 E. 테일러	13,000
128	토기장이 하나님	마크 핸비	8,000
129	존중의 문화〈개정판〉	대니 실크	13,000
130	제발 좀 성장하라!	데이비드 레이븐힐	11,000
131	정치의 영	파이살 말릭	12,000
132	이기는 자의 기름 부으심	바바라 J. 요더	12,000
133	치유 사역 훈련 지침서	랜디 클락	12,000
134	헤븐	데이비드 E. 테일러	13,000
135	더 크라이	키스 허드슨	11,000
136	천국 여행	리타 베넷	14,000
137	파수 기도의 숨은 능력	마헤쉬 & 보니 차브다	13,000
138	지저스 컬처	배닝 립스처	12,000
139	넘치는 기름 부음	허 철	10,000
140	거룩한 대면	그래함 쿡	23,000
141	선지자 학교	조나단 웰튼	12,000
142	믿음을 넘어선 기적	데이브 헤스	10,000
143	꿈 상징 사전	조 이보지	8,000
144	삶을 변화시키는 성령의 권능	스티븐 브룩스	11,000
145	쟌 G. 레이크의 치유	쟌 G. 레이크	13,000
146	영적 전쟁의 일곱 영	제임스 A. 더햄	13,000
147	기적의 방을 만들라	마헤쉬 & 보니 차브다	12,000
148	개인적 예언자	미키 로빈슨	13,000
149	어둠의 영을 축사하라	짐 골	13,000
150	보좌를 향하여	폴 빌하이머	10,000
151	적그리스도의 영을 정복하라	샌디 프리드	13,000
152	성령님 알기	마헤쉬 & 보니 차브다	12,000
153	십자가의 권능	마헤쉬 & 보니 차브다	13,000
154	성령이 이끄시는 성공	대니 존슨	13,000
155	축복의 능력	케리 커크우드	13,000
156	하나님의 호흡	래리 랜돌프	11,000
157	아름다운 상처	룩 홀터	11,000
158	하나님의 길	덕 애디슨	13,000
159	천국 체험	주디 프랭클린 & 베니 존슨	12,000
160	당신의 사명을 깨우라	M. K. 코미	11,000
161	하나님 나라의 경제 비밀	폴 L. 커니	11,000
162	기독교의 유혹	질 섀년	25,000
163	우리가 몰랐던 천국의 자녀양육법	대니 실크	12,000
164	압도적인 영광의 소리	제프 젠슨	12,000
165	영혼을 살리는 민감함	캐롤 A. 브라운	13,000

No.	도서명	저자	정가
166	임재의 능력	매트 소거	12,000
167	예수의 책	마이클 코울리아노스	13,000
168	신앙의 기초 세우기	래리 크레이더	13,000
169	내 인생을 바꿔 줄 최고의 여행	제이 스튜어트	12,000
170	시간 & 영원	조슈아 밀즈	10,000
171	거룩한 흐름, 분위기	조슈아 밀즈	10,000
172	하이디 베이커의 사랑	하이디 & 롤랜드 베이커	13,000
173	하나님의 임재	빌 존스	13,000
174	영광의 사역	제프 젠슨	12,000
175	초자연적 기름부음	줄리아 로렌	12,000
176	중보기도의 용사	제임스 A. 더함	13,000
177	하나님의 갈망	제임스 A. 더함	14,000
178	천상의 천사	케빈 바스코니	13,000
179	형통의 문을 여는 31가지 선포기도	케빈 & 케티 바스코니	5,000
180	주님의 안식	케빈 바스코니 & 폴 L. 콕스	14,000
181	임박한 하나님의 때	R. 로렌 샌드포드	13,000
182	하나님을 향한 울부짖음	바바라 J. 요더	12,000
183	춤추는 하나님의 손	제임스 말로니	37,000
184	참소자를 잠잠케 하라	샌디 프리드	13,000
185	영광이란 무엇인가?	폴 맨워링	14,000
186	내일의 기름부음	R. T. 켄달	13,000
187	영적 전투를 위한 전신갑주	크리스 밸러턴	12,000
188	성령을 소멸치 않는 삶	R. T. 켄달	13,000
189	초자연적인 삶	아담 F. 톰슨	10,000
190	한계를 돌파하라	샌디 프리드	13,000
191	블러드문	마크 빌츠	11,000
192	마지막 부흥을 위하여	시드 로스	10,000
193	하나님의 권능 안에 살기	잔 G. 레이크	14,000
194	구약에서 일어난 모든 일들	윌리엄 H. 마티	13,000
195	신약에서 일어난 모든 일들	윌리엄 H. 마티	11,000
196	광야 탈출을 위한 40일 집중기도	샌디 프리드	7,000
197	드보라 군대	제인 해몬	14,000
198	거룩한 불	R. T. 켄달	13,000
199	성령에 압도되다	제임스 말로니	12,000
200	기적 안에 걷는 삶	캐더린 로날라	12,000
201	당신의 자녀를 향한 하나님의 65가지 약속	마이크 슈리브	8,000
202	무슬림 소녀, 예수님을 만나다	사마 하비브 & 보디 타이니	13,000
203	스미스 위글스워스의 병 고침(개정판)	스미스 위글스워스	12,000
204	뇌의 스위치를 켜라	캐롤라인 리프	13,000
205	약속된 시간	제임스 A. 더함	13,000
206	실패를 딛고 일어서는 믿음	샌디 프리드	12,000
207	스미스 위글스워스의 성령의 은사(개정판)	스미스 위글스워스	13,000
208	끝날 때까지 끝난 것이 아니다	R. T. 켄달	15,000
209	완전한 기억	마이클 A. 댄포스	10,000
210	금촛대 중보자들 1	제임스 말로니	15,000
211	마지막 때와 이슬람	조엘 리차드슨	15,000
212	질투	R. T. 켄달	14,000
213	사탄의 전략	페리 스톤	14,000
214	죽음에서 생명으로	라인하르트 본케	12,000
215	금촛대 중보자들 2	제임스 말로니	13,000
216	금촛대 중보자들 3	제임스 말로니	13,000
217	올바른 생각의 힘	케리 커크우드	12,000
218	부흥의 거장들	빌 존슨, 제니퍼 미스코브	25,000
219	악의 삼겹줄을 파쇄하라	샌디 프리드	12,000
220	지옥의 실체와 하나님의 열심	메리 캐서린 백스터	12,000

No.	도서명	저자	정가
221	문지기들이여 일어나라	제임스 A. 더함	15,000
222	안식년의 비밀	조나단 칸	15,000
223	교회를 깨우는 한밤의 외침	R. T. 켄달	15,000
224	하나님의 시간표(출간 예정)	마크 빌츠	가격 미정
225	샨 볼츠의 사랑의 통역사(출간 예정)	샨 볼츠	가격 미정